교실 속으로 들어간 독서토론

| 창의력을 키우고 교과를 풍성하게 하는 독서교육 이야기 |

교실 속으로 들어간 독서토론

지은이
김은주 김혜정 박미정 서미숙
윤정미 이승연 이은승 홍경아

학교
도서관
저널

서문

독서교육의 씨앗이
풍성하게 열매 맺길…

"선생님은 누구세요?"

"무슨 과목을 가르치나요?"

새 학기 교내에서 만난 학생들의 시선에는 많은 궁금증이 담겨 있었다. 영어, 과학처럼 특정 교과를 담당하는 것이 아닌 독서토론 선생님은 정확히 무엇을 가르친다고 해야 할까? 책을 읽는 것에도 선생님이 필요할까? 어느 날 학교에 등장한 독서토론교사에게 향하는 의구심 가득한 눈빛, 그 의구심에 대한 답변을 한마디로 전달하는 것이 쉽지는 않았다.

경기도교육청의 혁신교육 사업의 일환으로 독서교육전문가가 학교 현장에 파견된 것은 2011년 3월부터였다. 대부분 학교 밖에서 활동했던 이들이었다. 독서토론교사에 대한 의구심과 달리 공교육 현장에서 우리가 해야 할 역할은 매우 다양했고 많은 준비를 필요로 했다.

2011년부터 2015년까지 5년간 운영된 독서교육 프로그램 중에서 가장 큰 비중을 차지한 것은 교과 연계 독서토론 수업이었다. 1학년부터 6학년까지 교과서를 분석하고 교육과정을 재구성해 독서수업을 꾸리는 일은 만만치 않았다. 각자 맡은 학년 교과를 분석한 후에는 단원에 맞는 도서를 선정하기 위해 도서관과 서점을 분주하게 오가야 했다. 이 외에 교사연수와 학부모 연수, 여름·겨울방학 중 이루어지는 독서프로그램도 개발해야 하는 등 해야 할 일은 산적해 있었다.

　무엇보다 우리가 가장 중요하게 생각한 것은 아이들에게 독서란 즐거운 경험임을 전해주는 것이었다. 학교, 학급마다 생각도 수준도 다른 아이들에게 맞는 즐거운 독서교육을 제공하기 위해 밤새 연구하고 고민해야 했다. 아이들에게 독서가 일상적인 습관으로 자리 잡아 생애독자로서 풍요로운 삶의 의미를 배우게 하고 싶었다. 그런 의미에서 책을 읽고 친구들과 함께 이야기를 나누는 독서토론이 중요하다고 생각했다.

　책은 아이들에게 모든 것을 말해 주지 않는다. 아이 스스로 책을 읽고 해석하며 저자가 말하는 것이 무엇인지를 이해하려고 애써야 한다. 이러한 과정은 독서토론을 통해 이루어질 수 있다. 책을 읽고 친구들과 의견을 나누면서 서로의 생각을 비교해 보는 가운데 아이들의 생각은 자유로워지고 사고는 확장된다. 우리는 아이들이 이러한 과정을 무리 없이 경험할 수 있도록 하는 안내자 역할만 했을 뿐이다. 아이들은 스스로 답을 찾고 성장해 갔다.

『교실 속으로 들어간 독서토론』은 공교육 현장에서 아이들을 만나며 독서교육을 꾸려 간 경험을 담은 책이다. 수많은 시행착오와 노력 속에서 아이들은 독서를 즐겁게 하고, 독서토론 수업을 손꼽아 기다리는 등의 변화를 보여줬다. 이러한 변화와 성과를 일군 과정을 보다 많은 이들과 공유하고 싶었다. 1장 '독서토론, 놀이처럼 즐겁게!'는 책을 매개로 다양한 방식의 토론 수업을 펼친 사례가 나와 있다. 정통적인 방식의 찬반대립토론을 아이들끼리 엄숙하게 진행한 에피소드, 양파 친구들에게 책을 읽어주며 싹을 틔우는 풍경, 그림책으로 교사와 아이들이 소통하는 이야기, 아이들이 직접 정의를 판단하는 판사가 되어 보는 장면 등이 나온다. 2장 '교과와 독서토론의 만남'은 말 그대로 교과 연계 독서토론 수업에 대한 다채로운 사례가 수록되어 있다. 시와 연계하여 아이들의 생활시를 담아낸 사례, 미술 교과와 연계한 독서토론 수업, 진로 탐색과 연계한 수업, 독서를 완성하는 글쓰기 수업까지 교과를 풍성하게 하는 사례들이 펼쳐진다. 이 사례들이 실제 교육 현장에서 독서교육을 고민하는 교사와 학부모들에게 조금이라도 도움이 된다면 이 책이 지닌 소기의 목적은 달성한 셈이다.

이제 학교에서 우리들의 역할은 마무리되었다. 비록 지나가는 바람이 소리 하나 남겨두듯 작은 흔적만을 남기고 떠났지만, 학교 안에서의 독서교육은 언제까지나 지속되어야 한다고 생각한다. 우리가 뿌려놓은 작은 씨앗들이 교사와 학부모들에 의해 더 큰 열매를 맺길 기대해 본다. 책에서 제시한 다양한 사례들이 교과를 더 풍성하게 하는 독서교육의 밑거름이 되길 바란다. 그동안 수고한 모든 독서토론 선생님들에게 격려의 박수를 보내며 우리들의 꿈같은 바람이 계속 이어지길 기대해 본다.

2017년 2월
저자 일동

차례

4 | 서문

1장 독서토론, 놀이처럼 즐겁게!

12 | 독서토론, 왜 해야 할까? _김은주
글쓰기에 앞서 말하기를 해야 | 서로 존중하고 공감하는 토론 문화 | 독서토론으로 성숙해지는 아이들 | 말하기는 글쓰기를 돕는다

19 | 토론의 맛에 빠진 아이들 _김혜정
1차시 : 그림책으로 찬반토론 맛보기 | 2차시 : 근거 나와라, 뚝딱! | 3차시 : 토론 규칙도 게임 규칙 정하듯 | 4차시 : 정통 토론의 진수를 보여주다 | 5차시 : 토론 후 내 의견 드러내기 | 활동지

61 | 책, 사랑과 관심 그리고 놀이 _박미정
독서교육의 기본은 책읽기다 | 책과 함께 자신감 키우기 | 책과 함께 생각 나누기 | 텐트 안에서 즐기는 독서 | 활동지

92 | 그림책, 너와 나의 연결고리 _이승연
우리 그냥 책만 읽자 | 읽어주기는 소통이다 | 나는 어떤 사람일까? | 체리와 먼지로 사랑을 말하다 | 너 워니 같애! | 활동지

129 | 협동으로 함께 크는 토의토론 _홍경아
첫 번째 법정토론 : 정의란 무엇일까? | 두 번째 법정토론 : 생명의 소중함에 대하여 | 미래 세계에서 살아남기 | 활동지

2장 교과와 독서토론의 만남

156 | 내 생각을 찾아서 _이은승
나의 이야기를 시로 쓰기 | 동화를 통해 나의 생각 찾기 | 질문하며 책읽기 | 질문에서 토의로 나아가기 | 활동지

199 | 시집, 미술책과 친구하자! _김은주
미술책은 재미없고 시집은 지루하다고? | 나를 선택해줘! 책들의 아우성 | 뭬! 변기가 예술작품이라고? | 보스니아에도 성냥팔이 소녀가 있어요 | 고은의 시를 공감해요 | 미술책과 시집, 드디어 아이들에게 선택받다 | 활동지

242 | 꿈을 찾아가는 책읽기 _서미숙
책읽기에 익숙해진 아이들 | 4학년, 내 꿈에 관해 들어볼래? | 5학년, 나는 자기 혁명을 이룰 수 있을까? | 6학년, 내 삶의 주인은 '나' | 활동지

278 | 독서를 완성하고 뒷받침하는 글쓰기 _윤정미
글쓰기 교육, 무엇이 문제일까 | 잡지를 활용한 협력적 글쓰기 | 독서감상문 쓰기 | 의견이 드러나는 글쓰기 | 쓴 글 평가하기 | 활동지

317 | 본문에서 언급한 책들

1장

독서토론,
놀이처럼 즐겁게!

독서토론,
왜 해야 할까?

김은주

독서의 중요성은 누구나 알고 있다. 그런데 학생들은 왜 독서에 흥미와 즐거움을 느끼지 못하고, 자율적으로 하지 못하는 것일까. 비교적 입시에 자유롭고 시간적 여유가 많은 초등학생들조차 학년이 올라갈수록 책을 멀리하는 현상이 두드러지게 나타난다.

독서는 단순히 책을 읽기만 하는 행위가 아니다. 읽기, 듣기, 말하기, 쓰기, 생각하기의 모든 기능들이 함께 어우러지는 것이다. 즉 '책을 읽는다'는 것은 책 속 상황과 자신의 배경지식과 연결해 질문을 던지고, 다른 독자들과 생각을 나누고, 자신이 가진 삶과 책의 내용을 아우르며 텍스트의 의미를 재구성하는 과정까지 자연스럽게 이어져야 한다. 읽기를 통해 입력된 정보를 탐색하고, 말하기라는 상호작용을 통해 정보를 선택하는 과정을 거쳐, 쓰기라는 표현 능력으로 정보를 조직하고 활용하는 과정이 유기적으로 연결될 때 독서 행위는 즐겁게 느껴지고 효과는 최대화된다.

글쓰기에 앞서 말하기를 해야

글을 읽고 쓰는 능력을 일컫는 문식성literacy이라는 말이 있다. 여기에서 말하는 문식성이란 단순히 읽고 쓰는 능력을 넘어 글을 이해하고, 비판하고, 자신의 것으로 활용할 수 있는 능력을 목표로 한다. 이 능력을 높이기 위해 읽고, 쓰고, 말하는 독서 행위가 충실하게 이루어져야 한다.

하지만 실제 교육이 이루어지는 학교 현장에서는 아이들에게 독서와 쓰기만을 강요하고 있다. 즉 읽고, 말하고, 쓰는 상호통합의 과정이 아닌, 말하기 과정을 생략하고 바로 쓰기라는 결과물을 요구하고 있는 것이다. 글쓰기 과제를 부과할 때 제목만을 주거나, 독서 후 감상문 제출을 강요하는 경우를 종종 볼 수 있다. 이는 읽기에 대한 흥미를 잃게 하고, 읽으면 써야 한다는 부담만 가중시킬 뿐이다. 물론 창의성과 다양성이 요구되는 지식 기반 사회일수록 지식과 정보를 추출, 분석하고 종합하는 사고 능력을 길러주는 독서와 쓰기의 강조는 당연한 현상이다. 하지만 독서 후 배경지식을 활용해 의미를 재구성하는 '말하기'가 고려되지 않고 바로 쓰기를 강요하는 것을 학생들은 어려워하고 싫어한다.

지금의 독서교육은 변화되어야 한다. 그러기 위해서 쓰기에 대한 거부감이 없도록 텍스트를 읽은 후 말하기, 즉 토의토론이라는 상호작용의 과정은 필수 요소가 되어야 한다.

서로 존중하고 공감하는 토론 문화

최근 토론의 중요성이 강조되면서 교육 현장에서도 토론에 대한 관심이 높아지고 있다. 학교에서 토론 수업에 대한 수요도 급증하는 추세다. 하지만 대립과 승패의 구도만 강조한 토론 교육은 자칫 학생들에게 과열된 경쟁의식만을 심어줄 수도 있다. 경쟁구도의 토론 형태에 앞서 서로 존중하고 이해하는 태도를 배우는 토론이 되어야 한다. 몇몇 학생이 독점하는 토론이 되어서도 안 되며, 한 반의 구성원 모두가 참여하며 상호협력이 이루어지는 토론을 만들어야 한다.

토론에서 배울 수 있는 점은 많다. 서로 의견을 나누면서 문제해결 능력도 배우고, 나와 의견이 다른 상대의 말을 경청함으로써 관점의 차이를 이해하고 시각의 다양성에 대해서도 알게 된다. 그러나 존중과 이해의 태도가 배제된 토론은 불안과 부담을 안겨주고, 독선과 아집을 먼저 배우게 될 위험이 있다. 토론은 승패의 결과를 떠나 서로 존중하고 공감하며, 최고보다 최선을 배우는 과정 속에서 진정한 즐거움을 느낄 수 있다.

무엇보다 토론을 배우는 단계에 있는 학생들에게 지도자의 역할이 중요하다. 아이들에게 관점의 차이를 이해하고 생각의 다양성을 수용할 수 있도록 이끌어줘야 한다. 아이들이 협력과 공감을 먼저 익힐 수 있도록 단계별로 수업 계획을 세심하게 세우는 것이 중요하다.

처음에는 자유롭게 생각을 나누는 브레인라이팅 토론, 회전목마 토론 등을 해보고, 그 다음에는 서로 다른 생각을 나누어 보는 신호등 토론과 피라미드 토론, 점차 토론 수업이 익숙해지면 의견을 나누고 선택하는 패널 토론, PMI 토론 등을 거쳐 찬반대립토론까지 진행한다. 찬반대립토론을 할 때에도 승패의 결과보다는 예의와 규칙을 지키는 분위기에서 논증하는 방법을 배울 수 있도록 해야 한다. 그리고 교실 안의 모든 학생이 토론에 참여할 수 있도록 팀장, 판정인, 발표자의 역할을 주는 등 세심한 계획이 필요하다.

독서토론으로 성숙해지는 아이들

독서토론은 인성 함양에도 도움이 된다. 책 속 인물의 입장이 되어 보기도 하고, 책 속 상황을 내게 대입해 보면서 생각의 유연성과 공감 능력을 키울 수 있다. 같은 책을 읽은 친구들과 해결하고 싶은 문제는 무엇인지 이야기하고 해결책을 고민하며 협력성을 기를 수도 있다. 논제를 정하고, 어떤 방식의 토론을 할 것인지도 아이들 스스로 결정하도록 기회를 줘야 한다. 그러기 위해선 일시적인 유행에 따른 단기 토론은 지양해야 한다. 책을 통해 바람직한 삶의 태도를 배우고, 올바른 가치관 형성에 도움이 되는 토론 수업을 해야 한다. 단계별로 토론의 종류와 절차를 알 수 있도록 교육과정 안에 일반적인 수업 형태로 도입되어야 할 것이다.

"선생님, 오늘 토론은 '〈어벤저스 2〉 서울 촬영은 경제에 도움이 되는가?'로 하면 어때요?"

독서토론을 많이 해본 아이들은 시사토론에도 관심을 보인다. 신문기사를 오려 와서 토론 주제를 제시하는 아이들을 보면 얼마나 반갑고 뿌듯하던지! 이런 친구들이 늘어날 때면, 그동안의 피로가 확 풀리는 기분이다. 교실에서 집단으로 하는 토론에는 많은 어려움이 따른다. 흔히 말 잘하는 몇몇 학생들을 제외하고, 자칫 다수의 학생들이 들러리가 되기 십상이며, 한쪽으로 의견이 쏠리게 될 수도 있다. 이러한 한계는 교사의 열정과 세심한 관찰력, 배려로 충분히 극복 가능하다.

토론 수업을 할 때 앞서 언급한 단계별 토론 말고도 토의와 토론을 적절히 활용하는 방식을 교사들에게 권한다. 실제로 교실 안에서 진행되는 수업은 토의와 토론이 확연하게 구분되기보다는 유기적으로 연결되어 진행되는 경우가 많다. 토의와 토론의 개념은 분명 다르지만, 현실적인 여건에서 진행을 하다 보면 모둠별 토의를 통해 합의를 이끌어내고, 집단 토론으로 이어지는 경우가 많다. 이런 맥락으로 이 책에서 언급되고 있는 토론이라는 표현에는 토의가 포함된 의미로 해석되는 경우가 있음을 밝혀 둔다.

예를 들어 『우리들의 일그러진 영웅』을 읽고 아이들이 모둠 토론을 하는 경우를 살펴 보자. 먼저 각 모둠별로 아이디어를 제시하는 토의 과정을 거친다. 아이들은 자신이 제시한 아이디어의 특징을 살피며 장점과 단점에 대해 모둠 구성원들과 함께 의견을 나누며 합의를 이끌어낸다. 그 후에 모둠별로 주장을 발표하고 다른 모둠과 서로 질의 응답이 오가며 토론의 형태를 띠게 된다. 토의를 할 때에 아이들은 서로의 의견을 존중하며 팀워크를 발휘하는 과정에서 이해와 배려의 자세를 배운다. 그리고 토론을 할 때에는 타당한 논증으로 반박을 하는 과정에서 설득하고 비판하는 정신을 배우게 되는 것이다.

말하기는 글쓰기를 돕는다

그렇다면 토론을 선행한 후 글쓰기를 한다면 학생들의 부담과 불안을 덜어줄 수 있을까? 결론은 그렇다, 이다. 읽은 후 바로 쓰기를 하는 것보다, 학급 친구들과 서로 토론을 진행한 학생들은 한결 수월하게 글쓰기를 하게 된다. 토론을 진행한 아이들은 글쓰기에 있어서 서론-본론-결론이라는 형식적인 구성을 잘 이해할 뿐 아니라, 내용 측면에서도 풍부한 문장과 표현력을 보여 주었다. 토론 중심의 독후활동은 자기주도적 독서로 이끌어가는 데에도 유효하다. 토론에 흥미를 느낀 학생은 좀 더 능동적인 태도를 보이며 독서에도 열의를 보이는 모습이 나타났다.

많은 연구에서 독서가 문식성을 발달시킨다는 결과가 나타났다. 독서는 독해력, 어휘력, 문장력, 사고력의 향상시켜 준다. 여기에 친구들과 함께 읽은 책에 대해 이야기를 나누는 토론은 함께 읽기의 즐거움, 독서력의 성장, 글쓰기에 대한 자신감을 길러 준다.

토론의 맛에 빠진 아이들

김혜정 _하중초등학교

　독서토론은 세상과의 만남이다. 책을 읽고 난 후 생긴 의문을 마음속으로만 품는다면 진정한 해답을 알 수 없다. 다른 독자들과 책에 대한 이야기를 나눌 때 자신이 느낀 감동의 진면목을 만날 수 있다. 토론을 통해 자기 생각의 부족함을 깨닫기도 하고, 생각지도 못했던 해결 방안을 찾아낼 수도 있다. 이 모든 소통의 과정을 통해 나의 생각은 성숙해진다.

　독서토론의 가장 큰 장점은 시각의 편협성을 깨트려 준다는 것이다. 같은 책을 읽어도 사람마다 다른 생각을 품을 수 있으며, 해석하는 의미도 다를 수 있다. 이때 토론을 통해 자신과 상대방의 의견을 비교해 본다면 넓은 시각을 가질 수 있게 된다. 독서의 진정한 힘은 이러한 토론에서 얻을 수 있는 것이다.

찬반대립토론 수업을 진행한 것도 그런 이유에서였다. 5학년 국어 교과서의 토론 단원을 살펴보면서 그동안 학교에서 진행된 토론 방식을 알아보았다. 제대로 된 토론 활동보다는 교과서를 토대로 약식 토론을 한 번 해보는 것으로 단원을 마쳤던 것 같다. 아마 단원에 편성된 시간적인 제약과 토론에 대한 전문적 지식의 부재로 제대로 된 토론을 진행하기가 힘들었던 것 같았다. 이번 기회에 절차와 형식을 갖춘 찬반대립토론은 무엇이며, 정통적인 방식의 토론은 어떤 것인지 아이들에게 경험하게 해주고 싶었다.

일단 시중에 나와 있는 토론 관련 자료를 조사했다. 가장 중점을 둔 것은 학급 아이들 단 한 명도 소외되지 않고 참여하는 토론 방식이었다. 그래서 선택한 책이 『신나는 디베이트』(황연성, 이비락, 2011)였다. 이 책을 참고해 디베이트 토론을 우리 학교 실정에 맞게 구상한다면 재미있는 토론 수업을 진행할 수 있을 것 같았다.

토론 방법을 구상한 다음, 아이들에게 어떤 방식으로 토론 수업 접근시킬지 고민하였다. 본격적인 토론에 앞서 아이들에게 토론이란 무엇이며, 토론이 얼마나 재미있는 활동인지 느끼게 해주고 싶었다. 또 자료는 어떻게 찾을 것이며, 수집한 자료는 어떤 방법으로 활용하는지 알게 하는 것도 필요했다. 이외에도 아이들 스스로 적극적이며 자발적으로 토론에 참여하게 할 수 있는 수업 환경을 마

독서토론 수업 계획

차시	수업 내용 (소제목)	학습 목표	교재 및 활동지
1	비판적 읽기와 찬반대립토론 맛보기	- 관점이 다른 두 이야기를 읽고, 어떤 문제에 대한 내 입장을 정할 수 있다. - 쟁점에 대한 자신의 입장을 근거를 들어 주장할 수 있다.	『아기돼지 삼형제』 『늑대가 들려주는 아기돼지 삼형제 이야기』
2	주장과 근거 찾는 방법 알아보기	- 주어진 자료를 읽고, 주장에 대한 근거를 찾을 수 있다. - 주장에 대한 근거를 뒷받침하는 방법을 알 수 있다.	'빼빼로데이'와 관련된 자료
3	토론의 특성, 절차, 방법 알아보기	- 토론의 특성, 절차, 방법에 대해 알아본다. - 토론 주제에 대한 자신의 입장을 정한 후, 토론에 참여한다.	'동물원' 관련 자료
4	'선의의 거짓말'을 주제로 찬반대립토론하기	- 토론 절차와 규칙을 지키며 토론에 참여할 수 있다. - 토론 주제에 대한 자신의 입장을 정한 후, 토론에 참여한다.	추천 도서 목록 참고
5	'남북통일'에 대한 토론 후 주장글 쓰기	- 토론 절차와 규칙을 지키며 토론에 참여할 수 있다. - 토론 주제에 대한 내 입장을 정하여 주장하는 글을 쓸 수 있다.	추천 도서 목록 참고

련하는 것도 중요했다.

이 모든 조건을 갖추기 위해서 먼저 쉬운 그림책으로 접근하면 좋을 것 같았다. 그림책을 통해 토론이 무엇이며, 얼마나 재미있는 활동인지 깨닫게 하는 것이다. 그런 다음 토론 자료 준비와 근거 찾는 방법을 가르쳐 주면 아이들도 쉽게 토론에 참여할 수 있을 것이다. 이런 준비사항을 고려하여 토론을 5차시로 계획해서 수업을 진행하였다(한 차시 80분 블록수업으로 진행했다).

1차시 : 그림책으로 찬반토론 맛보기

첫 시간은 찬반대립토론의 맛을 보는 수업이다. 이번 수업의 초점은 아이들이 토론의 특성을 이해하는 데 있다. 주장과 근거가 무엇이며, 반론 펴기와 반론 꺾기를 자연스럽게 익힐 수 있도록 돕는데 목적을 둔다. 상반된 시각의 두 그림책을 통해 다양한 관점에서 사고할 수 있는 비판적 읽기도 경험하게 한다. 그리하여 토론이 일상에서도 쉽게 이야기를 나눌 수 있는 재미있는 담화 과정의 한 부분임을 인식할 수 있도록 수업을 계획했다.

먼저 아이들과 함께 〈아기돼지 삼형제〉 플래시 동화를 보았다. 저학년이 주로 많이 보았던 명작 동화를 볼 수 있어서인지 아이들의 눈빛이 반짝거렸다. 모두 관심을 갖고 화면을 쳐다봤다. 플래시 동화가 끝난 후, 자신이 읽었던 이야기와 어떤 차이점이 있는지 발표해 보았다.

"이 동화는 삼형제가 다 살아남아서 늑대를 물리치는데, 제가 읽은 동화는 돼지 두 마리가 늑대에게 잡아먹히는 이야기예요."

"여기에선 막내 돼지가 벽돌집을 짓지만, 제가 읽은 이야기는 첫째 돼지가 벽돌집을 지어요."

"화면에 보이는 동화는 늑대가 아기 돼지를 불러내지만, 제가 읽은 이야기는 늑대가 그냥 굴뚝으로 들어가는 내용이에요."

많은 아이들이 자신이 읽었던 『아기돼지 삼형제』 이야기를 발표했다. 서로 이야기를 나눔으로써 원작보다 각색된 이야기가 많음을 알게 되었다. 교사는 이 중 원작의 내용이 무엇인지 알려주었다. 오늘 토론 수업은 원작을 바탕으로 이야기가 진행된다는 것도 상기시켜 주었다. 그런 후 늑대의 시각에서 들려 주는 『늑대가 들려주는 아기돼지 삼형제 이야기』를 같이 읽어 보았다.

늑대가 들려주는 아기돼지 삼형제 이야기
존 셰스카 지음, 레인 스미스 그림, 황의방 옮김, 보림, 1996

이 동화는 누구에게나 잘 알려진 『아기돼지 삼형제』를 늑대의 시각에서 바라본 패러디 이야기다. 바라보는 시각에 따라 이야기가 얼마나 달라질 수 있는지를 명확하게 보여주는 그림책이다.

상반된 내용의 두 이야기를 읽고 찬반대립토론을 하기 위해 아이들에게 돼지의 말과 늑대의 말 중 옳다고 생각하는 쪽에 손을 들어 보라고 했다. 대부분의 아이들이 늑대의 말이 옳다고 손을 들었다. 너무 의견이 한 쪽에 치우치는 것은 아닌가 걱정이 되었지만,

다양한 시각으로 생각을 나눌 기회는 많으므로 혹 이야기를 나누는 도중 의견이 바뀌어도 상관없다고 설명해 주었다. 오늘 수업의 목적은 자신의 생각을 솔직하게 발표하는 것이기 때문이다.

칠판에 두 칸을 나눠 왼쪽에는 "돼지의 말이 옳다"는 의견을 적었고, 오른쪽에는 "늑대의 말이 옳다"는 의견을 적었다. 그런 후 아이들이 발표하는 내용을 칠판에 정리하였다. 아이들에게 토론을 이해시키기 위해 칠판에다 다른 색깔의 분필로 주장, 근거, 반론을 적으면서 설명하였다. 특히 반론의 중요성을 강조하였다. 그런 후 본격적으로 근거를 하나씩 집으면서 토론을 진행하였다.

돼지의 말이 옳다
학생 1 : 늑대가 일부러 돼지네로 재채기를 했어요.
학생 2 : 돼지는 늑대에게 죽음을 당한 피해자예요.
학생 3 : 재채기 한 번으로 돼지가 죽었다는 것은 말이 안 돼요. 늑대가 거짓말을 하고 있는 것이에요.

늑대의 말이 옳다
학생 1 : 할머니의 케이크를 만들려 하는 것을 보면 늑대는 착한 늑대예요.
학생 2 : 감옥에 간 사람 중에 누명을 쓴 억울한 사람도 있을 수 있어요.
학생 3 : 늑대는 이야기를 자세하게 하고 내용도 현실적이라서 믿음이 가요.

"우리가 '돼지의 말이 옳다'라거나 '늑대의 말이 옳다'라고 이야기하는 것을 토론에서는 '주장'이라고 해요. 그리고 그러한 주장을 펼치는 이유를 말하는 것을 '근거'라고 해요. 지금부터 여러분들이 이야기한 근거를 하나씩 살펴보면서 문제점은 없는지 지적해볼 거예요. 이렇게 문제를 제기하는 것을 '반론'이라고 해요. 토론은 주장-근거-반론으로 이루어지는데, 이 중에서 토론의 꽃이라 할 수 있는 것이 바로 반론이죠. 반론을 활기차게 펼쳐내면 토론이 아주 재미있고 즐겁게 느껴지지만, 반론이 제대로 이루어지지 않으면 지루하고 힘든 시간이 될 수도 있어요. 지금부터 활기차고 재미있는 토론이 되기를 기대하며 반론을 시작해볼게요."

"돼지의 말이 옳다"는 주장에 대해 반론 펼치기

교사 : 먼저 '돼지가 옳다'라는 주장의 근거를 살펴볼게요. 돼지의 말이 옳은 이유는 늑대가 재채기를 일부러 돼지네로 했기 때문이라고 했지요. 얼마든지 다른 곳으로 얼굴을 돌려서 할 수도 있는데, 돼지네로 한 것은 처음부터 돼지를 잡아먹을 의도가 있었기 때문이라고요. 이 근거에 대해 반대측에서 문제점을 지적해 보세요.

늑대측 : 재채기가 갑자기 나오면 머리를 돌릴 시간이 없습니다. 우리들도 가끔 자신이 모를 정도로 순식간에 재채기가 나올 때가 있는데, 늑대도 당연히 그런 것을 생각할 시간이 없었을 거예요.

교사 : 네, 그럴 수도 있겠군요. 여기에 대해 돼지 편에서 반론을 제기해 보세요.

돼지측 : 아무리 순식간에 재채기가 나온다고 해도 손으로 입을 막을 시간

은 있다고 봐요. 또 처음엔 어쩔 수 없이 돼지네로 재채기를 해서 집이 날아가 버렸다면, 두 번째에는 그런 실수를 하면 안 된다고 생각해요.
늑대측 : 재채기는 누구나 깜짝할 사이에 나오는 거예요. 그것을 손으로 막는다는 것은 말이 안 됩니다.
돼지측 : 만약 그렇다면 늑대는 마스크를 쓰고 갈 수도 있었다고 생각합니다. 마스크를 사용했다면 집이 그렇게 무너지지 않을 뿐더러 돼지도 죽지 않았겠죠.
늑대측 : 이 늑대는 재채기 한 방에 집을 무너뜨리는 힘센 늑대예요. 그러니 마스크를 사용한다고 해도 어차피 소용없었을 겁니다.

"늑대의 말이 옳다"는 주장에 대해 반론 펼치기

교사 : 이제 '늑대의 말이 옳다'는 측의 입장에서 살펴볼게요. 늑대의 말이 맞는 이유는 모든 늑대가 다 나쁜 늑대는 아니기 때문이라고 했지요. 즉 할머니 생일 케이크를 만들 정도라면 분명 착한 늑대이니, 착한 늑대의 말은 당연히 거짓말이 아니라고 했어요. 여기에 대해 돼지 편에서 반론해 주세요.
돼지측 : 사람은 누구나 생일 때 케이크를 만들거나 사요. 그런 사람들이 다 착하다고 말한다면 대한민국 국민 전부가 착하다는 것과 똑같아요. 생일 케이크를 만든다고 늑대가 착하다는 것은 말이 안 됩니다.
늑대측 : 보통 나쁜 사람은 가족들의 생일을 챙기지 않고 자기 자신만 아는 이기적인 사람이에요. 그런데 생일을 챙겼다는 것과 케이크를 직접 만들려고 한 것은 분명 착한 늑대니까 할 수 있는 일이라고 생각해요.
돼지측 : 착한 늑대라면 돼지가 죽었을 때 잡아먹지 않고 무덤에 묻어 주었을 거예요. 그런데 이 늑대는 돼지를 먹었어요. 그런 늑대가 착하다 생각되지는 않아요.
늑대측 : 늑대가 책에서도 얘기했듯이 맛있는 치즈버거가 눈앞에 있는데 어떻게 안 먹을 수가 있어요? 그러면 우리들도 삼겹살을 먹는데 우리는 다 나쁜 사람이겠네요?

치즈버거와 삼겹살을 언급한 친구의 말에 많은 아이들이 웃었다. 서로 "맞아, 맞아" 하면서 웅성거리기도 했다. 분위기를 잡아줄 필요가 있어 교사가 중간에 개입했다. 또 발표하는 아이만 계속 이야기를 나누는 것 같아 다른 아이들의 참여도 이끌어냈다.

"이야기를 하고 싶으면 손을 들고 발언권을 얻어서 이야기를 하세요. 웅성거리면 토론을 제대로 진행하기가 힘들어요. 또 발표하지 않은 친구도 발표를 해야 좀 더 다양한 생각을 알 수 있겠죠? 우리 발표하지 않은 친구들부터 먼저 이야기를 하면 좋을 것 같아요."

이 말을 듣고 몇 명의 아이들이 손을 들었지만 여전히 자발적으로 참여했던 아이들뿐이었다. 그래서 평소에 말이 없는 지수에게 다가가 말을 걸었다.

"지수는 어떻게 생각해? 누구의 말이 맞는 것 같아?"
"늑대의 말이 맞는 것 같아요."
"왜 늑대의 말이 맞다고 생각해?"
"왜냐하면 늑대가 돼지를 먹는 건 당연하다고 생각해요. 살아있는 것도 아니고 죽은 돼지를 먹은 건 아무 잘못도 없다고 생각해요."
"그래, 지수야 너무 잘 이야기해줬어. 이렇게 좋은 의견을 가지고 있는데 왜 발표하지 않니? 앞으로 친구들이 네 얘기도 들을 수 있게 자주 발표해줘."

의도적으로 칭찬을 많이 했다. 지수는 얼굴을 붉히며 고개를 끄덕였다. 지수의 의견을 바탕으로 다시 아이들에게 질문을 던졌다.

"지금 지수는 육식동물인 늑대가 돼지를 잡아먹는 것은 당연한 이치여서 늑대에게는 아무 잘못이 없다고 말했어요. 이 의견에 반대하는 친구가 있나요?"

"늑대는 육식동물이지만 돼지네로 설탕을 빌리러 갔다면 돼지랑 친구였다는 이야기입니다. 그러니 아무리 육식 동물이라고 해도 친구를 잡아먹으러 간 것은 잘못됐다고 생각합니다."

"늑대도 먹고 살아야 되는데, 친구라고 잡아먹지 말라는 것은 굶어 죽으라는 얘기와 똑같아요. 사람들도 배고프면 고기를 먹고 사는데, 그럼 동물과 친구라고 생각하는 사람은 고기를 먹으면 안 되겠네요."

아이들은 서로 이야기를 주고받으면서 토론 분위기에 익숙해져 갔다. 교사는 가능한 많은 아이들이 토론에 참여할 수 있도록 한 사람당 발표 수를 조절했다. 자신에게 발표 기회를 더 달라고 애원하는 아이도 있었다. 교사는 웃음으로 넘기며 많은 아이들이 토론에 참여할 수 있도록 분위기를 이끌었다. 처음에는 자신의 의견을 소신껏 발표하지 못하는 아이들도 분위기에 휩쓸려 점점 토론에 동참하게 되었다. 토론이 끝난 후, 앞으로 계속해서 이런 토론 수업이 진행될 것임을 설명하였다. 아이들은 앞으로의 수업도 재미있을 것 같다며 흥분을 감추지 못했다.

2차시 : 근거 나와라, 뚝딱!

지난 수업에서 토론이 무엇인지를 배웠다면, 이번 시간에는 토론에서 근거를 찾는 법과 근거에 대한 뒷받침 설명은 어떻게 하는지를 배워보는 시간이다. 이를 위해서는 아이들이 쉽게 접근할 수 있는 주제를 다루는 것이 좋다.

아이들의 일상에서 무수히 많은 기념일이 있다. 이들 기념일 중에 '빼빼로데이'와 관련해 토론해 보면 좋을 것 같아 자료를 찾아보았다. 인터넷에 검색해 보니 많은 자료가 올라왔다. 아이들의 눈높이에 맞는 내용으로 찬성과 반대에 대한 자료 비율을 반반씩 섞어 활동지를 만들었다.

활동지 첫 부분을 아이들과 같이 읽으면서 빼빼로데이에 대한 찬성과 반대 근거를 찾는 시범을 보였다. 나머지 부분은 아이들이 직접 읽으면서 찾아보게 했다. 아이들 중 몇 명은 근거 찾는 것을 어려워했다. 이런 아이들에게는 주로 '주장' 다음에 나오는 문장을 살펴보게 했다. 접속어 "왜냐하면" 또는 서술어 "때문이다"가 들어간 문장을 위주로 찾아보면 쉽게 찾을 수 있을 것이라고 설명해 주었다. 근거라고 생각하는 문장에는 꼭 밑줄을 그으며 자료를 읽게 했다.

아이들이 자료를 다 읽은 후 자신들이 찾은 근거를 발표하는 시간을 가졌다. 아이들이 찾은 찬성과 반대에 대한 근거를 칠판에 적어 보았다.

논제 : 빼빼로데이는 필요하다.	
찬성에 대한 근거	반대에 대한 근거
- 평소에 친하게 지내지 못한 친구에게 마음을 전할 수 있다. - 빼빼로를 주고받으면서 우정이 더 돈독해진다. - 빼빼로를 서로 바꾸어 먹는 것이 재미있다. - 빼빼로를 받으면 생일이 돌아온 것처럼 기쁘다. - 좋아하는 사람, 고마운 사람에게 선물로 주며 마음을 표현할 수 있다.	- 빼빼로를 받지 않는 친구는 마음의 상처를 받을 수 있다. - 평소보다 많이 사게 되어 돈을 낭비하게 된다. - 제과회사에서 과자를 많이 팔려고 만든 날이다. - 마음을 표시하고 전달하는 데 꼭 빼빼로가 필요한 것은 아니다. - 제과회사에서 재고로 남은 상품이나 유통기한이 지난 과자를 이때 판다.

"빼빼로데이에 대한 찬성과 반대 근거가 이렇게 많이 나왔어요. 이 근거들은 어디서 찾았을까요? 선생님은 인터넷에 단지 '빼빼로'라는 단어 하나만을 검색했을 뿐인데 자료가 이렇게 많았어요. 이제부터 여러분도 이런 방법으로 자료를 찾아 보면 됩니다. 이후 토론 수업에서는 여러분들이 자료를 찾아와야 해요. 그래야 좀 더 알차고 재미있게 토론을 할 수 있어요."

활동지를 작성하기 전 먼저 아이들에게 찬성과 반대 중 자신의 입장을 선택하라고 했다. 그런 다음 근거를 작성하는 방법과 그 근거에 대한 뒷받침 설명을 어떻게 정리하는지 예를 들어 설명했다.

"근거를 작성하기 전에 선생님이 재미있는 이야기를 들려줄게요. 이야기를 잘 들은 후 무엇이 주장이고, 어떤 것이 근거이며, 뒷받침 설명은 무엇인지 맞춰 보세요. 그럼 이야기를 시작할게요. 어느 날 동균이가 학교를 마치고 집으로 돌아가는 시간이었어요"

교사가 동균이를 예로 드니까 모든 아이들이 동균이를 쳐다보며 웃었다. 어떤 아이가 동균이에게 "야, 너 이야기인가봐!"라고 말하니 동균이가 바짝 긴장하며 듣기 시작했다. 그러다 다른 아이의 이름을 또 등장시키니 아이들이 재미있다며 이야기에 집중했다.

"그런데 동균이는 집으로 가다가 윤석이를 만났어요. 동균이와 윤석이는 놀이터에서 함께 신나게 놀았어요. 한창 놀다가 갑자기 배가 고파서 동균이랑 윤석이는 근처에 있는 떡볶이 집에 들러 떡볶이도 먹고 순대도 먹고 어묵도 먹었지요. 그리고 다시 집으로 가는 길에 붕어빵을 파는 아저씨가 보여서 다시 붕어빵을 사 먹었죠. 붕어빵 옆에 있는 와플도 먹었고요. 동균이가 집에 들어간 시간은 저녁시간이었어요. 엄마가 동균이에게 저녁을 먹으라고 했는데, 동균이는 안 먹겠다고 말했어요. 엄마는 왜 안먹느냐고 묻자 동균이는 '지금 배가 불러서요'라고 대답했지요. 엄마가 배가 부른 이유에 대해 다시 물으니 동균이는 '집으로 오는 길에 윤석이를 만나서 떡볶이도 먹고, 어묵도 먹고, 붕어빵이랑 이것저것 먹어서 지금 너무 배가 불러요'라고 말했어요."

아이들에게 이야기를 들려준 후 동균이의 주장은 무엇인지 물었다. 여러 답변 중 "저녁을 안 먹겠다"라고 정답을 말한 아이가 있었다. 그런 다음 근거는 무엇이냐고 물었다. 아이들은 "배가 부르기 때문"이라고 대답했다. 주장과 근거를 찾았으니 이제 뒷받침 설명에 대해 질문했다.

교사 : 그럼, 왜 배가 부른 거죠? 배가 부른 이유를 설명해 보세요.

　　학생 : 떡볶이도 먹고, 순대도 먹고, 어묵도 먹고, 붕어빵도 먹고 해서요.

　　교사 : 맞아요. 바로 그게 뒷받침 설명이에요. 근거에 대한 문장을 더 자세하게 설명해주는 것! 이해가 되나요? 이렇게 우리가 나눈 얘기를 참고하면 빼빼로데이에 대한 근거와 뒷받침 설명도 작성할 수 있을 거예요.

　고개를 끄덕이는 아이들의 반응을 본 후 빼빼로데이에 대한 근거와 뒷받침 설명을 정리하는 시범을 보였다. 그런 다음 칠판에 있는 내용 중 두 가지를 근거로 삼아 뒷받침 설명과 함께 활동지에 작성하게 했다. 작성하는 도중에 선생님의 도움이 필요한 친구는 손을 들어 표현하라고 했다. 손을 든 아이가 몇 명 있었다. 그 아이들에게 다가가 먼저 찬반에 대한 입장을 물었다. 찬성이라고 답변하는 아이에게 왜 찬성하는지, 근거 두 가지를 칠판에서 선택하여 활동지에 적게 했다. 그리고 나서 그 근거를 선택한 이유에 대해 물어보았다. 아이가 선택한 이유를 말하면 그것이 바로 뒷받침 설명이라고 말했다. 자신이 말한 내용을 그대로 활동지에 옮겨 적게 하면서 근거와 뒷받침 설명을 정리하게 했다.

　모든 아이들이 활동지를 완성한 다음에는 발표하는 방법을 설명했다. 발표는 주장과 근거 그리고 뒷받침 설명 순으로 말한다. 예를 들면 "저는 빼빼로데이가 필요하다고 생각합니다.(주장) 왜냐하면 친구들끼리 빼빼로를 주고받으면 우정이 돈독해지기 때문입니다.(근거) 평소에 친하게 지내지 않았던 친구도 빼빼로를 서로 주고받다보면 어느새 가까워집니다. 또 원래 친했던 친구도 빼빼로 선물을 주고받으면서 마음을 표시할 수 있기 때문에 친구 사이가 더 좋아집니다.(뒷받침 설명)" 이 같은 방법으로 시범을 보인 후 돌아가며 한 명씩 발표하게 했다.

아이들의 발표가 끝난 후 간략하게 '빼빼로데이'에 대해 토론을 했다. 반대를 선택한 아이들이 많았지만, 찬성을 선택한 친구들의 적극적인 참여 덕분에 토론은 활발하게 진행되었다

3차시 : 토론 규칙도 게임 규칙 정하듯

이번 토론 주제는 "동물원의 동물이 야생동물보다 더 행복하다"이다. 토론에 들어가기 전 주의사항과 토론에서 말하는 방법을 설명해주었다. 토론은 서로의 약속 아래 규칙을 정하고 절차를 따라 진행했을 때 만족도가 높다. 그러기 위해서 토론을 공평하게 지켜보고 판단을 내릴 판정인과 팀장의 역할이 중요하다. 아이들 중 누구 하나 소외되는 사람 없이 골고루 참여하는 것이 목적이기 때문이다.

이번 수업은 본격적인 토론을 익히는 수업이기 때문에 아이들

이 토론 방법을 익히는 데 중점을 두었다. 그래서 아이들이 토론을 할 때마다 개입해 토론 방법과 절차에 대해 설명하였다. 하지만 다음 시간에는 교사의 도움 없이 온전히 아이들끼리 토론할 수 있어야 한다. 이런 목표를 염두에 두고 수업을 진행했다.

아이들에게 준비한 PPT를 보여주면서 토론의 목적과 절차를 설명하였다. 먼저 각 측 팀장의 인사말이 있다. 인사말은 자신의 이름을 말한 후 오늘의 주제와 팀원이 모두 몇 명인지 밝힌다. 이어서 오늘 토론이 어떻게 진행되길 바라는지 의견을 덧붙이면 된다.

입론(주장 펼치기)

입론을 발표할 때는 팀장이 먼저 몇 가지 근거를 준비했는지 밝힌 후 시작하면 된다. 준비한 근거 수에 맞춰 팀원들이 돌아가면서 발표를 한다. 발표 방법은 지난 시간에 배운 대로 '주장 → 근거 → 뒷받침 설명' 순으로 말한다. 발표할 때에는 "첫 번째 발표자 ○○○입니다" 하는 식으로 발표 순서와 이름을 함께 밝힌다. 이때 다른 팀 학생들은 발표자의 이름과 발표 내용을 듣고 반론계획표에 정리를 해야 한다. 정리가 잘 되어야 반론을 제대로 할 수 있기 때문이다.

발표를 할 때 자신의 이름을 밝히게 한 이유는 아이들에게 발표한 내용에 대해 책임감을 느끼게 하고 싶어서였다. 대부분의 아이들이 열심히 토론 준비를 해온다. 하지만 그 중에는 친구들이 준비

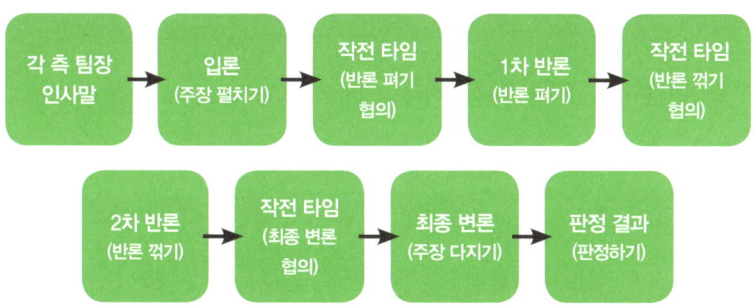

해온 것을 대충 베껴서 발표하는 아이도 있다. 그러면 발표 내용이 무엇인지도 모른 채 친구가 적은 글을 의미 없이 발표하게 된다. 이런 아이들에게는 자신이 발언하는 내용이 정확하게 무엇인지 이해시킬 필요가 있다. 그래야 자신 있게 발표할 수 있으며, 내용에 대한 책임감도 팀원과 같이 공유할 수 있다. 토론에 적극적으로 참여하려는 의지 또한 가질 수 있다.

토론할 때 주의점
- 말하는 사람은 듣는 사람을 바라보며 발표한다.
- 화가 난 감정을 담아서 이야기하지 않는다.
- 아무리 좋지 않은 의견이라 할지라도 존중하는 태도를 가진다.
- 메모를 하면서 듣는다.
- 모든 친구들이 발표할 수 있도록 서로 돕는다
- 발표자는 친구들이 모두 들을 수 있도록 큰 목소리로 말한다.
- 상대측의 의견을 내 생각과 비교하면서 듣는다.

아이들에게 발표하는 방법을 설명한 후, 주의사항에 대해서도 전달했다. 첫째, 말하는 사람은 듣는 사람을 바라보며 발표해야 한다. 발표할 때 가장 좋은 방법은 '토론준비표'를 보지 않고 발표하는 것이다. 그러면 생각이 정리될 뿐만 아니라 상대방을 쳐다보며 발표하기 때문에 정확하게 자기 의견을 표현할 수 있다. 하지만 갑자기 발표 내용이 생각나지 않는 경우도 있다. 그럴 때는 토론준비표를 보고 발표해도 괜찮다. 단, 발표용지는 시선 아래로 내려 발표자의 눈과 입이 친구들에게 보이도록 발표해야 한다. 그래야 상대팀 친구들이 정확하게 발표 내용을 이해할 수 있다.

큰 목소리로 발표하는 것도 중요하다. 소심한 성격을 가진 아이들은 발표할 때 들리지 않는 작은 목소리로 발표하기도 한다. 그렇게 되면 상대팀 친구들은 발표 내용을 들을 수 없게 된다. 모든 친구들이 잘 들을 수 있도록 큰소리로 또박또박 발표하는 것도 중요한 체크사항이다. 목소리가 작아서 발표내용이 잘 안 들리면 판정인은 해당 팀의 점수를 깎아야 한다.

세 번째 주의사항은 아무리 좋지 않은 의견일지라도 존중하는 태도를 갖는 것이다. 혹 자신 팀의 친구가 반론이나 재반론을 할 때 이상한 의견을 발표할 수 있다. 그럴 때 "그게 아니잖아", "무슨 소리야" 등의 말을 하며 중간에 끼어들고 싶을 수도 있다. 비록 친구가 마음에 들지 않는 엉뚱한 발언을 한다 해도 조용히 끝까지 들어주는 태도가 중요하다. 이를 어길 경우 판정인은 무조건 점수를 깎아야 한다.

이 외에도 팀장은 자기팀의 친구가 한 명도 빠짐없이 골고루 발표할 수 있도록 잘 조절하고, 판정인은 친구들의 토론 태도와 참여도를 중심으로 점수를 산정해야 한다.

첫 번째 작전타임(반론 펴기 협의)

입론이 끝나면 5분의 작전타임 시간이 주어진다. 아이들은 팀장을 중심으로 모여 어떻게 반론할 것인지 의논한다. 팀장은 누가 반론을 발표할지 결정한다. 이 시간 동안 모든 반론 준비가 끝나야 한다. 이렇게 작전타임이 끝날 때쯤 타이머가 울린다. 그러면 의논이 끝나지 않았더라도 아이들은 제자리로 돌아와 똑바른 자세를 유지해야 된다. 만약 정돈이 안 된 팀이 있다면 판정인은 태도 점수를 깎는다. 이런 사항을 충분히 인지하고 있어서인지 아이들은 거짓말처럼 시간을 잘 지켰다. 타이머가 울리자마자 모두 제자리로 가서 바른 자세로 앉았다.

> **판정 기준**
> - 자료를 최대한 많이 활용하여 상대방을 설득했는가?
> - 의견을 발표할 때 자신감 있는 태도였는가?
> - 상대측의 의견을 존중하며 듣는 태도였는가?
> - 가능한 많은 친구들이 발표했는가?

작전타임 시간 때 교사는 판정인을 찾아가 판정 방법을 설명한다. 먼저 첫 번째 작전타임에는 판정표 '주장' 란에 있는 1~3번 문항에 점수를 배점한다. 판정인이 생각하기에 잘한 팀에게는 3점, 부족한 팀에게는 1점을 준다. 만약 두 팀 모두 잘하거나 부족하다면 비긴 것으로 여겨 두 팀 모두에게 2점을 준다. 여기서 주의할 점은 판정인을 맡은 아이들이 헷갈리지 않도록 설명을 자세히 해줘야 한다는 사실이다. 아이들은 두 팀 모두 잘했다고 생각하면 두 팀 모두에게 3점을 주고, 두 팀 모두 부족하다고 생각하면 두 팀 모두에게 1점을 줘서 점수를 잘못 계산할 때가 많다. 만약 두 팀 다 잘했다면 비겼으므로 두 팀 모두에게 2점을, 두 팀 모두 부족하다고 생각한다면 점수 역시 2점을 줘야 한다.

1차 반론(반론 펴기)

이제 반론에 들어갈 시간이 되었다. 반론은 반대 팀부터 시작한다. 이번에도 교사가 개입하여 발표하는 방법을 설명했다.

"반론 발표는 먼저 첫 번째 발표자가 자리에서 일어나 자신의 이름을 밝힌 후 상대팀 학생의 이름과 반론 내용을 함께 발표합니다. 예를 들면 '첫번째 반론자 김동수입니다. 찬성 팀 서채웅 학생은 동물원의 동물이 행복한 이유를 천적으로 보호를 받기 때문이라고 말했습니다. 맞습니까?' 하는 식으로 상대팀의 어떤 주장을 반론하는지 이야기하고 확인을 받은 후 반론을 펼치면 됩니다. 그런데 친구가 자신이 그렇게 말하지 않았다고 답변을 할 경우, 판정인의 역할이 중요해집니다. 찬성팀이 제대로 입론했는데 반대팀이 이해를 못한 것인지, 아니면 처음부터 찬성팀이 발표한 입론 내용이 문제가 있었던 것인지 판정인이 정확하게 판정을 해줘야 합니다."

반론은 자신이 무엇을 반론하는지 그 내용을 정확히 이해하는 것부터 시작된다. 토론은 말하는 것도 중요하지만 듣는 것이 매우 중요하다. 상대측의 주장을 정확히 이해해야 그에 대한 문제점을 명확하게 짚을 수 있기 때문이다.

아이들은 친구의 이름을 부르며 반론을 펼치는 것을 처음에는 쑥쓰러워 했다. 하지만 시간이 지날수록 진지한 태도를 보이면서 친구 이름도 자연스럽게 불렀다. 상대측 친구들은 '반론 꺾기 계획표'에 메모하며 반론을 들었다. 두 팀 모두 반론을 끝낸 후 5분의 작전타임 시간이 주어졌다.

두 번째 작전타임(반론 꺾기 협의)

두 번째 작전타임 역시 팀장을 중심으로 모여 의논한다. 이 시간에 교사는 판정인에게 다가가 두 번째 판정표를 배점하게 한다. 배점이 끝나면 판정인 팀장에게 다가가 채점과 발표하는 방법을 설명한다. 채점은 세 명의 판정인 점수 모두를 더하면 된다. 최고점이 한 사람당 33점이므로 모두 더하면 99점이 나온다. 합계점이 높은 팀이 토론에서 승리한다. 판정 발표 방법은 먼저 논제를 말한 후,

각 팀에서 잘한 항목(3점) 하나와 부족한 항목(1점) 하나를 말한다. "찬성 팀은 논제에 대한 근거를 바르게 찾았지만(3점), 상대측의 질문에는 적절한 답변을 하지 못했습니다(1점). 반면 반대 팀은 자신의 의견을 적극적으로 활발하게 발표했지만(3점) 근거에 대한 뒷받침 설명이 충분하지 못했습니다.(1점)" 하는 식이다. 그런 다음 점수를 말하고 어느 팀이 승리했는지 발표하면 된다.

2차 반론(반론 꺾기)

두 번째 작전타임 시간이 끝나면 이젠 2차 반론 꺾기를 시작한다. 반론을 꺾을 때는 찬성 팀이 먼저 시작한다. 발표 방법은 상대측 반론 내용을 말한 후 자신들이 준비한 반론 꺾기 내용을 말하면 된다. 본격적으로 주고받는 토론이 시작되는 것이다.

이렇게 주고받으면서 토론이 진행될 때 교사는 어느 시점에서 끝을 맺어줘야 한다. 주로 각 쟁점마다 5~7회 정도 주고받으면서 반론 꺾기 하나를 끝내는 것이 좋다. 만약 토론 내용이 엉뚱한 방향으로 진행된다면 자연스럽게 끝을 맺고 다음 반론 꺾기로 넘어가게 한다. 반면에 좀 더 이야기를 나눠야할 내용이 나온다면 더 많은 의견을 주고받아도 좋다. 단지 지루하지 않은 선에서 교사가 재량껏 끊어 주며 토론을 진행하면 된다.

최종 변론

반론 꺾기가 끝나면 2분의 작전 타임 시간이 주어진다. 이 2분 동안 '최종 변론'을 준비한다. 최종 변론은 팀장이 해도 좋고, 그 팀 중에서 가장 발표에 자신 있는 아이가 해도 좋다. 최종 변론은 다음과 같이 구성한다. 주장 → 근거(2~3개) → 상대측 반론 → 반론 꺾기 → 다지기(주장 반복) 순서로 발표하면 된다. 이미 준비된 자료를 간추리는 것이라 많은 시간이 필요하지 않다. 다음은 "동물원의 동물이 야생동물보다 행복하다"라고 생각하는 측의 최종 변론이다.

우리는 동물원의 동물이 야생동물보다 행복하다고 생각합니다.(주장)

왜냐하면 동물원의 동물은 천적으로부터 보호를 받을 수 있고, 양식 또한 걱정 없이 얻을 수 있기 때문입니다. 또 다치거나 아플 때 사육사로부터 치료나 보호를 받을 수 있기 때문에 야생에 사는 동물들이 더 행복하다고 생각합니다. (근거)

물론 동물원에 앉아서 양식을 얻다 보면 게을러질 수도 있습니다. 그러나 그 게으름을 예방하기 위해 사육사는 다양한 훈련 프로그램을 마련해 동물들을 훈련시키고 있습니다. (반론 꺾기)

이와 같이 동물원의 동물은 행복한 환경적 조건이 많이 제공된 곳에서 살아가고 있습니다. 그러므로 우리는 동물원의 동

물이 야생동물보다 더 행복하다고 생각합니다. (다지기)

양측 최종 변론을 끝낸 후 판정인이 발표를 했다. 이긴 팀 아이들은 만세를 부르며 좋아했다. 진 팀 아이들은 시무룩해 했다. 의기소침한 아이들을 위로해 주며 토론에서 중요한 것은 결과가 아니라 과정이라고 말했다. 자신의 생각과 상대방의 생각을 비교해 보고, 자신이 옳다고 생각하는 바를 합리적인 근거를 들어 상대를 설득해가는 과정에서 아이들의 사고의 폭은 넓어지고 성숙해졌을 것이다. 그런 과정의 소중함을 배우는 시간이길 바랐다.

4차시 : 정통 토론의 진수를 보여주다

이번 시간은 교사가 사회만 볼 뿐 온전히 아이들끼리 진행하는 토론 수업이다. 게다가 공개수업으로 진행해서 교육장을 비롯한 교장, 교감선생님과 장학사들 그리고 다른 학교의 많은 교사들이 수업에 참관했다. 수업 전에 걱정이 조금 앞섰다. 아이들이 참관자들을 의식한 나머지 자신의 생각을 활발하게 발표하지 못할까봐 염려되었다. 그러나 아이들을 믿었다. 혹 토론이 원활하게 진행되지 못하더라도 결과와 상관없이 아이들에게는 소중한 시간이 되리라.

아이들은 이미 토론 준비를 끝내고 기다리고 있었다. 약간 상기된 얼굴에서 비장한 각오가 엿보였다. 이미 아이들은 토론의 주인공이 될 자세가 되어 있었다. 이 글에서는 아이들의 토론 내용을 가능한 그대로 전달하고자 한다. 현장의 생동감과 긴장감을 독자 분들도 함께 느끼길 바란다.

"오늘은 '선의의 거짓말은 해도 된다'라는 논제를 가지고 토론 수업을 진행하겠습니다. 먼저 각 측 대표가 인사말을 해주세요."

각 팀 인사

찬성측 : 안녕하세요? 김희주입니다. 저를 포함한 열두 명의 학생들이 찬성측의 입장에서 "선의의 거짓말은 해도 된다"는 주장을 펼치려고 합니다. 이번 토론 수업이 서로에게 좋은 것을 배우는 소중한 시간이 되었으면 좋겠습니다.

반대측 : 안녕하세요? 임형찬입니다. 저를 포함한 열한 명의 학생들이 반대측의 입장에서 "선의의 거짓말은 해서는 안 된다"라는 주장을 하려고 합니다. 이번 수업을 계기로 올바른 가치를 탐구하는 기회가 되었으면 좋겠습니다.

판정인 : 안녕하세요? 이주호입니다. 저를 포함한 세 명의 판정인들은 공정한 심사를 할 것을 약속합니다. 감정적인 태도를 보이지 않고 될 수 있는 한 모든 학생들이 많이 참여하는 팀에게 점수를 높게 주겠습니다. 저희들은 최선을 다해 객관적으로 평가하겠습니다.

입론

찬성측 1 : 첫 번째 발표자 박은진입니다. 저는 선의의 거짓말은 해도 된다고 생각합니다. 왜냐하면 선의의 거짓말은 상대방에게 희망을 줄 수 있기 때문입니다.『마지막 잎새』(오 헨리, 아이세움, 2010)의 주인공처럼 죽을병에 걸려 있어도 선의의 거짓말로 희망을 주면 다시 건강해질 수 있습니다.

찬성측 2 : 두 번째 발표자 김민구입니다. 저는 선의의 거짓말은 해도 된다고 생각합니다. 왜냐하면 선의의 거짓말은 상대방의 마음을 배려하는 착한 거짓말이기 때문입니다. 만약 못생긴 친구가 있는데 솔직하게 못생겼다고 얘기하면 그 친구는 상처를 받을 것입니다. 그런데 선의의 거짓말로 예쁘다고 말해주면 그 친구는 자신감을 얻을 것입니다.

찬성측 3 : 세 번째 발표자 조현영입니다. 저는 선의의 거짓말은 해도 된다고 생각합니다. 이유는 선의의 거짓말로 한 사람의 인생을 좋은 방향으로 바꿀 수 있기 때문입니다. 공부 못하는 친구에게 잘할 수 있다는 선의의 거짓말을 하면 그 친구는 힘을 얻어 더욱 잘하려고 노력할 것입니다.

교사 : 찬성팀의 주장 잘 들었습니다. 반대팀도 입론을 발표해주세요.

반대측 1 : 첫 번째 발표자 서채웅입니다. 저는 선의의 거짓말은 하면 안 된다고 생각합니다. 아무리 선의의 거짓말이라 해도 거짓말은 그 자체로 옳지 않은 것이기 때문입니다.

반대측 2: 두 번째 발표자 김엄지입니다. 저도 선의의 거짓말은 하면 안 된다고 생각합니다. 선의의 거짓말을 계속 하다 보면 거짓말 하는 것에 익숙해져 남을 쉽게 속이는 사람이 될 것입니다.

반대측 3: 세 번째 발표자 안희원입니다. 선의의 거짓말은 하면 안 됩니다. 상대방에게 선의의 거짓말을 해주면 당사자는 거짓을 믿고 노력하지 않을 수 있습니다. 그것은 진실로 상대방을 위하는 일이 아닙니다.

"선의의 거짓말은 해도 괜찮다"라는 논제에 대해 찬성측과 반대측은 각각 세가지 근거를 준비해왔다. 그 내용을 정리하면 다음과 같다.

찬성측 근거
- 선의의 거짓말은 상대방에게 희망을 줄 수 있다.
- 선의의 거짓말은 상대방의 마음을 배려하는 착한 거짓말이다.
- 선의의 거짓말은 한 사람의 인생을 좋은 방향으로 바꿀 수 있다.

반대측 근거
- 아무리 선의의 거짓말이라고 해도 거짓말은 옳지 않다.
- 선의의 거짓말이 습관이 되다보면 남을 쉽게 속이는 사람이 된다.
- 상대방이 선의의 거짓말을 믿고 노력하는 자세를 가지지 않을 수 있다.

1차 반론

교사 : 양측의 입론을 잘 들었습니다. 지금부터 상대측 근거에 대한 오류나 부족한 점을 지적하는 반론을 시작하겠습니다. 반대측부터 반론을 펼쳐주세요.

반대측 : 반대측 서채웅입니다. 찬성측 박은진 학생은 선의의 거짓말은 상대방에게 희망을 줄 수 있다고 말했습니다. 맞습니까?

찬성측(박은진): 네 맞습니다.

반대측(서채웅): 선의의 거짓말이 상대방에게 희망을 줄 수도 있겠지만, 나중에 거짓말이라는 사실을 알면 오히려 절망을 줄 수도 있습니다.

반대측에서 반론이 이어진 뒤 찬성측에서도 반론을 시작했다. 반대팀과 찬성팀이 반론을 펼친 내용은 다음과 같다.

반대측 반론
- 선의의 거짓말이 상대방에게 희망을 줄 수도 있겠지만, 나중에 거짓말이라는 사실을 알면 오히려 절망을 줄 수도 있다.
- 선의의 거짓말은 상대방의 마음을 배려하는 거짓말이 아니라 진실을 알 권리를 빼앗아 오히려 상처를 줄 수 있는 거짓말이다.
- 선의의 거짓말로 한 사람의 인생을 바꿀 수 있을지는 모르지만, 선의의 거짓말이 습관이 되면 나중에 어떤 거짓말도 죄의식을 느끼지 않아 쉽게 다른 사람을 속이는 사람이 될 수 있다.

찬성측 반론
- 선의의 거짓말은 좋은 의도에서 비롯된 거짓말이기 때문에 거짓말이기 보다는 상대방을 배려하는 마음으로 받아들여야 한다.
- 선의의 거짓말은 상대방을 위하는 좋은 의도에서 시작되었기 때문에 그런 마음을 가진 사람이 남을 속이는 사람이 될 수 없다.
- 오히려 자신이 콤플렉스라고 생각한 부분을 좋게 말해주므로 자신에 대한 자신감이 생긴다.

2차 반론

교사 : 양측 반론 잘 들었습니다. 이제 상대측이 제기한 반론에 대해 재반론을 펼쳐주세요.

찬성측 : 반대측에서 선의의 거짓말이 나중에 거짓말이라는 사실을 알면 절망을 줄 수 있다고 했는데, 아니라고 생각합니다. 속임약 효과에서도 알 수 있듯이 사람이 희망을 가지면 어떠한 병이나 환경도 극복할 수 있다고 생각합니다.

반대측 : 그러나 암에 걸린 사람은 아무리 희망을 가져도 언젠가는 죽습니다.

찬성측 : 아무리 암에 걸려 죽는다 하더라도 희망을 가지면 좀 더 오래 살게 됩니다. 만약 의사가 3개월밖에 못 산다고 해도 희망을 가지면 더 오래 살 수 있습니다.

반대측 : 더 오래 산다 해도 얼마 못 살고 죽습니다. 그럴 바에는

아예 솔직히 얘기해서 죽기 전에 못해본 것을 다 해보고 죽는 것이 낫습니다.(일동 웃음)

찬성측 : 자기가 암에 걸린 것을 알면 오히려 절망해서 더 빨리 죽을 수도 있습니다. 또 자신이 얼마 살지 못한다는 생각에 성격도 더 우울해질 것입니다. 그것보다는 희망을 갖고 평소처럼 사는 것이 훨씬 좋습니다.

반대측 : 아닙니다. 자신의 삶은 자기 스스로 이겨낼 수 있습니다. 만약 암인데 아무 이야기를 안 해주면 그대로 있다가 죽게 됩니다. 그러나 진실을 말해주면 스스로 노력해서 병을 고치려고 할 것입니다. 그래서 선의의 거짓말로 얘기를 안 하는 것보다 진실을 말하는 것이 중요하다고 생각합니다.

아이들의 생각은 깊다. 토론을 해보면 아이들이 지금 어떤 생각을 갖고 있는지 정확하게 파악할 수 있다. 그 생각들을 들여다보면 때로는 어른들보다 더 진지한 삶의 태도를 만날 수 있다. 어른들의 신념은 고무줄처럼 이랬다저랬다 해서 스스로 자기 꾀에 빠질 때가 많다. 어른들이 아무리 찾아도 발견하지 못한 답들을 아이들은 자신만의 진솔하고 깨끗한 시각으로 발견하는 경우도 많다. 어떤 편견에도 휘둘리지 않고 당당하게 자신의 길을 가는 모습은 오히려 어른들이 배울 만하다.

또 토론을 하다 보면 아이들에게서 평소에는 미처 보지 못했던 모습을 발견할 수 있다. 평소에는 말이 없던 아이들이 자신의 생각을 말할 때 그 사고의 깊이에 놀라거나, 농담을 좋아하는 익살스러운 아이의 진지한 모습이 신기하게 다가온다. 아이들도 서로의 생각을 비교해 보면서 그동안 자신이 생각하지 못했던 많은 부분을 생각해 볼 수 있다. 그래서 자연스럽게 알게 된다. 나와 친구의 생각이 같지 않은 것은 틀린 것이 아니라 그냥 다르다는 사실을……. 이런 깨달음이 토론의 또 다른 매력인 것 같다.

이제 최종 변론과 판정인의 판정 결과를 발표할 시간이다. 마지막 작전타임 2분 동안 찬성측은 팀원 중 한 명이 최종 변론을 준비했다. 반대측은 팀장이 준비했다. 그동안 판정인은 각자가 부여한 점수를 더해 판정 결과를 발표하면 된다.

"이제 최종 변론을 시작하겠습니다. 먼저 찬성측부터 최종 변론을 하겠습니다. 최종 변론이 끝나면 판정인 팀장은 일어나서 판정 결과를 발표하면 됩니다."

최종 변론

찬성측 : 우리는 선의의 거짓말은 해도 된다고 생각합니다. 왜냐하면 선의의 거짓말은 상대방의 마음을 배려하는 좋은 의도에서 하는 거짓말이기 때문입니다. 또 선의의 거짓말은 『레 미제라블』(빅토르 위고, 비룡소, 2015)의 장발장처럼 한 사람의 인생을 좋은 방향으로 바꿀 수도 있고 희망을 줄 수도 있습니다. 물론 선의의 거짓

말이 거짓말이었다는 사실을 알게 된 상대방은 실망하거나 분노할 수도 있습니다. 그러나 상대를 위하고자 하는 좋은 의도로 한 거짓말이었기 때문에 상대방도 충분히 이해할 수 있을 것입니다. 그러므로 서로의 마음을 배려하는 선의의 거짓말은 해도 된다고 생각합니다.

반대측 : 우리는 선의의 거짓말은 해서는 안 된다고 생각합니다. 아무리 상대방을 위한다는 선한 의도로 하는 거짓말이라 해도 자꾸 거짓말을 하다 보면 나중에는 큰 거짓말을 하게 됩니다. 또한 상대방도 선의의 거짓말을 믿고 자신의 나쁜 습관이나 태도를 고칠 생각을 하지 않게 됩니다. 물론 속임약처럼 선의의 거짓말은 상대에게 희망을 줄 수도 있습니다. 그러나 그것은 일시적인 마음의 안정을 줄 뿐, 정말 심각한 병에 걸린 사람들에게는 도움이 되지 않을 수 있습니다. 오히려 자신의 삶을 정리하고 스스로 절망을 이겨나갈 수 있도록 진실을 말해주는 것이 더 중요할 수 있습니다. 그러므로 아무리 선한 의도라 해도 거짓말을 해서는 안 된다고 생각합니다.

판정결과 발표

판정인 : 판정 결과를 발표하겠습니다. 먼저 찬성측에서는 많은 근거를 준비하였고, 제시한 근거도 타당했습니다. 하지만 예의바르고 이성적인 태도로 자신의 의견을 발표하는 방법은 조금 부족했습니다. 반대측에서는 논제에 대한 근거를 바르게 찾았고 상대

측의 질문에 일관성 있고 적절한 답변을 하였습니다. 하지만 몇 명 학생들은 자신의 의견을 소신 있게 발표하는 데 문제점이 있었습니다. 이런 판정 기준을 적용하여 선의의 거짓말을 해도 된다는 논제에 관한 토론 결과는 총 90점 만점에 찬성측 56점, 반대측 64점으로 반대측이 승리했습니다.

판정 결과가 발표되자 반대측에서는 함성이 찬성측에서는 불만이 터져 나왔다. 역시 판정에서 승리하지 못한 팀은 너무 아쉬운 모양이다. 그때 판정인 팀장이 갑자기 손을 들었다. 그러고는 점수를 잘못 계산했다고 말했다. 찬성측이 이겼다는 것이다. 또다시 아이들이 웅성거렸다. 이번에는 반대측에서 불만을 쏟아냈다. 이 모습을 지켜보던 교사들이 웃음을 터뜨렸다. 아이들을 진정시킨 후 말했다.
"오늘 토론에서 승리한 팀은 두 팀 모두예요. 여러분 모두가 승자이자 주인공입니다. 수고한 토론자들에게 모두 큰 박수를 쳐주세요."
아이들과 교사들에게서 박수갈채가 터져 나왔다.

수업이 끝난 후 교사 협의회를 열었다. 모두 호평이 이어졌다. 아이들의 수준에 놀라워하는 교사들의 의견이 줄을 이었다. 장학사들은 이런 토론수업이 계속된다면 입시를 위한 논술을 따로 준비할 필요가 없을 것 같다고 전했다. 맞다. 모두 맞는 말이다. 아이들의 수준은 원래 높다. 다만 그것을 발휘할 기회가 적었을 뿐이다. 아이들은 환경만 마련해 준다면 얼마든지 자기 주도적으로 학습해

가는 능력이 있다. 억지로 해야 하는 공부가 아니라 스스로 하고 싶은 마음이 들 수 있는 분위기가 조성된다면 스스로 배움을 행한다. 토론도 그런 배움 중 하나다.

5차시 : 토론 후 내 의견 드러내기

마지막 5차시는 아이들이 원하는 논제인 "남북통일은 가능한 한 빨리 이루어져야 한다"로 수업을 진행했다. 아이들은 팀장을 중심으로 자료를 수집해 왔다. 자료를 수집하는 과정에서 팀끼리 모여 예행연습을 하는 장면도 볼 수 있었다. 아래에 나온 표는 아이들이 토론한 내용 중 일부를 정리한 것이다.

논제	남북통일은 가능한 한 빨리 이루어져야 한다.	
입장	찬성측	반대측
입론 (근거)	- 전쟁의 위험에서 벗어날 수 있다. - 그동안 만나지 못한 이산가족을 만날 수 있다. - 통일이 되면 사람들이 자유롭게 왕래할 수 있다.	- 통일 비용으로 인해 남한은 심각한 경제적 어려움에 빠지게 된다. - 북한사람과 남한사람의 다른 사상으로 인해 문화적 충격에 빠질 수 있다. - 수도를 정할 때 어디로 정해야 할지 문제가 될 수 있다.
반론	- 북한의 지하자원을 개발하면 경제가 더 좋아질 수 있다. - 법도 다시 만들고 교육을 통해 서로에 대해 배우면 문화적 차이를 극복할 수 있다. - 수도를 어디로 정할지는 투표로 결정하면 된다.	- 통일을 원치 않는 주변 강대국들로부터 오히려 전쟁 위험에 시달릴 수 있다. - 꼭 통일을 안 하더라도 이산가족은 날짜를 정해 만날 수 있다. - 왕래는 정치하는 사람들이 서로 합의만 하면 언제든지 오고갈 수 있다.

마지막 수업 때는 토론했던 내용을 토대로 '주장글' 쓰기를 했다. 이미 자료는 준비되어 있었고, 주장글은 최종 변론을 글로 표현하는 것이라고 설명해 주니 대부분의 아이들이 쉽게 글을 썼다.

예를 들면 먼저 주장을 쓴 후 '토론 준비표'에 있는 근거 중 2~3가지를 적는다. 근거를 쓴 다음 문장에는 그렇게 생각하는 이유를 자세히 설명하는 뒷받침문장을 적어줘야 한다. 근거 하나가 한 문단이 되도록 글을 작성하는 것이다. 그런 후 다음 문단에는 상대편이 제기한 반론 중 하나를 '반론 계획표'에서 찾아 적는다. 그 뒤 문장으로 '반론 꺾기 계획표'에 정리한 내용을 문장으로 이어준다. 반론펴기와 반론 꺾기를 정리한 글이 한 문단이 되는 것이다. 마지막으로 주장을 다시 한 번 강조해서 마무리하면 주장글 한 편이 완성된다. '주장 → 근거(뒷받침문장) → 반론(반론 펴기와 반론 꺾기) → 주장 다지기 순으로 작성하면 누구나 어렵지 않게 주장글을 완성할 수 있다. 다음은 5학년 아이가 쓴 주장글이다.

나는 남북통일은 빨리 이루어져야 한다고 생각한다.
첫째, 일단 전쟁 상태인 나라는 국방비가 어마어마하게 들어 경제에 나쁜 영향을 끼치게 된다. 통일이 되면 그 비용을 경제 발달에 쓸 수 있고, 북한의 값싼 노동력과 지하자원, 남한의 기술력과 자본으로 더 큰 경제 발전을 이룰 가능성이 높다. 북한의 관광지도 개방하면 이익야 된다.

둘째, 무엇보다 가장 중요한 이유는 우리가 한 민족이라는 사실이다. 물론 두 국가가 한 국가로 된다면 국제사회에서 외교적으로 경제적으로 타격을 입을 수 있다. 서독과 동독이 통일하면서 서독이 막대한 경제손실을 감당해야 했던 것도 사실이다. 하지만 우리는 한 민족이고 평화롭게 하나의 국가를 이루며 살아갈 권리가 있다. 그것이 올바른 방향이라고 생각한다.

북한은 공산주의, 우리는 민주주의라 통일 가능성이 없다고 생각할 수도 있다. 대부분의 공산주의 국가는 망했다. 공산주의가 옳지 않다고 말하는 것은 아니지만 북한을 위해서라도 통일을 해야 한다고 생각한다. 국가 이념이 다르다고 통일을 하지 못 한다는 건 옳지 않은 일이다.

나는 이런 이유로 남북 통일은 가능한 빨리 이루어져야 한다고 생각한다. ― 구나은, 5학년

이렇게 토론 수업이 끝을 맺었다. 아이들은 토론 수업이 끝나는 것을 많이 아쉬워했다. 한 학기를 마쳤을 때 아이들에게 설문 조사를 한 적이 있다. 한 학기 동안 가장 기억에 남는 수업이 무엇이었냐는 질문에 많은 아이들이 '토론 수업'이라고 응답했다 한다. 아이들이 토론을 이렇게 좋아하고 재미있어 할 줄은 몰랐다. 진지하게 토론 수업에 임하는 아이들을 지켜보면서 느낀게 많다.

무엇보다 아이들은 가르치는 대상이 아니라 스스로 배우는 존

재라는 것이다. 교사는 단지 환경만 마련해 줄 뿐 그 외의 모든 것은 아이들을 믿고 맡기면 된다. 그렇게 하면 아이들은 친구들과의 소통과 배움 속에서 스스로 성장해간다. 이런 과정 속에서 서로가 다름을 인정하게 된다.

사람은 모두가 달라야 한다. 모두가 똑같다면 그건 서로가 서로를 흉내 내는 것일 뿐 우리가 추구하는 다양성이 살아 있는 민주사회가 될 수 없다. 만약 교육이 똑같음을 추구한다면 그것은 교육이 아니라 억압이 된다. 모두가 다름을 인정하고 그 다름에서 개개인의 가치를 발견해 나가는 것. 그것이 바로 교육이며, 독서토론이 필요한 이유다.

활동지

토론 준비표

__학년 __반 이름_____

입장 (찬성 또는 반대)		논제		
발표자	근거 (이유)	반론		
		상대측의 예상 질문	대답(반론 꺾기)	

반론 계획표

____학년 ____반 이름_____

상대측 발표자 (이름, 순서)	상대측 의견(근거)	반론 계획	우리팀 발표자 (이름, 순서)

※상대측이 주장을 펼칠 때 사용하세요.

반론 꺾기 계획표

___학년 ___반 이름_____

상대측 발표자	상대측이 지적한 오류	대답 (반론 꺾기 계획)	발표자

※ 상대측이 반론을 할 때 사용하세요.

토론 학습 판정표

___학년 ___반 이름_____

구분	NO	판정 기준 및 배점	찬성측			반대측		
		판정 기준	1	2	3	1	2	3
주장	1	논제에 대한 근거(이유)를 바르게 찾았는가?						
	2	이유(근거)가 타당하고 논리적인가?						
	3	이유(근거)에 대한 설명을 자신 있는 태도로 명확하게 발표했는가?						
반론 펴기	4	상대측 주장에 대한 문제점(오류)를 구체적으로 반론했는가?						
	5	결정적인 타격을 줄 수 있는 문제점을 찾아서 질문했는가?						
반론 꺾기	6	상대측의 질문에 적절한 답변을 했는가?						
	7	반론 내용을 정확하게 파악해 상대를 설득할 수 있는 재반론을 펼쳤는가?						
토론 태도	8	예의바르고 이성적인 태도로 자신의 의견을 바르게 전달했는가?						
	9	자신의 의견을 적극적으로 활발하게 발표했는가?						
	10	소란을 피우지 않고, 상대편 의견에 귀를 기울였는가?						
	11	팀원들이 토론에 골고루 참여했는가?						
판정 결과	점수							
	판정 결과 발표	판정 결과를 발표하겠습니다. 먼저 찬성측은 ___점(3점)은 잘 했습니다. 하지만 ___점(1점)은 부족했습니다. 반면 반대측은						

1장 독서토론, 놀이처럼 즐겁게!

토론에 활용할 수 있는 추천 도서

토론 주제 : 선의의 거짓말은 해도 된다.
『마지막 잎새』 (오 헨리, 현소 엮음, 정영아 그림, 방민호 감수, 아이세움, 2010)
『레 미제라블』 (빅토르 위고 지음, 귀스타브 브리옹 그림, 염명순 옮김, 비룡소, 2015)
『내 이름은 삐삐 롱스타킹』 (아스트리드 린드그렌 지음, 롤프 레티히 그림, 햇살과나무꾼 옮김, 시공주니어, 2000)
『시간을 되돌리고 싶어』 (하나타 하토코 지음, 후쿠다 이와오 그림, 이정선 옮김, 키위북스, 2013)
『비밀 가족』 (최은영 지음, 이덕화 그림, 개암나무, 2014)

토론 주제 : 다른 나라가 침략해온다면 전쟁을 해야 한다.
『냄비와 국자 전쟁』 (미하엘 엔데 지음, 크리스토프 로들러 그림, 곰발바닥 옮김, 한길사, 2001)
『글짓기 시간』 (안토니오 스카르메타, 알폰소 루아노 그림, 서애경 옮김, 아이세움, 2003)
『팔레스타인 소년 사미르』 (다니엘라 카르미 지음, 백석봉 그림, 홍성민 옮김, 꿈터, 2007)
『무기 팔지 마세요』 (위기철 지음, 이희재 그림, 청년사, 2002)
『이름을 빼앗긴 소녀 에바』 (조안 M. 울프 지음, 유동환 옮김, 푸른나무, 2010)
『전쟁은 왜 일어날까?』 (질 페로 지음, 세르쥬 블로슈 그림, 박동혁 옮김, 다섯수레, 1995)

토론 주제 : 남북 통일은 이루어져야 한다.
『종이옷을 입은 사람』 (김진경 지음, 김호민 그림, 문학동네어린이, 2005)
『통일이 되면 어떻게 달라질까?』 (이명혜·신석호 지음, 한림출판사, 2012)
『북녘 친구 남녘 동무』 (원유순 지음, 이욱재 그림, 국민출판사, 2013)
『희망의 단지 DMZ』 (황선미 지음, 조선북스, 2011)
『나는 통일이 좋아요』 (정혁 지음, 시은경 그림, 대교출판, 2010)

책, 사랑과 관심 그리고 놀이

박미정 _군서초등학교

"선생님, 우리 학교 독서선생님은 무조건 아이들을 사랑해 주시면 됩니다. 경제적으로 어려운 아이들이 많아서 사랑으로 아이들을 대해 주셨으면 좋겠습니다."

"교장선생님, 걱정 마세요. 제가 가장 잘하는 것이 사랑을 나누어 주는 것입니다."

군서초등학교에서의 독서교육은 이렇게 시작되었다. 기존의 독서교육 프로그램은 전교 아이들을 대상으로 이루어지고 있었다. 학급마다 분위기도 다르고 아이들의 수준도 다른데, 일률적인 프로그램을 운영하는 것은 문제가 있다고 생각했다. 아이들의 독서에 대한 흥미와 태도에 따라 다양한 프로그램이 필요했다. 이왕이면 교과와 연계할 수 있는 프로그램, 책뿐만 아니라 다양한 매체를 접목해 독서의 즐거움을 느끼게 하는 프로그램이었으면 좋겠다.

매년 연간 교육 프로그램을 디자인할 때마다 고민했다. 학년도, 학급도, 특정 교과와 수업 시간도 고려했다. 독서교육 프로그램을 크게 3단계로 구성했다. 1단계는 책과 친해지기, 2단계는 책과 만나기, 3단계는 책과 대화하기이다. 특히 저학년 중심의 독서교육은 그림책을 연계한 동적 활동으로 '독서는 즐겁다'는 추억을 심어주고자 했다. 독서토론사로서 교장선생님과 처음에 약속했던 '사랑'을 아이들에게 선물할 수 있는 기회가 생겼다.

독서교육의 기본은 책읽기다

"선생님, 우리 아이가 빨리 한글을 깨쳐서 혼자 책을 읽었으면 좋겠어요."

많은 학부모가 자녀들이 빨리 한글을 깨치기를 원한다. 글자를 익히면 혼자서 책을 읽을 수 있기 때문이다. 그러나 독서는 글자만을 읽는 행위가 아니다. 독서는 책과의 대화를 통해 내 삶에 변화가 일어나는 과정이다. 많은 부모들이 자녀가 하루에 몇 권의 책을 읽었는지 숫자로만 독서의 양을 체크하는 경우가 많다. 그저 다 읽었다는 전제하에 아이를 믿고 흡족해 한다. 위험한 발상이다. 독서는 단순히 글자를 읽을 줄 아는 '해독' 단계에서 벗어나, 글의 의미를 이해하는 '독해' 단계까지 나아가야 제대로 이루어질 수 있다. 아이의 올바른 독서를 위해서 부모와 교사는 독해 능력을 기르는 데 도움을 주어야 할 것이다.

아이들은 주로 눈으로 책을 읽는다. 눈으로 읽는 묵독 중심에서 벗어나 음독을 병행하는 것도 독서 능력을 키우는 데 도움이 된다. 책을 소리 내서 읽는 음독은 주의력을 높여주고, 자신의 발음을 귀로 듣는 과정에서 형상을 이미지화해 의미를 이해하는 데 도움을 준다. 문장 읽기를 통해 유창성과 자신감을 키울 수도 있다.

독서 프로그램을 설계할 때 기초 자료로 아이들의 음독을 듣고 오독을 체크한다. 오독이 많을수록 책 속 의미를 제대로 이해하기 어렵기 때문이다. 우리 머릿속은 눈에 보이지 않는 블랙박스와 같다. 음독을 통해 아이의 머릿속을 들여다볼 수 있다.

읽기 모형 진행과정

책읽기 동기 유발	양파에게 책 읽어주기(음독)
1단계	짝과 함께 소근 소근 책읽기(음독)
2단계	작가(주제) 중심으로 책읽기(음독+묵독)
3단계	메모하며 책읽기(묵독)
4단계	질문하며 책읽기(묵독)

양파에게 책 읽어주기

"얘들아, 오늘은 선생님이 새로운 친구를 소개해 주려고 해. 바로 책 읽는 똑똑한 양파 친구란다. 이 친구들은 책 읽는 것을 무척 좋아해. 앞으로 너희들이 독서교실에 와서 양파 친구들에게 책을 읽어주면 좋겠어. 멋지지 않니?"

물컵에 담긴 양파 네 개를 아이들에게 보여 주었다. 아이들은 플라스틱컵에 옷을 만들어 입히고, 양파에게 얼굴도 그려주며 예쁘게 꾸몄다. 웃는 표정, 윙크하는 표정, 무표정, 화난 표정을 그려 주니 양파가 정말 생명을 얻은 듯했다.

"오늘부터 '양파 친구들에게 책 읽어주기' 프로젝트를 시작할 거예요. 여러분들은 양파 친구들에게 소개하고 싶은 책을 예쁜 목소리로 읽어 주세요. 그리고 읽어준 책 내용 중에서 새롭게 알게 된 점이나, 인상 깊었던 점은 다른 친구들도 알 수 있게 메모지에 써서 성찰 나무에 붙여주세요."

아이들의 반응은 뜨거웠다. 쉬는 시간, 점심시간, 종례 후 등 시간이 되는대로 독서교실로 와서 양파에게 책을 읽어 주었다. 저학년 아이들은 양파를 쓰다듬고 인사하며 이야기를 나누기도 했다. 마치 정말 새로운 친구를 만난 듯한 모습이었다. 몇몇 아이들은 집에서도 양파 친구를 만들고 싶다고 했다.

나는 옆에서 체크리스트를 만들고 아이들마다 어떤 오독이 있는지 체크했다. 체크리스트를 바탕으로 아이들에게 오독을 알려주고

책을 읽어준 양파 친구들에게 싹이 난 모습. 책을 읽어주지 않은 양파는 싹이 늦게 났다.

읽기 방법을 안내해주었다. 정보책을 읽는 아이들에게는 새롭게 알게 된 정보를 정리하는 방법도 알려주었다. 아이들은 매일매일 독서교실에 와서 책을 읽어주고 양파가 얼마나 자랐는지 살펴보았다. 아이들이 늘어날수록 체크리스트 자료 또한 차곡차곡 쌓여갔다.

"선생님, 양파가 얼마나 자랐어요?"
"어… 아직도 싹이 안 났네요."

책을 읽어주기 시작한 지 10일째 드디어 양파 한 개에서 싹이 났다. 초록 싹이 난 양파를 보고 나도 모르게 "와~ 양파야, 고마워! 역시 책 읽기는 중요하지"라고 웃으며 말을 했다.
"와! 선생님, 양파한테 싹이 났어요. 이거 진짜 싹 맞지요?" 아이들은 양파에게서 싹이 난 것을 신기하게 보았다. 싹을 만져보기도 하고 냄새도 맡고 사진도 찍었다. 그리고 더 열심히 책을 읽어줘야겠다며 적극적으로 책을 읽어주었다. 며칠 후 책을 읽어준 다른 양파들도 싹이 났다. 물론 책을 읽어주지 않은 양파는 싹이 늦게 났다.

'양파에게 책 읽어주기' 프로젝트의 활동 목표는 책읽기의 즐거움과 음독의 중요성을 깨닫게 하는 것이다. 아이들은 이번 활동을 통해 책을 읽어주는 행위가 양파의 성장도 돕는 것을 깨달았다.

양파에게 싹이 난 이유가 단지 책을 읽어주었기 때문일까? 아니다. 독서는 단순히 책만을 읽는 행위가 아니다. 독서에는 내면의 사랑과 관심까지 담겨 있다. 그래서 책을 읽어주는 사람과 관심의 행위가 양파의 성장도 촉진시킨 것이다. 그렇다면 우리 아이들에게는 얼마나 큰 영향을 미치겠는가? 이것이 바로 독서의 힘이다.

짝과 함께 소곤소곤 책읽기

책읽기 동기 유발을 목표로 한 '양파에게 책 읽어주기' 프로젝트는 성공적으로 이루어졌다. 다음 단계는 '짝과 함께 소곤소곤 책읽기' 수업이다. 요즘 책 한 권을 끝까지 못 읽는 아이들이 많다. 물론 산만한 성격 때문일 수도 있고, 독서에 대한 흥미, 독서 수준, 독서 습관 등 여러 원인이 있을 수 있다. 짝과 함께 책을 읽는 수업은 아이들이 끝까지 책을 읽을 수 있도록 돕는 방법 중 하나다.

수업을 성공적으로 이끌기 위해서는 재미있는 책을 선정하는 것이 중요하다. 물론 책의 분량 또한 중요하다. 교사는 아이들의 독서 수준을 고려해서 자기 학년보다 낮은 수준의 책과 높은 수준의 책도 여유 있게 준비해야 한다. 교사는 아이들에게 책을 소개하고 잘 보이도록 칠판에 세워 놓는다. 아이들은 짝과 함께 의논해서 자율적으로 책을 고른다. 그런 다음 고른 책을 짝과 한 문장씩 돌아가면서 읽으면 된다. 교사는 책읽기를 어려워하는 아이에게는 수준에 맞는 책을 추천해줄 수 있다.

짝을 잘 지어주는 것도 중요한 요소다. 책읽기 수준이 비슷한 친구와 짝을 지어줘야 활동이 효과적으로 이루어질 수 있다. 책 읽기 실력에 차이가 난다면 낮은 실력의 아이는 좌절을 맛볼 수 있다.

교사는 아이들이 짝과 함께 즐겁게 소리를 내서 책을 읽을 수 있도록 격려한다. 만약 책읽기에 비협조적인 아이가 있다면 짝이 읽어주는 책을 함께 듣고 보기만 해도 된다고 안내한다. 짝이 책을 읽어주는 과정에서 흥미를 갖고 함께 책을 읽는 경우도 많이 있기 때문이다.

짝과 함께 책을 다 읽었다면 인상적이었던 장면도 함께 이야기 나눌 수 있다. 이 과정은 책의 내용을 파악하고 생각을 확장하는 데 도움을 준다. 교실 여기저기에서 소곤소곤 책 읽는 소리가 난다. 이 프로젝트는 일회성으로 끝나면 안 된다. 교사는 아이들이 책을 끝까지 읽는 동기를 부여할 수 있도록 가끔 사탕이나 껌, 예쁜 메모지 등을 상품으로 준비한다. 아이들은 작은 사탕 하나에도 자극을 받아 즐겁게 책을 읽는다.

메모하며 책읽기

'짝과 함께 소곤소곤 책읽기'가 잘 이루어졌다면 그 다음 단계는 '메모하며 책읽기' 프로젝트다. 책을 읽으면서 떠오르는 생각이나 느낌을 자유롭게 메모지에 적으면서 책에 붙이면 된다. '메모하며 책읽기'는 생각을 깊고 넓게 할 수 있는 능동적인 읽기 방법이다.

아이들이 메모하며 책을 다 읽은 다음에는 다른 친구들이 잘 보이도록 교실 앞바닥이나 칠판 앞에 펼쳐놓도록 한다. 자신의 책을 다 읽은 아이들은 자유롭게 원하는 책을 바꿔서 읽으면 된다. 아이들은 책에 붙어 있는 메모지를 보면서 같은 반 친구들이 무슨 생각과 질문을 했는지 공유할 수 있다. 그리고 책을 읽으면서 든 내 생각을 메모해서 또 붙이면 된다.

똑같은 아이들은 아무도 없다. 아이들의 생각은 모두 다르고 개성이 있다. 나는 아이들이 친구의 생각과 질문을 공유하면서 시야를 넓히고 사고를 유연하게 하여 스스로 배움공동체로 한 걸음씩 다가가기를 바란다.

독서교육의 기본은 책읽기다. 경험에 의하면 정규 수업 시간에 책을 읽을 때 가장 몰입도가 높았다. 정기적으로 진행된 읽기 프로그램을 통해 아이들은 서서히 독서에 대한 흥미를 높이고 독서습관을 들여갔다.

책과 함께 자신감 키우기

　수업을 하다 보면 자신의 글이나 그림을 잘 보여주지 않는 아이를 종종 볼 수 있다. 누군가 옆에 있다고 의식을 하면 곧 자신의 그림이나 글을 가리고 보여주지 않으려고 한다. 심한 경우에는 책상 속에 넣어 버리거나 구겨 버리기도 있다.

　이런 아이들은 자신의 생각을 어떻게 표현해야 할지 몰라서 그러기도 하고, 잘 그리고 잘 썼는데도 자신감이 부족해서 그러는 경우도 있다. 그렇다면 독서 프로그램과 연계해서 자신감을 키워줄 방법은 없을까? 있다. 바로 아이들이 좋아하는 활동과 연결하는 것이다. 그것도 개인 활동이 아닌 모두 참여할 수 있는 모둠이나 단체 활동으로 시작하면 된다. '나'보다는 '우리'의 힘이 강하기 때문이다.

　그림 그리기는 특히 저학년 아이들이 좋아하는 활동 중 하나다. 아이들의 그림에는 의미가 있다. 그 의미를 알고 보면 아이들의 그림은 더 멋진 작품이 된다. 아이들에게 자신감을 느끼게 해주고 싶었다. 그리고 자신감을 찾는 과정에서 '혼자'보다는 '함께'를 느끼게 해주고 싶었다.

친구들과 함께 그림을 그려보아요

　"선생님 한 아이가 달을 따고 있어요. 그런데 막대기로 따는 것 같아요."

"저는 달을 청소하는 것 같아요. 깨끗하게요."

"선생님 막대기 끝에 붓이 있어요. 그림을 그리는 이야기 같아요."

아이들은 책을 보면서 자신의 생각을 자유롭게 말한다. 그리고 친구들 이야기에 생각을 덧붙여서 재미있는 상상을 펼친다. 교사는 아이들이 다양한 상상을 할 수 있도록 자극하고 기다려 주어야 한다. '자신감'이라는 주제와 관련해서 『점』에 나오는 베티의 변화된 모습을 비교해 본다. 첫 장면의 베티의 모습과 마지막 장면에서 전시회를 열 때 베티의 모습이다. 그리고 무엇이 베티를 변화시켰는지도 물어본다. "친구들도 베티와 비슷한 경험을 한 적이 있나요?"

아이들은 많은 이야기를 한다. 운동을 처음 시작했을 때, 자전거를 배울 때, 학원을 처음 다닐 때, 공부할 때 등 여러 가지 자신의 경험담을 말한다. 그림책 읽기를 통해서 생각을 나누었다면 이제는 꼬마 화가 베티가 되어보는 시간이다. 아이들은 능수능란하게 책상 네 개를 움직여서 마주 보는 모둠 형태로 구조를 바꾼다. 교사는 모둠에 앉아 있는 아이들에게 번호를 정해준다. 1번에서 2번, 2번에서 3번, 3번에서 4번, 마지막 아이는 다시 1번으로 활동지를 전달하는 연습을 한다. 번호와 활동 순서를 알았다면 본격적으로 오늘 독후 활동에 대해 설명을 한다.

점

피터 레이놀즈 지음, 김지효 옮김, 문학동네어린이, 2011

그림을 그리기 싫어하는 아이 베티를 통해 그림을 잘 그리는 법이 따로 있는 것이 아니라 자신이 하고 싶은 대로 마음껏 표현하는 것이라고 말해주는 그림책이다. 배경도 생략한 채 꼭 필요한 소품들과 인물들만을 쓱쓱 단숨에 그린 것 같은 간명한 그림과 몇 줄의 텍스트만으로도 가슴 울리는 감동을 준다.

추천학년 : 1~2학년
관련교과 : 1학년 2학기 국어 7. 다정하게 지내요
수업시간 : 1차시 (40분)
활동주제 : 자신감
수업목표 :
1. 자신의 생각이나 감정을 자신 있게 그림으로 표현할 수 있다.
2. 친구의 생각이나 감정을 배려하며 함께 그림을 그릴 수 있다.

자료 : 활동지, 색연필

"오늘 독후 활동은 여러분들이 꼬마 베티가 되어보는 '친구들과 함께 그려요'입니다. 선생님이 준비한 활동지에 그림을 그려 보세요. 내가 그리고 싶은 그림을 3분 동안 그리면 됩니다. 선생님이 신호를 보내면 다음 친구에게 그림을 전달하세요. 활동지를 받은 친구들은 친구의 그림을 보고, 이어서 그림을 그려 주세요. 친구의 그

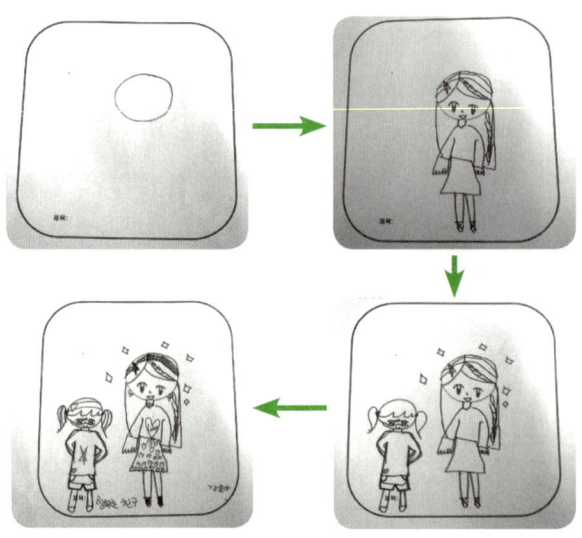

친구들이 함께 완성한 자신의 그림을 보고 아이들은 그림이 더 예뻐졌다고 기뻐했다.

림을 멋지게 만들어주면 됩니다. 마지막으로 내 그림을 돌려받게 되면 그림에 제목을 붙여 주세요."

"선생님, 제 짝은 그림을 못 그려서 싫어요. 짝을 바꾸고 싶어요." 아이들은 옆 친구가 내 그림을 망치면 어떻게 하냐고 걱정을 한다. 오히려 아이들의 걱정을 역으로 이용할 수 있는 기회가 왔다.

"오늘은 친구를 믿어주세요. 친구의 그림을 보고 그림 속 의미를 생각하면서 더 빛나게 그려주면 됩니다. 혹시 그림에 자신이 없다고요? 걱정마세요. 친구들이 내 그림을 멋지게 만들어 줄 거예요. 친구를 믿고 그림을 그리면 됩니다. 주의할 점은 친구가 내 그림에 장난을 하면 기분이 어떨까요? 친구의 마음을 생각하면서 장난스럽게 하지 않기로 약속해요."

교사의 말에 아이들은 믿음과 자신감을 갖고 그림을 그리기 시작했다. 간혹 고민만 하다가 못 그리는 아이들도 있었다. 그런 아이들에게는 내가 좋아하는 도형 중 하나를 그려 보라고 유도했다. 아이들은 3분 동안 그림을 그려야 한다. 3분이 지나면 자기가 그린 그림을 옆 친구에게 줘야 한다. 몇 차례 그림을 옆 친구들에게 돌리자 그림이 완성됐다. 아이들은 본인이 그린 그림을 확인했다.

"선생님, 제 그림이 변했어요."

"선생님, 제 그림이 예뻐졌어요. 제가 맨 처음 그린 그림보다 더 예뻐졌어요."

그림이 더 예뻐졌다고 좋아하는 아이도 있고 마음에 안 든다고 투덜거리는 아이도 있었다. 그러나 활동 전부터 장난스럽게 하지 않기로 약속했기 때문에 대부분 그림 내용이 진지하다.

서로의 그림을 완성하며 자신감도 쑥쑥!

아이들에게 완성된 자기 그림에 제목을 붙여 보라고 했다. 아이들은 그림을 보면서 제목을 붙인다. 혹 옆 친구가 그림 제목 붙이는 것을 어려워하는 경우 제목에 힌트도 준다. 이제는 모둠에서 자신의 그림을 보여주고 제목을 발표하면 된다. 모둠 안에서 돌아가며 발표하기 때문에 모두 참여할 수 있고 시간도 절약된다.

"제 그림 제목은 별나라입니다. 저는 별을 그렸는데 친구들이 별을 더 많이 그려줬어요. 그래서 제목을 별나라로 지었어요."

"제 그림 제목은 행복한 친구입니다. 친구들이 행복하게 웃고 있어요."

그림에 자신이 없어서 고민했던 아이들도 공동 활동으로 했기 때문에 모두 그림을 완성할 수 있었다. 대부분의 아이들이 그림에 만족하며 즐거워하는 모습이다.

짝이 그림을 망쳐서 속상했다는 아이에게는 모둠 친구에게 변론을 들을 기회를 주었다. 모둠 아이들은 자신이 그렇게 그린 이유를 설명해주었다. 이렇게 아이들은 대화를 통해 상대방의 마음을 확인한다. 오해가 있었다면 오해를 풀 수 있게 된다.

수업 마무리 단계에서 아이들에게 큰 박수를 치게 했다. 이 박수는 상징적 의미를 담고 있었다. 우렁찬 박수 소리는 아이들의 '자신감'을 표현하는 소리이며 '우리'를 느끼게 하는 신호였다.

책과 함께 생각 나누기

"등장인물의 행동에 대해서 어떻게 생각하나요?"
"해결 방법이 있을까요?"
"혹시 궁금한 것이 있나요?"

아이들은 교사와 눈을 마주치지 않으려고 한다. 혹시 선생님이 나를 시키면 어떻게 하나 떨고 있다. 저학년 아이들의 경우 제법 자신의 의견을 자유롭게 발표하기도 한다. 그러나 학년이 올라갈수록 발표하는 아이들 수는 현격하게 줄어든다. 자신의 의사를 솔직하게 표현하지 못하거나 궁금한 것이 있어도 질문하기를 주저하는 아이들을 볼 때마다 안타까웠다. 주제가 문제일까? 질문이 어렵나? 교사가 무섭나? 도대체 무엇이 문제일까?

아이들과 효과적으로 토론하기 좋은 주제는 자신이 직접 오감을 통해 관찰하고 경험한 것들이다. 당연하다. 내 경험이 사고의 폭을 확장시키기 때문이다. 그러나 모든 것을 경험하고 느끼기에는 시간이 부족하고 경제적으로 어려움이 있다. 대신 책을 통한 간접 경험으로 대체한다. 책 속에서 넓은 세상을 만나고 대화하는 과정에서 내 자신을 찾을 수 있기 때문이다. 아이들은 자신이 경험한 것을 중심으로 토론할 때 내 삶과 연결해서 다양한 생각을 하고 변화를 만들어낸다. 하고 싶은 이야기 또한 많다.

내가 키우고 싶은 완벽한 애완동물은?

"선생님, 비밀인데요. 우리 학교에 고양이가 있어요."
"뭐? 고양이?"
"우리가 키우는 고양이예요. 우리 반 친구들이 한명씩 돌아

구합니다! 완벽한 애완동물

피오나 로버튼 글·그림, 책과콩나무, 2010

완벽한 강아지를 키우고 싶어하는 헨리의 이야기를 담은 그림책이다. 헨리에게 강아지는 어떤 존재일까? 반면 강아지가 되고 싶은 오리가 있다. 오리는 왜 강아지가 되고 싶을까? 책을 읽다 보면 진정한 친구가 무엇일까를 생각하게 된다.

추천학년 : 1~3학년
관련교과 : 2학년 국어 : 2단원 경험을 나누어요/ 7단원 이렇게 생각해요
수업시간 : 2차시(80분)
활동주제 : 친구
수업목표 :
1. 친구의 소중함을 알 수 있다.
2. 이야기에 대한 여러 사람의 생각과 느낌을 비교할 수 있다.

자료 : 활동지

가면서 물도 주고 밥도 줘요."

아이들이 무슨 이야기를 하는지 몰랐다. 그래서 아이들을 따라 학교 건물 앞 나무 밑으로 갔다. 정말 고양이가 한 마리 있었다. 고양이가 제법 포동포동 살이 쪘다. 우리 학교에서는 제법 인기가 있는 고양이라고 했다. '나만 몰랐네…'

순간 우리 아이들이 좋아하는 고양이와 연결하여 독서수업을 해야겠다는 생각이 들었다. 최근 애완동물에 대한 관심은 점점 늘어나고 있다. 애완동물이 친구, 가족과 같은 존재라는 뜻으로 '반려동물'이라고도 한다. 학교에는 인기 스타 고양이가 있다. 아이들에게 고양이는 단순히 밥과 물만 주는 동물이 아니었다. 매일 기다리고 걱정해주는 소중한 친구였다.

당연히 책 선정의 키워드는 '애완동물'과 '친구'였다. 함께 읽을 책은 피오나 로버튼의 『구합니다! 완벽한 애완동물』이었다. 주인공 헨리는 완벽한 애완동물인 강아지를 구하기 위해 광고를 낸다. 광고를 본 오리는 헨리의 친구가 되기 위해 강아지로 변장을 하고 여행을 떠난다. 헨리와 오리는 친구가 될 수 있을까?

책을 읽기 전 학생들과 애완동물에 대한 다양한 정보를 수집했다. 아이들은 교사와 이야기한 정보를 마인드맵으로 정리했다. 마인드맵의 주요 가지는 애완동물의 '특징', '종류', '좋은 점', '나쁜 점'이다. 아이들은 학교 고양이 이야기, 〈TV동물농장〉에서 본 동물 이야기를 한다. 역시 아이들이 오감을 통해 느끼고 경험한 이야기는 활기차고 생동감이 있다. 아이들에게 주제와 관련해서 책 내용을 질문했다.

"오늘은 짝과 함께 토론할 거예요. 정답은 없습니다. 내가 생각하는 것이 정답이에요. 먼저 내가 키우고 싶은 애완동물을 소개해주세요. 그 동물의 특징과 내가 키우고 싶은 애완동물이 완벽한 친구가 될 수 있는 이유도 적어 주세요. 활동지에 다 적은 친구들은 짝에게 소개해 주세요. 짝은 친구의 이야기를 잘 들어주세요. 내가 말을 하는데 짝이 다른 곳을 보거나 내 이야기를 듣지 않으면 기분이 어떨까요? 내 짝의 얼굴을 보면서 끄덕끄덕 머리도 흔들고, 아하, 그래! 하는 반응도 보여주면 더 좋겠지요."

아이들에게 듣기 자세와 경청의 중요성을 이야기해 주었다. 특히 초등 듣기 능력과 경청은 학습과도 큰 관련이 있다. 듣기와 경청이 잘되는 학생의 경우 말하는 사람의 의도와 함께 중요 부분을 정확하게 알 수 있기 때문이다.

"내가 키우고 싶은 애완동물은 금붕어야. 금붕어는 물에서 살고 금붕어 밥을 먹고 살아. 금붕어가 완벽한 친구가 될 수 있는 이유는 금붕어는 털도 없고 가까이에서 볼 수도 있어. 그리고 금붕어는 알을 많이 낳아서 좋아. 냄새도 별로 안 나."

아이들은 진지하게 키우고 싶은 애완동물 이야기를 했다. 그 중에는 우리 학교의 고양이가 완벽한 친구가 될 수 있다는 아이도 있었다.

나는 완벽한 친구가 될 수 있을까?

짝과 함께 토론을 했다면 이제는 모둠 토론을 해야 하는 시간이다. 모둠 토론 주제는 "내가 완벽한 친구가 되기 위한 조건"이다. 짝과 하는 토론보다 좀 더 확산적 사고를 요구한다. 아이들에게 '내가 완벽한 친구가 되기 위한 조건' 두 가지를 메모지에 적으라고 했다. 아이들은 공부 잘하기, 친구 웃기기, 친구 도와주기, 친구 때리지 않기 등 다양한 조건을 메모지에 적는다.

다 적은 아이들은 모둠별로 돌아가면서 발표를 하면 된다. 혹시 생각이 잘 나지 않는 아이들을 위해서 다른 친구들이 발표하는 것을 듣고 생각을 적어도 된다고 말했다. 아이들은 자신이 적은 메모지를 보고 이유를 덧붙여서 생각과 의견을 발표했다. 모둠 의견 중에서 겹치는 부분이 있다면 하나로 모으게 하고, 그리고 도화지에 토론 주제를 적고 메모지에 쓴 의견을 각각 붙이게 했다.

이제는 수업 마무리로 가장 중요한 시간이기도 하다. 아이들에게 수업에서 가장 인상 깊은 의견과 내가 가장 잘한 점을 돌아가면서 발표하도록 한다.

> "오늘 수업 시간에 가장 인상 깊은 의견은 내가 완벽한 친구가 되기 위해서 웃기는 친구가 되는 것이었습니다. 그리고 내가 오늘 수업 시간에 가장 잘 한 것은 친구들에게 친절하게 설명해 준 것입니다."

저학년의 경우 모둠에서 각자의 의견을 발표하고 모둠 의견을 정리하는 것으로 수업을 마무리해도 무관하다. 중학년의 경우는 모둠별로 대표 학생이 나와 모둠에서 나눈 의견을 발표할 수 있다. 아이들은 반 전체 친구들의 의견을 들으면서 흥미롭고 재미있어 했다.

일반적으로 전체 아이들을 대상으로 발표할 경우 발표 시간이 길어서 집중도가 떨어지고 어수선해지는 경우가 많다. 그러나 짝 토론과 모둠 토론은 짧은 시간에 모든 아이들이 참여 할 수 있고 집중도가 높아서 활기찬 수업이 된다. 당연히 아이들이 모두 참여하고 발표하기 때문에 교실은 조용하지 않다. 오히려 신나서 자유롭게 내 생각과 의견을 나누는 시끌시끌한 토론 교실로 바뀐다. 아이들이 미래를 꿈꾸는 소리이기도 하다.

텐트 안에서 즐기는 독서

1년에 두 번 방학을 이용해서 독서캠프를 계획한다. 이번에는 특별히 아이들에게 문화체험을 할 수 있도록 프로그램을 계획했다. 국립어린이박물관은 아이들이 직접 체험할 수 있는 다양한 프로그램을 상시로 운영하고 있다. 방학 전 독서캠프 안내장을 보내고 신청을 받았다. 독서캠프에 참여하는 아이들은 서울에 간다고 신나했다.

얼마 전 여름방학이 시작되고 충격적인 뉴스가 보도되었다. 사

여름방학 독서캠프 프로그램

1일차(역사랑 친해지기)	2일차(역사랑 만나기)	3일차(역사랑 놀기)
아이스브레이크 손가락접어, 역사 빙고 게임	**아이스브레이크** 선사탐험 보드게임	**국립어린이박물관 체험**
함께 책 읽기 『아빠 어렸을 적엔 공룡이 살았단다』 질문 놀이	**교사 ppt 자료** "우리 조상들의 문화 유산"	※취소 시 **영상(다큐) 보기**: 선사시대와 역사시대
도서관 탐방 내가 가장 궁금한 인물(사건) 관련 도서 찾기, 정보 조사하기, 마인드맵 정리	**북아트** 나만의 부채 책(우리 조상들의 의식주, 국립어린이박물관 자료 참고)	**인류의 진화 모습**: 벽화 그리기 **신나는 전통 놀이**: '국시꼬랭이 동네' 시리즈 참고

설 해병대 캠프에 참여한 고등학교 학생들에게 사고가 난 것이다. 온 국민이 놀라고 슬픔에 잠겼다. 우리 학교 선생님들의 놀람과 슬픔도 다르지 않았다. 독서캠프에 참여하는 아이들은 소수의 인원이며 인솔 교사도 두 명이나 되었지만, 학교 측에서는 우려를 표했다. 그러나 중요한 것은 아이들과의 약속이었다. 그래서 국립어린이박물관에 가기 전에 아이들에게 안전교육을 더욱 철저히 시킨다는 조건으로 교장, 교감선생님을 설득시켰다.

책과 함께 떠나는 역사 여행

독서캠프 1일차, 첫날이기 때문에 아이들끼리 마음을 여는 것이 중요했다. 아이들은 손가락 접기 게임을 하면서 친구를 관찰하고, 역사 빙고 게임을 하면서 내가 알고 있는 역사 인물을 확인했다. 게임을 하면서 서로 많이 친해졌다.

　그림책 『아빠 어렸을 적엔 공룡이 살았단다』(뱅상 말론느, 어린이작가정신, 2015)는 학년과 상관없이 역사와 문화에 대해 다양한 시점에서 이야기 나눌 수 있는 징검다리 같은 책이다. 선사시대를 배경으로 들려주는 옛날 이야기이지만 현재와 비교하면서 역사의 발자취를 짚어갈 수 있다. 아이들은 친구들과 함께 이 책을 읽으며 생각을 나누었다.

　아이들과 〈한국을 빛낸 100명의 위인들〉이라는 노래와 영상자료를 통해 인물들의 이미지도 보여 주고 아이들에게 자신이 알고 있는 정보를 발표하게 했다. 아이들이 스스로 궁금증을 해결할 수 있도록 정보를 찾는 방법을 알려줬다. 도서관에 가서 내가 궁금한 인물과 사건을 다룬 관련 도서를 찾도록 했다. 책을 바탕으로 활동지에 정보를 정리할 수 있도록 시범을 보이고 직접 적용할 수 있도록 했다. 정보를 마인드맵으로 정리하게 하니 한 눈에 알아보기 쉬웠다.

　독서 캠프 2일차에는 아이들과 북아트를 만들었다. 주제는 '우리 조상들의 문화유산'으로 국립어린이박물관 홈페이지에 있는 자료를 활용해서 조상들의 지혜를 알아보는 것이다. 3일차에 국립어린이박물관을 체험하기 때문에 박물관 홈페이지에 있는 자료를 활용하는 것이 더 효율적이라고 판단했다. 아이들은 오리고 붙이는 북아트를 좋아했다. 우리 조상들의 의식주와 유물과 유적을 중심

3일간의 독서캠프 풍경. 박물관에서 자료도 찾고 텐트에서 여행 기분도 느끼며 추억을 쌓았다.

으로 문화유산을 정리하고 나만의 부채책을 만드니 방학숙제 과제로 내겠다며 즐거워했다.

그런데 돌발상황이 생겼다. 교육청에서 공문이 온 것이다. 안전상의 이유로 가능한 학교 외 기관에서 체험학습을 하지 말라는 내용이었다. 교감선생님과 독서캠프 체험학습에 관해서 의논을 했다. 캠프 취지는 좋지만 교육청 공문과 함께 학부모님들의 걱정을 안고 강행하는 것은 큰 무리가 있다는 것이다.

독서캠프 3일차. 오히려 계획에 없던 특별한 놀이가 시작되었다. 스카우트 활동에 썼던 텐트가 생각이 나서 교실에 텐트를 쳤다. 텐트를 치니 야외에 나온 것 같았다. 독서캠프에 참여한 아이들에게 국립어린이박물관 문화 체험이 취소됐다고 조심스럽게 이야기를 했다. 아이들은 너무나 아쉬워했다. 방송에서 학생들의 사고 소식을 접했기 때문에 곧 마음을 잡고 선생님의 이야기를 경청했다. 아이들은 교실에 쳐진 텐트를 보고 좋아했다.

"선생님, 지금 여행 온 것 같아요."
"선생님, 텐트 안이 안락하고 재밌어요."

선생님의 미안한 마음을 알아주는 아이들이 고마웠다. 우리는 '역사와 놀자'라는 독서캠프 주제와 관련해서 원시인이 되기로 하였다. 20분 동안 '선사시대·역사시대' 관련 다큐멘터리 영상을 보았다. 물론 아이들에게 자유로운 자세로 누워서 보아도 된다고 했다. 아이들과 영상을 본 후 인류의 모습과 진화에 대해 이야기를 나누었다. 원숭이에서 오스트랄로피테쿠스, 네안데르탈인, 크로마뇽인까지 석기시대부터 현대인의 모습까지 진화의 변천사와 함께 특징에 대해 이야기를 나누었다. 인류의 진화 모습을 공동 활동으로 함께 그림으로 그리면서 마무리 작업을 했다.

교사도 동심으로 돌아가 즐기는 특별한 놀이

텐트 안에서 즐겁게 보고 듣고 이야기하는 아이들의 모습을 보니 기분이 좋았다. 텐트가 우리의 구세주가 되었다. 수업시간에 돌발 상황도 많이 경험했지만 이번처럼 진땀이 나기는 처음이었다. 스스로 위기를 잘 넘긴 자신이 대견했다.

오후에는 야외놀이 활동으로 구성했다. 우리 조상들이 어릴 적에 놀았던 전통 놀이를 직접 해보는 것이다. '국시꼬랭이 동네' 시리즈 중에서 『고무신 기차』, 『쌈닭』, 『눈 다래끼 팔아요』, 『아카시아 파마』, 『풀싸움』 등 다섯 권을 준비했다. 학생들에게 준비한 다섯 권 중에서 관심 있는 책을 고르게 했다. 아이들은 짝을 짓고 책을 읽었다. 관심 있는 놀이를 종이에 정리해서 친구들에게 소개하도록 했다. 이제는 학교 운동장으로 나가서 함께 실전 놀이를 하는 시간이다. 아이들과 무궁화 꽃이 피었습니다, 닭싸움, 운동화 던지기 등의 놀이를 하면서 더운 여름이었지만 또 하나의 추억을 만들었다.

계획과 다르게 진행했던 독서캠프는 오히려 아이들과 함께 뛰고 달리면서 즐길 수 있는 기회가 되었다. 교실에서의 텐트, 야외에서 즐겼던 전통 놀이 등을 아이들과 함께하면서 나도 동심으로 돌아가 함께 웃을 수 있었다.

책 그리고 어린이에게 배우다

"선생님, 독서선생님 맞나요? 어떤 독서선생님이세요?"
"선생님은 우리 친구들이 어른이 되서도 책을 가까이 하고 평생 동안 책을 사랑할 수 있도록 안내해주는 독서운동가란다."

"아! 선생님 저 좀 도와주세요."

혁신학교에서 독서토론사로 아이들과 독서수업을 하면서 지역적인 차이에 놀랐고 독서 수준에 또 한 번 놀랐다. 교장선생님께 독서습관과 독서환경을 조성하면서 아이들과 친해지고 싶어서 5층 독서교실에 책이 비치되도록 부탁드렸다. 학교 측의 배려로 전 학년 교과수록 도서와 어린이 신문, 추천 도서를 읽을 수 있도록 준비했다. 아이들의 변화된 모습을 드디어 피부로 느낄 수 있게 되었다. 아이들은 자발적으로 독서교실에 와서 책을 읽기 시작했다. 독서교실에 비치된 책과 신문 그리고 추천 도서를 읽으려고 올라오는 것이다. 어떤 아이들은 독서교실이 오히려 책 읽기가 좋다고 했다. 선생님을 만날 수 있어서 좋다고 했다. 나를 잘 따르는 아이들이 고마웠다.

"선생님, 저 책이 좋아졌어요."
"선생님, 이번 시간에는 토론 수업해요."
"선생님, 시흥시 백년 후 편지쓰기에서 입상했어요."

독서토론사로 뿌듯하고 보람을 느끼는 순간들이다. 학교에 와서 독서수업뿐만 아니라 아이들에게 지속적인 책읽기 환경과 독서 습관을 키우기 위해 고민하고 노력했다. 그 중 '얘들아, 함께 읽자'와 '다문화 축제 한마당'은 가슴을 울리는 활동이었다.

'얘들아, 함께 읽자'는 전교생을 대상으로 교사들이 이용해 돌아가면서 독서교실에 와서 책을 읽어주는 프로그램이었다. 1년 후 이 프로그램은 '언니 오빠들이 들려주는 그림책'으로 발전을 했다. 이 프로그램의 숨은 공로는 선생님들과 학생 독서동아리 '책먹는 악동들'이다. 독서동아리 아이들은 1학년 교실로 가서 직접 책을 읽어줬다. 책을 읽어주기 위해 미리 연습도 하고 사탕과 질문거리도 만들었다.

"동생들한테 책을 읽어주니까 진짜 기분이 좋아요."
"방송에서 본 것처럼 기부할 때 마음을 알겠어요. 뿌듯해요."

독서동아리 아이들은 책 읽어주기 활동이 끝나면 항상 모여서 협의를 하고 개선할 점을 이야기 나눴다. 아이들이 많이 볼 수 있는 곳에서 책을 읽어야 한다는 의견이 나왔고, 책을 들고 전교 아이들이 많이 볼 수 있는 운동장 나무 그늘에 앉아 책을 읽어주기 시작했다. 나는 '책을 통한 소통'의 방법을 안내한 것뿐인데 아이들은 스스로 나눔을 실천하고 그 안에서 기쁨을 느끼고 있었다.

'다문화 축제 한마당'은 여름 방학을 이용해 다문화 아이들을 대상으로 '책을 통한 소통'을 경험하게 한 프로그램이었다. 우리 학교는 공단 지역에 위치해 있어 다문화 가정의 아이들 수가 점점 늘어나고 있다. 저학년의 경우 한 학급당 다문화 아이들의 수가 30

퍼센트를 넘는다. 이런 다문화 아이들에게 책을 통해서 문화를 접하고 '우리는 하나'라는 마음을 심어주는 것은 반드시 필요한 부분이다.

교장선생님과 약속했던 '사랑'을 다문화 아이들에게도 선물할 수 있는 기회가 생겼다. 바로 서울과 경기도 중, 고등, 대학생들로 구성된 북코치와 나와 뜻을 함께한 여러 선생님이 '다문화 축제 한마당'을 위해 멀리서 학교까지 온 것이다. 다문화 학생 50명과 북코치 학생 50명 총 100명이 넘는 학생들이 함께 축제 한마당을 펼친 것이다. 나는 다문화 아이들과 북코치, 그리고 여러 선생님들께 감동과 즐거운 추억을 선물 받았다.

아이들은 나에게 선생님이었다. 나는 아이들을 통해 배우고 있었다. 생각을 배우고 따뜻한 마음을 배웠다. 그리고 보람과 기쁨을 배웠다. 아이들을 보면 설렌다. 아이들 덕분에 웃는다. 아이들 덕분에 고민한다. 나는 책과 그리고 어린이들에게 지금도 많은 것을 배우고 있다.

> 활동지

연간 독서교육 프로그램 운영 개요

운영 영역	활동명	활동 내용	대상	시기
진단 검사	요구 조사	요구조사 수행 / 설문조사 - 독서동기 진단 검사(사전 사후) 각1회 - 독서 수업 후 1회	1학기: 2, 3, 5학년	3월 12월
			2학기: 1, 4, 5학년	9월 12월
교실수업	각 학년 독서논술	단계별 프로그램 (읽기 전략을 활용한 독서 지도)	1학기: 2, 3, 5학년	3월~ 7월
			2학기: 1, 4, 5학년	9월 12월
수업 외 활동	독서 교실	점심시간, 방과 후 신나는 책 읽기 (독서노트 '지혜의 저장고' 활용)	전 학년	1학기 2학기
		얘들아, 함께 읽자 (언니, 오빠들이 읽어주는 그림동화)	고학년 신청자 (4, 5, 6학년)	1학기 2학기
	독서 동아리	'책 먹는 악동들' 동아리 활동 (독서 토론 및 다양한 글쓰기)	4, 5, 6학년	1학기 2학기
	독서교실	독서 캠프	신청 학생	여름/겨울 방학
	강당	다문화 축제 한마당	다문화 학생	여름 방학
연수	부모연수	발달단계에 따른 독서지도 독서노트 '지혜의 저장고' 활용방안	학부모	학기 중
	교사연수	쉽게 하는 교실 토론	교사	학기 중

친구들과 함께 그려요

___학년 ___반 이름_____

점
피터 레이놀즈 글·그림, 김지효 옮김, 문학동네어린이, 2003

모든 어린이들은 다 예술가지요. 친구들이 찍은 점 하나, 아무렇게나 그은 선 하나가 아무도 흉내낼 수 없는 독창적인 그림이니다. 내 생각이나 마음을 그림으로 그려보세요. 그리고 앞 사람이 그린 그림을 보고 친구들이 함께 그림을 완성해주세요.

'애완동물' 마인드맵 완성하기

__학년 __반 이름__________

구합니다!
완벽한 애완동물

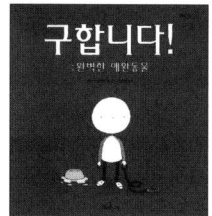

구합니다! 완벽한 애완동물

피오나 로버튼 글·그림, 천미나 옮김, 책과콩나무. 2010

♡ 헨리는 완벽한 애완동물 강아지를 원합니다.
내가 생각하는 애완동물에 대해 자유롭게 정리해 보세요.

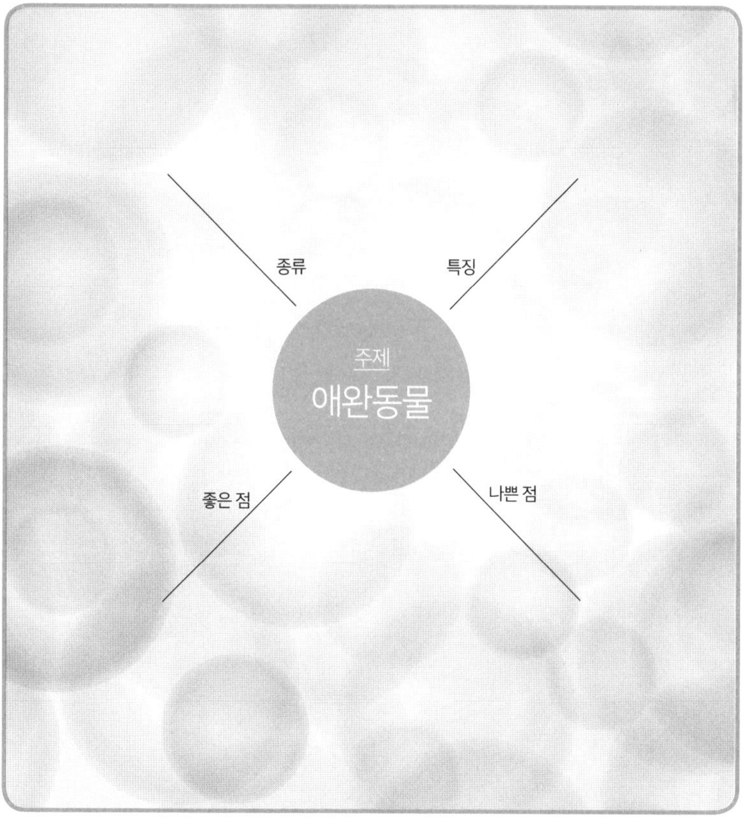
종류
특징
주제
애완동물
좋은 점
나쁜 점

그림책,
너와 나의 연결고리

이승연 _연성초등학교

"왜 갑자기 허벅지가 찔렸어요? 이상해요."

책을 읽던 5학년 남자 아이가 갑자기 질문을 한다. 이해되지 않는 부분 때문에 읽는 데 몰입하기가 어려워 보였다. 평소 책 읽는 시간에 두리번거리거나 주변을 살펴보는 버릇이 있는 아이였다. 그 아이가 읽는 책은 이미 내가 알고 있는 내용이라 질문의 내용도 의아했다. 나는 읽고 있는 장면을 확인해 보았다.

명수는 두 바퀴째에 레인 바깥쪽으로 앞으로 치고 나가 정태를 따라잡고 까까머리 하나를 제쳤다. 갑작스럽게 속도를 높인 탓인지 오른쪽 허벅지가 날카로운 송곳에 찔린 것처럼 아팠다. 그렇지만 명수는 이를 악물었다.(중략) 숨이 차오르면서 다리에 힘이 빠졌다. 오른쪽 다리는 근육을 끄잡아 당기는 것처럼 아팠다. 그사이 까까머리 하나와 정태가 명수를 앞질렀다.

— 「오월의 달리기」(김해원 지음, 푸른숲주니어, 2013)

　초등학교 5학년인 주인공 명수가 전국 체육대회 달리기 선수로 선발되어 친구들과 함께 훈련받는 장면이다. 극심한 훈련 중에 느끼는 허벅지의 통증을 송곳에 찔렸다고 비유한 내용을 보고, 질문을 던진 아이는 진짜로 송곳에 찔렸다고 생각한 모양이다. 아마 머릿속에는 주인공의 다리가 송곳에 찔려 피가 나고 있는데 친구들은 나 몰라라 앞질러 가고 있는 모양새가 그려졌을 것이고 그런 상황이 도통 이해가 되지 않았나 보다.
　시흥시 연성초등학교 5학년 아이들은 『오월의 달리기』를 수업 시간에 읽었다. 이 책은 배경지식이 많을수록 더 재미있게 읽을 수 있기 때문에 현재 — 과거 — 현재로 진행되는 이야기의 구성을 독서 전에 알려주었고, 주인공의 어린 시절 시대적 배경에 대해서는 동영상과 사진자료를 보여주며 설명했다. 나머지는 독자의 몫이다. 각자에게 책을 나눠주고 수업 시간에 읽지 못한 부분은 일주일가량 시간을 주고 완독해오라 했다. 그렇지만 책을 끝까지 읽어오는 아이는 소수였고, 중요한 사건과 인물의 감정을 제대로 이해한 아이는 반에서 두세 명 정도였다.

왜 다 읽지를 못할까? 여러 가지 요인이 있겠지만 가장 큰 이유는 앞서 질문했던 아이처럼 무의식적으로 이루어지는 독서전략이 부족하기 때문이다. 대부분의 독자는 글이 명확하게 설명하지 않아도 저자가 전달하려는 의도가 무엇인지를 눈치 챈다. 하나의 문장은 몇 개의 단어로 구성되지만, 실제로는 단어 이상의 의미를 내포하고 있기 때문에 이것을 알아차리면서 읽을 때 독서는 더 재미있다.

예를 들어,『조커, 학교 가기 싫을 때 쓰는 카드』(수지 모건스턴, 문학과지성사, 2000)의 첫 장을 펼치면 "아이들은 학교에 다시 나오게 되어 만족스러웠다. 여름도 수그러들기 시작한 데다"로 시작한다. 이 첫 문장을 읽으면 여러 가지 생각들이 무의식적으로 떠오르기 마련이다. '학교에 오랜만에 나오나보다', '여름이 수그러들었다고? 여름방학이었나', '아~ 개학했구나' 등의 생각을 하게 된다. 실제로 이 책은 여름방학이 끝난 후 새 학기 첫날부터 시작되는 이야기이다. 이렇게 책을 읽으면서 '행간'의 의미를 많이 알수록 유능한 독자라 할 수 있으며, 읽기의 즐거움은 증가한다. 그리고 이러한 독서전략은 책을 읽는 경험이 많을수록 풍부하게 형성된다. 책을 읽으면서 자연스럽게 생기는 독서전략과 배경지식은 초등학생 아이들에게 중요한 경험이며 가장 필요한 기술이기도 하다.

그래서 아이들에게 오로지 책만 읽을 수 있는 시간을 만들어 주고 싶었다. 몰입해서 책을 읽는 순간이 TV 프로그램 〈런닝맨〉보다 재미있고, 스마트폰 게임할 때처럼 시간가는 줄 몰랐으면 좋겠다.

우리 그냥 책만 읽자

2012년과 2013년 연성초등학교 5학년 아이들을 대상으로 '자기 선택적 독서 프로그램'을 계획했다. 읽을 시간을 주면 아이들은 읽는다는 믿음으로 원하는 책을 스스로 선택해서 읽도록 한 것이다. 다니엘 페낙이 말하는 '독자의 권리'(『소설처럼』, 문학과지성사, 2004) 중에서 "아무 책이나 읽을 권리"와 "읽고 나서 아무 말도 하지 않을 권리" 만큼은 충분히 보장해 주었다. 어른들의 기준으로 선정한 책을 무리하게 권하거나 강요하지 않았다. 다만 책 고르는 것을 어려워하거나 주저하는 아이들에게는 슬쩍 다가가서 "내가 읽어보니 이러한 점이 재미있더라"라고 경험을 들려주거나 "선생님이 보기에 너는 이런 것을 좋아할 것 같은데…"라며 아이에 대한 관심을 표현하는 정도로만 책읽기 수업에 참여했다.

초반에는 40분의 수업시간을 '책 고르기 - 읽기 - 정리하기'로 구성했다. 3~4차시 이후에는 '지난 주 읽은 책 소개하기 - 읽기(최소 30분) - 제목 및 작가 기록' 등으로 진행했다. 읽고 나서 의무적으로 해야 하는 여러 가지 독후활동은 과감히 생략했다. 대신 읽은 책이 너무 재미있어서 말하고 싶은 아이들 한두 명에게는 소개할 수 있는 시간을 주었다. 책을 소개할 친구가 없는 경우에는 굳이 강요하지 않았다. 대신 내가 재미있게 읽었던 책을 소개했다. 친구나 선생님의 책 소개는 다른 아이에게 적절한 동기 유발이 된다.

책을 읽고 나서 제목, 출판사, 작가, 어려운 정도 등을 간단히 기록하면 독서수업 시간은 정리가 된다. 그리고 아이들에게 3일 후에 편지를 써서 제출하게 했다. 물론 이것 또한 강제가 아닌 선택사항이다. 선생님에게 쓰는 편지 내용은 책 읽는 시간에 대한 개인적인 생각이나 책에 대한 다양한 느낌을 쓰면 된다고 했다. 나는 아이들의 편지에 모두 답장을 해주었다. 빈 편지지에는 내가 먼저 말을 걸었고, 책 읽기가 지루하다고 쓴 편지에는 미안하다고 그래도 조금만 더 읽어보자고 격려와 사과를 전했다. "학원 다니느라 시간이 없는데 책 읽는 시간이 있어서 너무 좋아요"라고 쓴 편지에는 "고맙다"라는 감동을 표현했다. 책에 대해 거리낌 없이 평가하는 아이들에게는 그들이 보지 못한 관점에서 다시 질문을 하기도 했다.

이렇게 수업이 끝날 때까지 매시간 아이들과 편지를 주고받았다. 편지에 선생님이 답장을 해주겠느냐며 시큰둥해 했던 아이들이 독서수업 시간 책상에 앉아 제일 먼저 파일을 펼치고 답장을 읽으며 나를 보고 씩 웃기도 했다. 초기에는 반에서 5~6명 정도 편지를 써서 주더니 점점 편지를 쓰는 아이들도 많아졌다. 내용도 풍성해졌다. 덕분에 나는 수업이 끝나면 매일 퇴근시간까지 답장을 써야 했다. 어떤 날은 시간이 부족해 집에 들고 와 밤에 혼자 키득거리며 아이들의 편지를 읽고 답장을 쓰기도 했다.

이렇게 책만 읽자고 했던 독서수업이 차시가 끝나갈 무렵 아이들은 처음과 많이 달라졌다. 끝까지 읽지 못했다며 쉬는 시간이나 점심시간에 독서 교실로 와서 책을 읽는 아이들도 생겼다. 수업 전에 미리 와서 읽고 싶은 책을 골라 먼저 읽기도 했다. 때론 두세 명이 모여서 하나의 책을 같이 읽으며 즐거움을 공유하는 모습도 보였다. 다음은 독서수업에 대한 아이들의 평가다.

처음에는 무슨 책을 읽을지 고민이 되었다. 사실 나는 독서를 싫어했다. 그런데 독서토론 선생님과 함께 한 자기 선택적 책 읽기, 친구들의 책 소개 등 많은 활동으로 독서의 중요성과 재미를 알게 되었다.

그 덕분에 나는 평소에 컴퓨터를 하던 시간에 책을 읽고 있다. 친구가 소개해준 『마틸다』라는 책을 읽고 있다. 난 이 책과 다른 여러 책을 쓴 작가 '로알드 달'이라는 작가를 좋아하게 되었다. 나는 이 작가의 책이 엉뚱하고 신기해서 재미있었다.

그리고 마지막으로 나에게 독서의 중요성과 재미를 알려주신 독서토론 샘에게 말을 전하고 싶다. 저에게 독서의 중요성과 재미를 느끼게 해주셔서 정말정말 감사해요. — 안성우, 5학년

원래 나는 독서를 아주 싫어한다. 근데 책을 읽으라 해서 읽었는데 애들은 다 집중해서 읽으니까 나만 딴짓하면 안되니까

그냥 읽었다. 그런데 갑자기 책에 집중이 되었고, 내가 제일 기억에 남는 책은 『오프라 윈프리』이다. 나는 이 책을 다 읽지는 않았지만 가장 기억에 남는다. 그동안 상을 타기 위해서 도서관에서 책을 빌려간 적은 있지만 내가 스스로 책이 읽고 싶어서 독서교실에 와서 책을 읽고 간 적은 처음이다. 선생님과 편지를 나눴을 땐 내가 독서를 했을 때의 느낌을 다시 되돌아볼 수 있었다. 친구들과 선생님이 책 소개를 할 때마다 소개한 책을 한번쯤은 읽고 싶다고 생각했었다. 예전에는 두께로 비교해서 책을 읽었지만 이제는 제목을 보고 책을 골라 읽는다. 수업시간에 책을 읽는데 수업시간이라서 그런지 집중이 더 잘 되는 것 같다. 독서신문을 읽으면서 아이들이 그 책에 대한 느낌을 쓴 것을 봤을 때 나와 같은 책을 읽은 아이들이 쓴 것을 보면서 이런 생각을 했구나 알 수 있었다. 또 내가 안 읽은 책을 소개한 글은 꼭 읽고 싶어진다는 생각이 든다. 내가 읽고 싶은 책을 읽을 수 있었던 것이 좋았던 것 같다. 근데 시간이 너무 짧았던 것 같다. ― 권예지, 5학년

독서수업이 끝난 후 아이들을 대상으로 설문조사를 실시했다. 5학년 전체를 대상으로 한 설문조사 결과에서도 '자기 선택적 책읽기'에 대해 '좋았다, 매우 좋았다'가 80퍼센트 이상이었다. 책 읽기 수업 이후 책 읽는 것이 좋아졌다가 81퍼센트, 그리고 학교에서 정

해진 시간에 책 읽는 것이 필요하다는 의견도 76퍼센트로 나왔다.

이 프로그램을 계획하고 진행하는 데 주의할 점이 있다. 먼저 장서 선택과 구성이다. 5학년 대상이므로 학년 수준에 적절한 책 3분의 1, 5학년보다 쉬운 책 3분의 1, 다소 수준 높은 책 3분의 1 정도로 구성하는 것이 좋다. 처음에는 소설의 비중을 높이고 점차 정보 책을 추가하는 것이 효과적이다. 가장 중요한 사항은 구성된 장서만큼은 선생님이 미리 읽었거나, 책에 대한 정보를 잘 알고 있어야 한다. 그래야 아이들이 책 고르는 것을 어려워할 때 적절한 도움을 줄 수 있다.

또 아이들이 책을 읽을 때 선생님의 역할이 필요하다. 아이들이 읽는 동안 선생님도 같이 책을 읽는 모습을 보이면 아이들의 읽기 활동이 더욱 촉진된다는 연구 결과가 있다. 따라서 아이들이 책을 읽을 때 선생님은 밀린 업무를 하거나 쉬는 시간으로 여길 게 아니라 함께 몰입해서 책을 읽는 모습을 보일 필요가 있다. 그리고 때에 따라서 아이들을 세심하게 관찰도 해야 한다. 책장을 넘기지 않거나 시선이 고정되어 있는 경우, 너무 빨리 책장을 넘기거나 친구의 집중을 방해하는 행동 등은 적절한 주의를 주어 환기시킬 필요도 있다. "이거 선생님도 읽으려고 했는데, 우리 같이 보자"라며 아이 옆에서 조용히 함께 읽기도 했었다. 그래서 '지금의 내가 자신에게 주는 최고의 선물은 바로 독서'임을 알아차리길 바랐다.

읽어주기는 소통이다

그동안 아이들을 만나며 관찰한 결과 안타깝게도 고학년이 될수록 책읽기에 흥미를 잃는 경우가 많았다. 초등학생들에게는 "책 읽어라!"라고 지시하는 것보다 읽을 수 있는 시간을 마련해 주는 것이 훨씬 효과적인데도 현실적으로는 어려운가 보다. 나는 아이들이 스스로 독서의 가치와 재미를 느꼈으면 했다. 그래서 계획한 것이 앞서 설명한 '자기선택적 독서수업'이었다. 그리고 또 다른 방법으로 아이들과 소통을 시도하기도 했다. 바로 '읽어주기'와 '대화하기' 방법으로 말이다.

『하루 15분 책 읽어주기의 힘』(짐 트렐리즈, 북라인, 2012)에는 책 읽어주기의 영향력에 대한 여러 가지 사례가 제시되어 있다. 6학년 읽기부진아 반 아이들에게 책을 읽어주었더니 처음에는 거부하다가 나중에는 수준 높은 책을 빌려 읽게 되었다는 사례, 규칙적으로 책 읽어주기를 경험한 아이들이 독해력과 어휘력에서 우수한 성적을 받았다는 연구 결과 등이 나온다.

아이들에게 소리 내어 읽어줄 때는 그것만으로 끝나지 않는다. 읽어주면서 눈을 마주치고, 상대방의 반응도 세심하게 살피게 된다. 어렸을 때 식사시간이나 저녁에 아버지가 신문을 읽어주던 기억이 떠오른다. 그 당시 신문 기사는 혼자 읽기에는 한자도 많았고 무슨 내용인지 이해하기도 어려웠다. 그런데 아버지가 목소리의 높낮이를 조절하며 읽어준 기사 내용은 재미있었다. 열 살을 겨우 넘긴 나이에 사회, 정치 문제를 이해할 수는 없었지만 들으면서 궁금하면 묻고, 아버지는 읽어주면서 부연 설명을 덧붙여 주셨다.

그리고 보면 읽어주고 듣는 것은 상호작용의 과정이다. 알 수 없는 신문기사였지만 아버지가 나를 바라보며 읽어주던 표정과 목소리에 동화되어 어느새 고개를 끄덕이곤 했다. 그때는 알지 못했지만 읽어주기의 기저에는 관심과 존중이 있었던 것이다.

이제 내가 아이들에게 책을 읽어주고 있다. 동화 구연가는 아니지만 인물의 감정을 목소리에 담아 표현하고, 눈은 아이들을 쳐다보며 의미 단위로 끊어 읽는다. 이렇게 읽어주면 아이들은 자연스럽게 글의 의미와 구조를 받아들이게 된다. 독서전략을 습득할 수 있는 중요한 기회인 것이다.

읽으면서 아이들에게 질문을 할 수도 있다. 이 질문은 잘 듣고 있는지, 잘 기억하는지 테스트를 하려는 것이 아니다. 아이들과 대화를 하기 위한 것이다. 질문을 던지면 아이들은 자신의 의견을 말한다. 그러면서 자연스럽게 서로의 생각을 나누고 사고가 확장되는 경험을 한다. 어쩌면 함께 책을 읽으며 소통한 경험 덕분에 아이들은 다른 책을 읽을 때도 혼자 질문하거나 반응하는 적극적인 읽기를 할지도 모른다.

재미있는 그림책이 참 많다. 그림책의 특징 중 하나는 단어와 그림 사이에 기법의 차이가 있다는 것이다. 우리가 이 차이를 얼마나 알아차리느냐에 따라 즐거움이 달라진다. 모리스 샌닥의 『괴물들이 사는 나라』(시공주니어, 2002)를 보면 글에서는 무시무시한 괴물이라고 말하지만 막상 그림을 보면 귀여운 모습의 괴물이 나온다. 평범하기만 한 하루를 다룬 『오늘의 일기』(로드 클레멘트, 풀빛, 2006)를 그림책으로 접하면 끝없는 상상의 나래가 펼쳐진다.

이런 그림책은 소리 내어 읽어줄 때 즐거움이 배가된다. 눈으로 보던 글귀를 누군가의 목소리를 통해 들으면 풍부한 이미지가 떠오르고 내용을 음미하게 된다. 귀는 책을 읽는 소리에 주의를 기울이며 눈은 책 속 그림을 따라가게 된다. 이러한 읽기로 '그림책 보기'가 완성되는 것이다.

여러 가지 수업 사례가 있지만 세 권의 그림책 읽어주기의 경험으로 아이들과 소통한 이야기를 하고자 한다.

나는 어떤 사람일까?

『난 말이야…』는 주로 첫 수업시간에 소개하는 그림책이다. 한들한들 팔을 흔들고 콧노래를 부르며 걷는 곰의 표정이 무척이나 여유롭다. 몇 년 전에 6학년 교실에서 이 책을 보여주려고 꺼냈더니 앞에 앉은 남자 아이가 제목이 틀렸다고 지적했다. "난 말이야"가 아니라 "난 곰이야"가 맞다고 진지하게 말해서 한참을 웃었던 기억이 떠오른다. 그리고 보니 곰이 그려져 있는데 왜 '말'(동물)이

난 말이야…
필립 베히터 지음, 김경연 옮김, 책그릇, 2007

자기 자신이 좋다고 솔직히 이야기하며 자긍심 넘치는 곰 한 마리가 있다. 자신 있고, 용감하고, 똑똑한 곰은 자신이 특별한 존재라 생각한다. 그랬던 곰이 어느 순간 스스로가 보잘것없게 느껴진다. 곰은 얼른 길을 떠나 달리고 또 달려 '너'를 만나러 간다. 그리고 너를 꼭 안는다. 내가 자랑스러운 만큼 너 또한 사랑스럽다.

라고 했는지 의아해할 수도 있겠다. 그때의 경험 덕분에 다른 수업 시간에도 이 책을 소개할 때면 그때 그 사건을 이야기하곤 한다.

"예전에 6학년 교실에서 이 책을 읽어주려고 했어. 그런데 어떤 친구가 '난 말이야' 제목이 틀렸다고 선생님한테 이야기를 하는 거야. 그 친구는 왜 제목이 틀렸다고 했을까?"

질문을 던지고 잠깐 시간이 흐르면 몇몇 아이들이 손을 든다. '난 말이야'는 동물 말이 아니라며 표정과 말투를 흉내 내면서 '나는~'하고 소개를 하는 말이라고 잘 짚어낸다.

제목과 관련된 일화를 듣고 아이들은 제목의 상징성을 눈치 채고 어떤 이야기가 펼쳐질지 호기심을 보였다. 아이들의 기대감을 높인 후 책을 읽어주기 시작했다.

책장을 넘기면 입 꼬리가 올라간 채로 씩 웃고 있는 곰의 표정이 매우 자신만만하다. 빈 여백에 "난…"이라고 쓰인 글씨를 보면, 이제 준비하고 내 얘기를 들어 보라는 신호 같다. 때로 아이들에게 우리도 곰처럼 해보자고 하면 팔짱을 끼고 거만한 표정으로 어서 빨리 다음 이야기를 들려달라는 주문을 한다. 자기 이야기를 들려주고 싶은 곰과 듣고 싶은 아이들. 그 모습으로 이미 준비가 끝났다.

나는 자신을 사랑할까?

"난 내가 좋아"라며 뒹굴거리는 곰은 자존감이 무척이나 높아 보인다. 아이들은 어떨까? 궁금해서 바로 질문을 던져 보았다. "곰처럼 자기 자신이 좋다고 생각하는 사람 손들어 볼까?"

이렇게 질문을 하면 저학년 아이들은 대부분 긍정적인 반응을 보인다. 그러나 고학년으로 올라갈수록 자기 자신이 좋다며 손을 드는 아이들은 반에서 불과 몇 명 되지 않는다. 힘껏 손을 든 아이들에겐 어떤 점이 좋은지 물으면 "난 그냥 내가 좋아요", "할머니가 맨날 나만 보면 예쁘다고 해요", "그림을 잘 그려서 좋아요", "친구가 많아요" 등의 이유를 대며 자랑스럽게 말한다.

손을 들지 않은 친구들에겐 "왜 손을 들지 않았지? 스스로 마음에 안 드는 점이 있어?"라고 조심스럽게 물어보면 어떤 아이는 자신의 못마땅한 점을 솔직하게 이야기하기도 하고, "그냥 싫을 때가 있어요"하며 머뭇거리기도 한다. 굳이 억지로 대답하게 하지 않고 살짝 눈만 마주치고 지나갈 때도 있다.

잘생기고 용감하고 친절한 자기 자신을 좋아한다고 말하는 자긍심 강한 곰도 외로울 때가 있고 그럴 때면 친구를 만나 위로를 받기도 한다. 자신이 초라하게 느껴질 때는 친구를 만난다는 곰의 이야기는 어떻게 보면 친구의 소중함을 일깨워주는 것 같다. 글은 툭 던지듯이 서술되어 친절하지 않다. 그러나 그림이 상세하게 표현하고 있다. 이렇게 간단한 글은 그림을 만남으로써 독자들이 읽고 생각하고 나누는 재미가 배가되게 한다.

내가 좋아하는 것과 무서워하는 것은 무엇일까?

책을 읽으면서 세 번의 돌발 퀴즈를 낼 예정이다. 작은 일에도 기쁨을 느낀다는 글에는 곰의 팔에 살포시 나비가 앉아 있는 그림이 있다. 이 장면에서 첫 번째 돌발 퀴즈를 냈다. "곰은 나비가 다가와서 작은 기쁨을 느낀다고 했네. 그렇다면 곰에게 큰 기쁨은 무엇일까?" 이 다음 장면에서는 "물론 큰 기쁨을 느낄 때도 있지"라는 글과 함께 그림에서 곰은 커다란 생선을 먹기 위해 기다리고 있다. 이 장면을 보기 전이라 아이들의 대답은 다양했다.

"친구들이랑 놀 때요."
"시험에서 백점을 맞았을 때요."
"엄마한테 칭찬 받는 거요."

"꿀을 먹었을 때인 것 같아요."

꿀을 먹었을 때라는 친구의 말을 듣고 다른 친구가 "연어를 먹을 때 아닌가? 곰은 연어를 좋아하잖아"라고 대답을 했다. 첫 번째 돌발퀴즈의 정답이 나왔다. 다시 책을 펼치자 아이들은 환호했고, 저 생선이 연어라고 쑥덕거리는 소리도 들린다.

자기보다 덩치 작은 개를 위협하면서 용감하다고 했고, 높은 곳에서 다이빙을 하면서도 겁나는 게 없다고 했던 곰이 예외는 있다면서 이불 속에 숨어 있는 장면이 나온다. 두 번째 돌발퀴즈는 이 부분이다. "이렇게 용감하고 자신만만한 곰인데 무서워하는 것이 있나봐. 곰이 무서워하는 것은 무엇일까?"

이 질문에서도 아이들은 신이 났고, 여기저기서 손을 들고 말하고 싶어서 엉덩이가 들썩들썩 했다.

"전 알아요. 귀신이에요."
"아니요. 사냥꾼이요. 사냥꾼 만나는 거요."
"벌집 건드리다 벌에게 쏘이는 거요."
"친구들한테 놀림을 받는 거요."
"밤에 깜깜한데 집에 혼자 있는 거요."
"엄마한테 혼나는 거요."

아이들의 대답을 가만히 듣고 있자니 곰이 아니라 자신들의 이야기를 하고 있었다. 그래서 다시 "혹시 성민이도 친구들한테 놀림받을 때가 있었니?" "맞아. 선생님도 어렸을 때 엄마한테 혼날 때가 제일 무섭더라" 하며 맞장구를 쳐주기도 했다. 사실 곰이 무서워하는 것을 맞추기란 쉽지 않다. 두 번째 돌발퀴즈의 의도는 곰을 통해 책과 대화해보는 것이다. 이렇게 특정 장면에서 자신의 경험을 떠올릴 수도 있음을 느껴보는 것이다.

이제 다시 책을 펼치고 거미줄에 대롱대롱 매달린 거미를 손으로 살짝 가린 채 아이들의 반응을 기다렸다. 거미줄을 살짝 보여주었더니 금방 눈치를 채고 "거미"라고 대답을 했다. 겨우 거미를 무서워하냐며 허무하다는 듯 웃는 아이들도 있고, 자기도 거미가 제일 무섭다고 공감하는 아이들도 있었다. 한바탕 이야기를 나누고 나니 다음 이야기를 재촉했다.

나는 슬플 때면 ○○를 해!

이제 마지막 퀴즈가 남았다. 곰은 자신이 똑똑하고, 친절하고, 인기도 많아서 특별하다고 생각하지만, 때때로 왠지 모르게 외롭고 남보다 작게 느껴질 때가 있다고 말한다. 그럴 때면 길을 떠나 무작정 달려가는 장면이 나온다. 세 번째 돌발 퀴즈를 던졌다. "곰은 왜 자신이 초라하다고 느낄까?"

아이들의 생각이 무척 궁금했다. 곰의 이야기라고 하겠지만 대부분 자신의 이야기를 털어놓을 것이다.

"다른 사람들은 다 비슷한데 나 혼자만 다를 때요."
"엄마한테 혼나면 그렇죠."
"선생님이 얘기를 안 들어줘서 그래요."
"친구들이랑 같이 놀고 싶은데 못 놀고 있어서요."
"시험을 못 봤을 때요."
"게임을 하고 싶은데 못해서요."
"키가 너무 작아서 그래요."

사연이 가지각색이다. 이런 저런 이유로 아이들도 자신이 작고 초라하게 느껴질 때가 있다. 세 번째 퀴즈엔 정답이 없다. 그렇다면 곰은 어디로 가는 것일까? 마지막으로 던진 질문에 저학년은 주로 "부모나 가족을 찾아간다"라는 반응이 많았고, 고학년일수록 친구에게 가거나 혼자 있을 수 있는 곳을 찾아 간다고 답했다. 곰은 열심히 달려서 친구에게 갔다. 그리고 "네가 있어서 참 좋다!"라고 말한다. 역시 아이들에게 친구는 소중한 존재다.

책 읽어주기가 끝난 후 아이들에게 우리도 곰처럼 자신의 이야기를 해보자고 제안했다. 시작과 끝은 책의 형식과 비슷하게 "난 말이야"로 시작을 하고 책이 그림으로 설명한 것처럼 우리는 글로 설명을 해보라고 알려주었다. 마지막 문장은 "나는 ○○할 때 외롭고 작게 느껴지곤 해. 그럴 때면 나는 ○○을 해"로 마무리하기로 했다.

아이들은 자신을 사랑하고 당당하고 유머 넘치는 곰의 매력에 풍덩 빠졌다. 곰 덕분에 자기가 어떤 사람인지 담담하게 떠올려 보았다. 한 편의 그림책으로 자연스럽게 자신을 드러내고 소통하면서 서로를 이해하는 중요한 시간이 되었다. 다음은 3학년 아이들이 쓴 '난 말이야' 글이다.

> 난 말이야. 글쓰기를 잘해. 책을 읽고 글을 쓰면 가족들과 친구들에게 칭찬을 받아. 난 말이야. 운동을 좋아해. 운동을 다 잘하지는 않지만 운동을 좋아해. 여자라도. 난 말이야. 바퀴벌레를 무서워해. 바퀴벌레가 다가오면 진짜 싫어. 하지만 가장 좋아하는 것은 우리 가족들이야. 가족들이 있으면 무엇도 두렵지 않아. — 김민정, 3학년

> 난 말이야. 똑똑해. 왜냐하면 영어를 잘 하거든. 나는 귀신과 말벌을 무서워해. 귀신은 그냥 무섭고 말벌은 쏘이면 죽을 수도 있기 때문에 무서워해. 나는 스마트폰과 레고와 색칠하는 것을 좋아해. 게임을 할 수 있고 조립할 수 있어서 재미있거든. 나는 친구가 없을 때 작고 외로운 것 같아. 그럴 때 나는 높은 데 올라가서 맑은 공기를 들이마셔. — 박현지, 3학년

한눈에 보기

주제	나를 알아요!
대상	1학년 ~ 6학년 (전학년 가능)
질문	1. 제목이 적절한가요? 제목의 의미가 무엇일까요? 2. 곰의 표정이 어떤가요? 곰의 표정을 따라해 볼까요? 3. 곰은 자기가 좋다고 했네요. 나도 내가 좋다고 생각하는 사람 있나요? 4. 작은 일에도 기쁨을 느끼는 곰이 큰 기쁨을 느낄 때는 언제일까요? (여러분은 언제가 가장 기쁜가요?) 5. 곰이 인기가 많다고 했네요. 어째서 인기가 많은 걸까요? 6. 곰은 친절하다고 했어요. 왜 그렇게 생각했나요? 7. 용감하고 겁이 없고 두려운 게 없다고 하는 곰도 무서운 것이 있나 봐요. 무엇일까요? (여러분이 가장 무서워하는 것은 무엇인가요?) 8. 곰이 때때로 작고 외롭다고 느낄 때는 언제일까요? 9. 곰은 달리고 달려서 어디에 가는 걸까요?
활동	'난 말이야'로 시작하는 자신의 이야기 만들기

체리와 먼지로 사랑을 말하다

 어두운 색채 때문이었을까? 자본주의의 모순이 느껴지는 내용 때문이었을까? 처음 책을 읽고 '와, 정말 괜찮은데!'라고 생각만 하고 덮어두었다. 그런데 아이들은 책의 표지와 날아다니는 글자들을 보며 관심을 보였다. 때론 교사의 성급한 판단이 아이들이 다양한 즐거움을 누리는 데에 방해가 된 건 아닌지 반성하면서 부랴부랴 이 책을 읽어주기로 마음먹었다. 처음 내가 느꼈던 염려는 잠깐 묻어두고 호기심 가득한 아이들의 시선을 쫓아가기로 했다.
 책 앞에 둘러앉은 아이들은 표지를 보자마자 반응을 보인다. 어

낱말 공장 나라

아녜스 드 레스트라드 지음, 발레리아 도캄포 그림, 신윤경 옮김, 세용출판, 2009

사람들이 말을 한마디도 하지 않는 나라가 있다. 공장에서 낱말을 만들어내고, 사람들은 그 낱말을 사서 삼켜야만 말을 할 수가 있다. 주인공 필레아스는 낱말을 살 돈이 없어 곤충망으로 공중에 날아다니는 낱말을 붙잡는다. 그가 손에 넣은 단어는 체리, 먼지, 의자였다. 이웃집 소녀 시벨을 사랑하지만 '사랑한다'는 말을 할 수 없는 필레아스는 자신의 마음을 전할 수 있을까. 언어의 소중함을 되새겨보게 하는 그림책이다.

두운 공장 그림자 주변으로 날아오르는 먼지 같은 것들이 말 찌꺼기처럼 보인다고 했다. "낱말 공장 나라", 제목부터 특이하다. "도대체 어떤 곳일까?" 아이들은 고개를 갸우뚱하며 "글쎄요…", "낱말을 만드는 공장이 있나 봐요" 등의 답을 했다. 책을 넘기지 않고 표지만 보여주면서 첫 내용을 말해주었다. "사람들이 거의 말을 하지 않는 나라가 있었대. 그곳은 바로 거대한 낱말 공장 나라였다는 거야." 이야기를 시작하니 아이들은 숨을 죽이며 호기심 가득한 눈초리로 어떤 일이 일어날지를 잔뜩 기대했다.

비싼 말, 싼 말, 버려지는 말

표지를 넘기니 빨간 그림에 'ㅁ ㅂ ㅏ ㅊ K' 등의 글자들이 둥둥 떠다닌다. 아이들은 "와~ 예쁘다"하며 감탄했다. "굴뚝에서 글자 연기가 나와요!" 첫 장면에서 연기를 먼저 발견한 아이가 소리를 지르자 모두 신기한 듯 쳐다 보았다. 무거운 그림의 분위기를 느끼며 집중할 수 있도록 진지하고 느린 목소리로 글을 읽어주었다.

돈을 주고 낱말을 사서 그 낱말을 삼켜야만 말을 할 수 있는 나라, 거대한 낱말 공장은 기계처럼 밤낮없이 낱말을 만들지만 돈이 없는 사람은 낱말을 살 수도 없고 말할 수도 없다. 낱말 중에는 특히 비싼 것들이 있다고 하는데, 도대체 어떤 낱말들이 비싼 값에 팔리는 걸까? 아이들의 생각이 궁금했다. 아이들이 생각하는 말의 가치를 함께 나누어 보면 좋을 것 같았다. "어떤 낱말이 비싸게 팔릴까?"

"금이요, 아니 다이아몬드요. 이런 보석들이 비싼 낱말이에요." 라며 물건의 가치에 따라 낱말도 비쌀 거라고 해석하는 아이가 있었다. 다른 아이들도 잠깐 생각하더니 여기저기서 손을 들고 이야기를 시작한다.

"내 이름이요. 그 이름 아니면 나를 부를 수가 없잖아요."
"안녕! 안녕하세요! 잘 자! 이런 인사말이요. 자주 써야 되는 말이니까 비쌀 수밖에 없죠. 가장 필요한 거잖아요."
"칭찬해주는 말이요. 사람을 기분 좋게 해주는 말이요."

"우리 엄마가 나한테 하는 '사랑해' 이런 말도 비싼 거예요."
"잘했다고 용기를 주는 말이요."

와! 정말 다양한 대답들이다. 비싼 물건이니 그 낱말도 비쌀 것이라는 해석부터 필요한 정도와 빈도에 따라, 그리고 사람의 기분을 좋게 해주고 내가 듣고 싶은 말까지 다양했다. 아이들은 언어의 가치와 소중함에 대해 이미 알고 있었다.

그 다음 장면은 쓰레기통을 뒤지는 가난한 여자의 뒷모습이 나온다(얼핏보면 공장에서 글자를 만들던 기계 같기도 하다). 책에서 시시하고 쓸데없는 말 찌꺼기는 쓰레기통에 버려진다고 했는데 어떤 말들이 버려질까? 낱말을 쓰레기통에 버릴 수 있다면 어떤 말을 버리고 싶을까? 아이들에게 질문을 했다. "그럼 어떤 낱말들이 쓰레기통에 버려질까?"

"공장에서 잘못 만든 낱말이요. 그러니까 불량품 같은 거요."
"욕이요. 욕은 버려야 돼요."
"아, 그렇구나. 특히 어떤 욕을 버려야 되지?"
"에이, 선생님. 여기서 욕해도 돼요?"
"그럼! 네가 버려야 한다고 생각하는 말이잖아."

그랬더니 아이들이 여기저기서 알고 있는 욕(씨×, ×새끼 등)들을 말하며 킥킥거린다. "놀리는 말들도 버려야 돼요." 그렇지! 좀 전에 사람을 기분 좋게 하는 말의 가치에 대해 생각해 보았으니 상처 받는 말을 버려야겠다고 생각하는 것은 당연하다. 놀리는 말, 그리고 상처 받았던 말들에 대해서도 몇몇 아이들이 자연스럽게 이야기했다. "뚱뚱해!", "넌 그것도 못하냐!", "저리 꺼져", "바보야" 등의 말이 나오던 중에 어떤 아이는 집에서 엄마한테 혼나는 말, 듣기 싫은 잔소리도 버려졌을 거라고 이야기한다. 아이들은 맞다며 평소에 집에서 들었던 "공부해", "이번에 시험 못 보면 안 돼", "동생 때리지마" 등의 말은 버려졌을 거라고 한다. 즉, 버리고 싶은 말들은 자기가 듣기 싫은 말들이기도 했다.

이렇게 아이들과 한바탕 대화를 나눈 후 처음 책을 읽을 때보다는 밝은 목소리로 다시 읽기 시작했다. 그림도 밝아지기 시작한다.

말보다 중요한 것들

주인공 필레아스에게는 고민이 있다. 돈이 많지 않아 갖고 싶은 말들을 살 수 없다는 것이다. 필레아스에게는 날아다니는 낱말을 잡아내거나 어쩌다 쓰레기통에서 주운 말들이 가진 전부다. 옆집에 사는 시벨에게 좋아한다고 말하고 싶지만 필레아스는 하고 싶은 말을 할 수 없다.

시벨의 생일날 필레아스는 자신의 마음을 전하기 위해 수줍은 모습으로 그녀의 집에 간다. 돈이 많은 오스카도 시벨을 향해 고백을 한다. 오스카는 매우 당당한 모습으로 "시벨, 나는 너를 좋아해"라고 말한다. 그러나 시벨의 뒷모습에선 시벨의 표정과 마음을 알 수 없다. 이 부분을 읽을 때 목소리와 표정도 최대한 오스카를 상상하며, 표현이 되도록 큰 소리로 읽었다. 굳은 표정의 오스카를 흉내 내며 경직되고 큰 목소리로 오스카의 말을 전했다. 왜냐하면 이 장면에선 글씨체가 딱딱한 고딕체이기 때문에 그림과 글의 분위기를 목소리와 표정으로 아이들에게 전달해주고 싶었기 때문이다. 그런데 도대체 시벨은 어떤 마음일까? 아이들에게 마음을 추측해 보라고 했다. "지금 시벨은 어떤 마음일까? 무슨 생각을 하고 있을까?"

"글쎄요. 좀 싫은 것 같아요."
"별로 좋지 않아 보여요."
"왜 그렇게 생각하지?"
"에이, 누가 사랑 고백을 그렇게 해요. 히히히."

이제 아이들은 필레아스가 궁금하다. 사랑 고백은 돈이 많은 오스카가 먼저 했고 게다가 필레아스는 자기 마음을 표현할 낱말도 부족하다. 사랑한다고 말하고 싶지만 가지고 있는 단어는 기껏해야 "체리, 먼지, 의자" 밖에 없다. 겨우 저 세 단어로 마음을 전달할 수 있을까 걱정이다. 그렇지만 필레아스는 지긋이 눈을 감고 시벨에게 "체리, 먼지, 의자"라고 말한다. 이때 목소리는 최대한 다정하고 사랑스럽게 표현한다. 낱말이 너풀너풀 춤을 추며 날아가고 시벨은 살며시 필레아스에게 뽀뽀한다. 이 장면에서 아이들은 여기저기서 소리를 지르며 환하게 웃었다. 잔뜩 긴장된 표정으로 집중하던 아이들은 덩달아 기분이 좋아진 모양이다.

이제 필레아스에게는 예전에 쓰레기통에서 주웠던 단어 하나밖에 남지 않았다. 그동안 아껴두었던 말을 지금 하고 싶은 모양이다. 필레아스가 아껴두었던 낱말은 뭘까? 아이들이 눈치 채지 못하게 손으로 책을 가리며 질문했다. "필레아스에게 남은 말은 무엇일까?" 그러고는 책장을 넘겨 보여주었다. "한 번 더!"라고 말하는 필레아스의 표정이 환하다. 한시도 눈을 떼지 않고 책을 보던 아이들의 표정 역시 밝아졌다.

마음이 통한다는 게 이런 걸까? 마음을 표현하기 위해서는 솔직하게 말해야 한다. 하지만 때론 말보다 더 중요한 게 있다. 말 한마디보다 스쳐가는 눈빛, 따뜻한 표정과 목소리가 어쩌면 더 소중하고 진실하게 마음과 감정을 전해줄 수 있음을 생각하게 된다.

책을 다 읽고 "사람의 마음이나 생각을 다른 사람에게 전하기 위해서 필요한 것은 무엇일까?" 질문을 했다. 여기저기서 "말이요", "글이요"라는 대답이 들려온다. 그렇다면 "마음을 전할 때 말보다 더 중요한 것은 무엇일까?" 다시 질문을 했다. 오스카와 필레아스를 보았으니 아이들은 쉽게 "진심", "솔직함", "다정한 목소리", "표정" 등을 이야기했다. 말보다 더 중요한 무언가에 우리는 감동을 받기도 하고 감정이 상하기도 한다는 것을 충분히 느낄 수 있는 시간이었다.

수업을 마무리하면서 아이들에게 필레아스처럼 진심을 담은 말 한마디씩 친구에게 들려주자고 제안했다. 아이들은 서로 힘이 되는 말을 들려주면서 기분 좋게 그림책 읽기 수업을 마쳤다.

한눈에 보기

주제	마음을 표현하기
대상	4~6학년
질문	1. 낱말 공장 나라는 어떤 곳일까요? 2. 비싼 낱말들은 무엇일까요? 3. 어떤 낱말들이 쓰레기통에 버려질까요? 4. 오스카에게 고백을 받은 시벨은 어떤 마음일까요? 그리고 무슨 생각을 하고 있을까요? 5. 필레아스에게 남은 마지막 말은 무엇일까요? 6. 사람의 마음이나 생각을 다른 사람에게 전하기 위해서 필요한 것은 무엇일까요? 7. 마음을 전할 때 말보다 더 중요한 것이 있다면 무엇일까요?
활동	- 친구에게 진심을 담아서 힘이 되는 말 들려주기 - 버리고 싶은 말을 적어서 버리기

너 위니 같아!

아이들은 부스스한 긴 머리, 빨간 매부리코, 장난스런 표정을 지닌 마녀 위니를 좋아한다. 익살스런 표정과 알록달록 줄무늬 양말을 신은 겉모습만 보아도 위니는 무서운 마녀가 아니라 엉뚱한 마녀임을 눈치 챌 수 있다.

진정한 관계 맺기란 어떤 모습일까? 친구 사이에서는 서로 양보

마녀 위니

밸러리 토머스 지음, 코키 폴 그림, 김중철 옮김, 비룡소, 1996

이기적이 되기 쉬운 아이들에게 상대방을 배려할 줄 아는 마음을 심어주는 그림 책이다. 까만 집에 사는 마녀 위니가 까만 고양이 윌버의 색깔을 제멋대로 바꾸자, 윌버는 자신의 모습을 슬퍼한다. 섬세한 터치와 과감한 색을 그림이 인상적이다.

하고, 배려하고, 이해하라는 백 마디 말보다 위니와 윌버의 이야기에 훨씬 더 공감하고 감동받을 것 같았다. 마녀 위니는 상대방을 조종할 수 있는 힘이 있다. 그러나 자신이 무심코 했던 행동이 친구에게 상처가 된다는 것을 알아차리지 못한다. 위니는 어느새 슬퍼진 윌버의 눈동자를 보고 같이 아파하고 자기가 가진 소중한 것을 바꾸면서 친구를 배려한다. 흔히 상대방을 탓하고 바뀌기를 바라지만 어쩜 진정한 관계 맺기를 위해서는 내가 먼저 변하는 것이 아닐까 생각해 본다.

『마녀 위니』는 색채가 화려한 책이다. 그리고 익살스럽게 표현된 그림만 보아도 절로 웃음이 나온다. 이런 책은 좀 더 가까운 거리에서 책의 분위기를 직접 느껴보면 좋을 듯했다. 교실에는 미리 매트를 준비해 놓고 아이들과 함께 마주하며 책을 읽어주었다.

첫 장에서 위니의 집이 나온다. 위니의 집은 모든 것이 까만색이다. 벽뿐 아니라 가구며 물건들도 까맣다. 까만색으로 그려진 집과 집안의 모습이 오히려 화려해 보이는 것이 참 신기하다. 온통 까맣기 때문에 벌어진 소동들을 아이들이 더 생생하게 느끼기를 바랐다. 그래서 질문을 했다. "위니네 집은 온통 까맣대. 자, 눈을 감고 위니의 집을 상상해 보자. 까만 위니의 집 안에는 또 어떤 까만 물건들이 있을까?"

아이들에게 눈을 감고 30초 정도 상상해보게 한 후 대답을 들었다. 아이들은 집안에 있을 만한 모든 것들을 얘기한다.

"책장도 까매요."
"냉장고요."
"침대랑 방문이요."
"창문도 까만색일거 같아요."
"욕실도 물도 까매요."

욕실의 물까지? 이 대답을 듣는 순간 다른 아이들이 모두 웃었다. 까만 물에 샤워를 하고 목욕하는 장면을 떠올려보니 웃음이 나올 만도 하다. 아이들은 생동감 넘치는 표정으로 대답하고 책에 풍당 빠져들고 있었다.

위니의 마음, 월버의 마음

까만 위니 집에 사는 월버는 초록색 눈을 가진 검은 고양이이다. 그래서 월버가 눈을 뜨고 있을 때는 괜찮지만 눈을 감고 있으면 다른 것들과 구별이 되지 않는다. 위니는 월버를 깔고 앉기도 하고 실수로 발에 걸리기도 한다. 어느 날 위니는 계단에 앉아 있던 월버에게 걸려서 넘어지고 만다. 계단에서 넘어져 데굴데굴 굴러가는 위니의 모습이 머릿속에 그려졌는지 아이들은 깔깔거리며 웃었다. 신나게 웃다가도 "아프겠다" 하며 안쓰러워하기도 했다. 머리끝까지 화가 난 위니는 월버를 눈에 잘 띄는 초록색으로 바꾸어 버린다.

"월버가 초록색으로 바뀌었네? 이제 잘 보이지?"

"네. 눈 색깔이랑 비슷해요."

위니는 침대에서 잠든 월버를 마당으로 나가게 했다. 그 장면의 그림을 보여주고 아이들에게 풀밭 색과 같은 월버를 찾아 보게 했다. 초록색 월버를 찾기는 했지만 풀밭에 숨어 있어서 잘 보이지 않는다며 아이들은 곧 어떤 일이 벌어질 것 같다고 했다. 짐작한대로 급하게 마당으로 나간 위니는 풀밭에 웅크리고 있는 월버를 보지 못하고 또 발에 걸려서 가시덩굴에 처박혔다. "위니는 지금 어떤 기분일까?"

"위니는 아플 거 같아요."

"아까보다 더 화가 났어요."

"몸에 박힌 가시를 빼면서 투덜댈 것 같아요."

위니의 마음에 충분히 동화가 된 아이들은 이제 위니가 어떤 짓을 해도 위니를 이해하고 한편이 된 것 같았다. 화가 난 위니가 윌버를 알록달록 무지개색으로 바꾸는 장면에서 아이들은 "그것 봐라!" 하며 크게 웃기도 했다. 그렇지만 이 장면에서 작고 시무룩한 표정의 윌버를 자세히 보라고 했다. 그리고 "지금, 윌버는 어떤 마음일까?"라고 물었다.

"헉! 윌버가 울어요."
"윌버가 슬픈 것 같아요."
"우울해 보여요."
"자기 몸을 마음대로 바꾸니까 화도 날 것 같아요."

여기까지 읽고 위니와 윌버의 행동에 대해서 더 이야기를 나누고 싶었다. 위니와 윌버는 서로에게 아주 소중한 존재인데, 위니는 어떤 친구인지를 먼저 물었다. 아이들은 "위니는 나쁘다", "자기 마음대로 친구를 바꾸는 이기적인 친구다", "힘이 세다" 또는 "능력이 있어서 부럽다" 등의 이야기를 했다. 대부분 위니에 대해서 처음보다 호의적이지 않았다. 그렇다면 윌버에 대해서는 어떻게 평가를 할까. 위니가 자신을 우스꽝스럽게 만들고 있는데도 아무 말도 못 하는 윌버의 마음을 아이들은 이해했을까? 대부분의 아이들은 윌버가 착하다고 했다. 싫어하는 일을 친구가 억지로 했는데도 가만히 당하고 있어서 바보 같다는 아이도 있었다.

우리는 위니이기도 하고, 윌버이기도 하다

자기 뜻대로만 하는 위니, 착해서 거절하지 못하는 윌버는 어쩌면 우리의 모습이기도 하다. 위니에 대해서 아이들은 좋은 친구가 아니라고 입을 모았다. 그런데 그림 한쪽에 "윌버가 슬퍼서 위니의 마음도 슬펐어요"라며 위니가 쪼그려 앉아 고민하는 장면이 나온다. 그리고 곧 위니는 대단한 결심을 할 것 같다. 다시 아이들에게 물었다. "윌버를 원래대로 돌려놓았네. 이제 둘은 어떻게 하는 게 좋을까?"

"그냥 윌버가 지내는 장소를 지정해줘요."
"윌버랑 상의해서 윌버의 몸 색깔을 정해요."
"윌버에게 옷을 입혀요."
"집을 바꾸면 되잖아요."

아이들의 대답을 듣고 마지막 장면을 보여 주었다. 검정색이 아닌 알록달록 화려한 색으로 집을 바꾸는 그림에서 아이들은 "우와, 멋지다!"라며 감탄을 한다. 아이들은 알고 있을까? 우리가 쉽게 상대방을 지적하며 잘못을 이야기하지만 사실은 내가 먼저 바뀌어야 한다는 것을. 물론 변화는 너도, 나도 이루기 어려운 과제이긴 하다. 그렇지만 책을 읽은 후 아이들은 자기가 가진 것을 포기할 줄도 알아야 하고 상대방도 배려해야 한다는 것을 어렴풋이 눈치 챈 듯하다. 이제 위니에 대한 평가가 달라질 것 같았다. 다시 아이들에게 위니는 어떤 친구인지를 물었다.

> "위니는 좋은 친구 같아요. 친구의 마음을 알아주잖아요."
> "위니는 집을 바꿔서 착해요."
> "위니는 그래도 나빠요. 자기 마음대로만 했으니까요."
> "위니는 좀 이기적이기도 해요."
> "위니는 능력이 있어요. 저는 능력 있는 친구가 좋아요. 돈도 많으면 더 좋고요."

다양한 평가가 나왔다. 그리고 윌버에 대해서는 "조금 더 자신 있었으면 좋겠어요", "너무 착해요. 나 같아요", "싫으면 싫다고 말해야 하는데 말도 못하니 조금 바보 같아요", "그래도 윌버처럼 착한 친구가 있으면 좋을 것 같아요"라고 평가했다.

나는 좋은 친구일까, 싫은 친구일까?

책을 읽고난 후 아이들에게 우리 주변에도 위니와 윌버 같은 친구가 있을 거라는 이야기를 했다. 그리고 내가 좋아하는 친구의 모습과 싫어하는 친구의 모습에 대해서 생각해보자고 했다. 4절지 색지에 "나는 이런 친구가 좋아요", "나는 이런 친구가 싫어요"를 각각 제목으로 써서 붙였다. 그리고 종류가 다른 포스트잇을 나누어 주고 자기 생각을 써보라고 했다. 이때 주의할 점은 친구의 이름을 쓰지 않는 것이다. 싫어하는 친구 항목에서 "나는 ○○이가 싫어요"라고 쓴다면 서로의 감정이 상할 수 있기 때문이다. 이 활동은 각자 좋아하거나 싫어하는 친구의 유형이나 특징에 대해서 설명을 쓴 후, 해당 제목의 색지에 자신의 포스트잇을 붙이면 된다. 이어 각 반에서 각각 좋아하는 친구의 유형과 싫어하는 친구의 유형 '베스트 3'을 뽑자고 제안했다.

4절지에 정리된 아이들의 의견을 종합해서 '베스트 3'으로 정리해 보았다. 좀 더 여유가 있다면 외모, 성격, 기타 특징 등으로 분류하면 한눈에 좀 더 쉽게 알아볼 수도 있다.

순위	나는 이런 친구가 좋아요	나는 이런 친구가 싫어요
1위	이해심 많고 배려하는 친구	때리거나 욕하는 친구
2위	잘 웃는 친구	자주 화내는 친구
3위	나랑 놀아주는 친구	욕하는 친구

마지막으로 눈을 감고 잠깐 자신의 모습에 대해서 생각해보자고 했다. 좋아하는 친구의 모습을 나는 얼마나 가지고 있는지, 그리

고 싫어하는 친구의 모습대로 행동한 적은 없었는지, 스스로 반성해 보는 시간을 가져보았다. 『마녀 위니』를 통해 아이들이 건강한 관계를 맺을 수 있기를 희망해본다.

한눈에 보기

주제	좋아하는 친구와 싫어하는 친구
대상	2~4학년
질문	1. 눈을 감고 위니의 집을 상상해 보세요. 집안에 있는 까만색 물건들은 또 무엇이 있을까요? 2. 윌버가 까맣기 때문에 어떤 문제가 생길까요? 3. 위니는 계단 어디에서부터 넘어졌나요? 위니가 데굴데굴 굴렀던 곳을 가리켜 보세요. 4. 초록색으로 변한 윌버가 잘 보이나요? 5. 덩굴에 처박힌 위니의 기분은 어떨까요? 6. 알록달록 색으로 바뀐 윌버의 표정을 보니 윌버의 마음은 어떤가요? 7. 위니는 좋은 친구일까요? 8. 윌버가 다시 검정색이 되고 이제 어떤 일이 생길까요?
활동	내가 좋아하는 친구와 싫어하는 친구의 특징이나 유형을 포스트잇에 메모하여 붙이기

활동지

책을 읽고 선생님과 편지 나누기

__학년 __반 이름_____

읽은 책 이름				읽은날	월 일
지은이			출판사		
어려운 정도	☹ 😊 ☺		재미있는 정도	☆☆☆☆☆	
책을 고른 이유					

선생님에게 편지 쓰기

오늘은 책을 읽은 후 내 이야기에 적용해보세요. 책을 읽으며 자신이나 주변사람과 관련된 경험, 일, 특별히 떠오르는 기억, 혹은 생각의 변화가 있다면 그러한 내용을 중심으로 선생님에게 편지를 써보세요.

난 이런 사람이야!

__학년 __반 이름_____

난 말이야
필립 베히터 지음, 김경연 옮김, 책그릇, 2007

책에 나오는 곰처럼 내가 어떤 사람인지 이야기해봅시다. "난 말이야~"라는 문장으로 시작해, 내가 좋아하는 것, 나의 장점 등을 글로 설명해주세요. 그리고 마지막 문장은 "내가 외롭고 작게 느껴질 때면 ○○을 해"로 마무리해 보아요.

친구에게 편지쓰기, 버리고 싶은 말 메모지에 써서 버리기

___학년 ___반 이름_____

친구에게 편지 쓰기
친구의 이름이 적힌 편지를 받았나요? 그 친구에 대해 잘 생각해 보고 힘이 되는 말을 써봅시다. 그리고 필레아스처럼 친구에게 정성을 다해 편지를 읽어주세요.

_____에게

※ 활용 방법 : 「낱말 공장 나라」를 읽은 후 친구들에게 하고 싶은 말을 편지로 쓰는 시간을 가진다. 친구의 이름이 적힌 카드나 편지지를 추첨을 통해 갖게 한 후 그 친구에게 정성스럽게 편지를 써준다.

버리고 싶은 말 메모지에 써서 버리기
듣기 싫은 말, 나를 힘들게 하는 말은 무엇인가요?
그런 말들을 적어서 힘껏 꾸겨버린 후 쓰레기통에 버리세요!

협동으로 함께 크는 토의토론

홍경아_장곡초등학교

　1학기에 책에 대한 흥미를 높이기 위해 아이들에게 그림책과 단편 동화를 읽어주었다. 책을 읽고 이야기를 나누며 교류하니 아이들은 스스로 책을 읽고 싶어 했다. 그래서 자연스럽게 장편동화로 책의 범위를 확장시킬 수 있었다.
　2학기 수업은 책읽기와 더불어 토론에 중점을 두었다. 토론을 통해 책읽기의 재미를 더하고, 사고력도 깊게 하자는 의도였다. 2015년 독서학술대회에서 어느 미국 유학파 대학원생이 자신의 논문을 발표하면서 이런 이야기를 했다.
　"미국은 모든 수업을 토론으로 해요. 그런데 미국 아이들이 웃긴게 뭔지 아세요? 정말 별거 아닌 주제를 던져줘도 너무 진지하게 토론한다는 거예요."

모든 수업을 토론으로 하는 선진국 학생들은 이미 토론의 맛을 알기에 교사가 굳이 흥미를 생각하지 않아도 된다. 그러나 우리나라는 토론을 접해본 아이가 많지 않기 때문에 토론의 첫 경험이 중요하다. 첫인상이 재밌고 쉬워야 나도 할 수 있다는 자신감과 또 하고 싶다는 마음을 불러일으킬 수 있다.

첫 번째 법정토론 : 정의란 무엇일까?

초등학교 토론 주제로 사용되고 있는 논제들이 여럿 있지만, 이 시간은 독서토론이기에 책을 매개로 토론을 하고 싶었다. 우선 '생명 존중'을 주제로 틀을 잡았다. 어떤 가치관을 갖고 살아갈 것인가는 인간에게 있어 가장 기본적인 윤리 문제다. 어린 나이에도 생각해볼 가치가 있는 문제다. 이와 관련해 5학년 국어교과서에 실린 「베니스의 상인」과 연계한 법정토론을 준비했다.

법정토론에서 다룰 사건은 실제 일어날 일을 위주로 찾아나갔다. 실제 사건이 더 실감나게 느껴져 진지하게 토론에 임할 수 있을 것이라고 생각했다. 『정의롭다는 것』(길도형, 장수하늘소, 2011)이라는 책에는 '법의 정의'를 주제로 한 「참 아름다운 재판」 이야기가 실려 있다. 이 글은 실제 사건을 소재로 했으며 흡사 『레 미제라블』

의 장발장을 떠올리게 한다.

20세기 장발장을 만나다

이야기의 전말은 이러하다. 1930년 미국 뉴욕, 80세 마리 할머니는 일곱 살 된 손녀 메리를 홀로 키우고 있었다. 메리의 부모는 메리가 젖먹이일 때 교통사고로 죽었다. 마리 할머니는 청소일과 품팔이를 하며 메리와 근근이 살고 있었지만, 몇 달 전 교통사고를 당해 그나마도 일할 수 없는 상황이 되고 말았다. 그리고 사건 당일, 마리 할머니는 빵집 앞을 지나다가 굶고 있는 손녀 생각에 그만 엉겁결에 빵을 훔쳐 재판장에 서게 된다.

아이들에게 『레 미제라블』의 장발장을 알고 있는지 물었다. 대개 책을 통해 알기보다는 뮤지컬 광고나 여기저기서 들어 알고 있는 경우가 대부분이었다. 『레 미제라블』에서 미리엘 주교와 장발장의 만남, 장발장의 비참한 가정 형편과 빵을 훔친 사연, 그리고 그로 인한 19년의 감옥살이에 대한 부분을 복사해서 나눠주었다. 아이들은 복사본을 덮으면서 "아, 더 읽고 싶다"라고 말했다. 마치 맛있는 음식을 먹은 후 입맛을 다시듯 아쉬운 표정이었다.

'레 미제라블'은 프랑스어로 "비참한 사람들"이라는 뜻이다. 작품의 배경이 된 시대는 사회보장제도가 미흡했기에 가난하면 남녀노소 상관없이 굶어죽고 얼어죽을 수밖에 없었으며, 살기 위해 아주 적은 돈을 받고 무리한 노동을 해야만 했다. 이런 배경지식을 아이들에게 알려준 후 질문을 했다.

> 교사 : 장발장은 왜 감옥에 갔나요?
> 학생 : 빵을 훔쳤어요.
> 교사 : 빵을 훔쳐 19년을 감옥에서 산 것은 정당한 일인가요?
> 학생 : 아니요.
> 학생 : 정당해요. 빵을 훔쳤잖아요.
> 학생 : 처음에는 5년이었어요. 탈옥하려다가 늘어났으니, 14년은 장발장 책임이에요.
> 학생 : 5년도 너무해요.
> 교사 : 『레 미제라블』의 장발장은 소설 속 인물입니다. 즉 이 이야기는 지어낸 것입니다. 그러나 1930년 뉴욕에서 이와 똑같은 사건이 실제로 벌어집니다. 여기 마리 할머니의 재판 이야기를 함께 읽어봅시다.

아이들에게 『정의롭다는 것』의 「참 아름다운 재판」 부분을 복사해 나눠주고 읽게 했다. 대신 복사할 때 마지막 판결 부분은 제외했다. 토론에 앞서 판사, 검사, 변호사, 원고, 피고와 같은 재판 용어를 설명해주었다. 일방적인 설명 대신 질문을 던져 아이들이 스스로 답을 찾게끔 했다. 그 후 "마리 할머니가 벌을 받아야 한다"고 주장하는 검사측과 "마리 할머니가 벌을 받으면 안 된다"라고 주장하는 변호사측으로 나누어 아이들에게 양측 모두의 입장에서 생각해 근거를 적도록 했다. 아이들의 입장을 나누지 않은 것은 양쪽 모두의 상황을 이해해야 올바른 판결을 내릴 수 있을 거라고 생각했기 때문이다. 또한 이는 아이들의 사고를 확장시키고 문제 해결 방법을 다각적으로 생각하는 데에도 도움을 준다.

모둠별 발표 내용

검사측 : 마리 할머니는 벌을 받아야 한다	변호사측 : 마리 할머니는 벌을 받으면 안 된다
- 손녀를 위해 도둑질한 것이라도 법을 어기면 벌을 받아야 한다. - 할머니가 빵을 훔치는 것을 마리가 보았다면, 이를 보고 배울 수도 있다. - 소크라테스의 "악법도 법이다"라는 말이 있듯이 빵 하나를 훔쳤어도 죄가 된다. - 마리 할머니에게 벌을 주지 않으면 다른 사람들이 죄를 지어도 벌을 줄 수가 없고, 범죄가 늘어날 것이다. - 손해를 본 빵가게 주인의 입장도 생각해줘야 한다.	- 교통사고를 당해서 자기 몸도 가눌 수 없는 할머니를 도와주지 않은 이웃과 나라의 잘못도 크다. - 도둑질은 나쁘지만 어린 손녀를 위해 그런 것이니, 앞으로 도둑질을 하지 않기로 하고 벌을 주지 말아야 한다. - 80세가 되도록 죄를 저지르지 않았고 나쁜 의도로 도둑질을 한 게 아니니 용서해줄 수 있다. - 빵은 다시 만들 수 있지만, 어린 손녀가 굶어 죽는다면 다시 살릴 수가 없다.

발표 내용을 보면 양측 입장에서 생각할 수 있는 모든 것을 최대한 생각해낸 흔적이 보인다. 검사측의 근거는 비교적 단순하게 나온 것에 비해 변호사측의 근거는 더 세세하고 다양했다. 모둠별로 근거가 조금씩 달라 흥미로웠다. 아이들은 토론을 통해 자신이 생각지 못했던 다양한 근거를 접함으로써 생각을 넓힐 수 있었다. 토론의 묘미는 자신의 생각을 잘 말하는 것이 아니라, 내가 생각하지

못했던 다른 사람의 생각을 나의 것으로 흡수하는 데 있다.

답이 없는 질문에 답을 찾으려 애쓰다

당시 마리 할머니의 재판을 맡은 판사는 라과디아 판사였다. 그날의 판결은 솔로몬의 판결처럼 너무도 지혜로워 길이길이 기억되었다. 이 재판이 어찌나 유명했던지 뉴욕에서는 판사의 이름을 딴 '라과디아 공항'이 생길 정도였다. 이런 배경 설명을 해주고 아이들에게 두 번째 토론으로 판결문 작성을 해보자고 했다. 판결문을 작성하기 전 힌트가 될 수 있는 조건을 주었다.

"여러분이 발표한 양측 근거에 비추어 보면, 할머니에게 벌을 주면 할머니와 손녀가 불쌍해지고 벌을 내리지 않으면 법질서가 무너져 범죄가 많이 발생할 수 있어요. 우리는 검사와 변호사측이 충돌하지 않고 서로 협력하는 판결을 내려야 해요. 즉 벌을 내리되, 할머니와 손녀를 보호해야 하는 것이죠. 여러분의 창의적인 판결문을 기대할게요."

만약 조건을 주지 않으면 '징역 몇 년'하는 뻔한 판결만 나올 것이기 때문에 조건은 반드시 주어야만 한다. 이렇게 조건을 말했을 때 의외의 질문이 있었다. "감옥에 보내도 될까요? 감옥에서는 콩밥을 먹을 수 있어요. 굶는 것보다 나아요."

아이들 눈에는 밖에서 자는 노숙자보다 차라리 감옥에서 먹고 자는 것이 훨씬 좋아 보였나 보다. 최소한 감옥에서는 굶어 죽지 않을 것이라고 아이들은 생각했다. 1930년대의 감옥과 지금의 감옥은 사뭇 다르다. 당시 감옥의 상황이 얼마나 비참했는지 말해줄 필요가 있었다.

"당시 감옥은 매우 열악한 환경이었어요. 사랑하는 가족을 볼 수 없는 것은 물론이고 온기도 없는 차가운 바닥에서 이불도 없이 자야 했죠. 비위생적인 환경에 극심한 육체적 노동을 견디며 형편없는 식사로 끼니를 때워야 하는 감옥에서 80세인 마리 할머니가 오래 버틸 수 있을까요?"

이런 사실을 인지시켜 주고 아이들에게 모둠 토론을 하도록 했다. 어떤 이야기들이 오가는지 듣기 위해 교실을 한바퀴 돌아 보았다. 한 교실 안에는 진지한 아이, 낙천적이고 장난스러운 아이, 원칙을 중시하는 아이, 소심한 아이 등 다양한 성격의 아이들이 모여 있다. 자기 딴에는 진지하게 내놓은 의견이, 너무 장난스럽다며 융통성 없는 아이의 의견에 눌려 묻혀질 수도 있다. 기발하고 독특한 생각들이 무시당하고 사라지는 것을 보았다. 모든 아이들의 판결이 듣고 싶었다. 그러나 정해진 수업 시간이 있기에 불가능한 일이었다. 토의토론을 배우는 초기 과정이라면 모두의 의견을 듣는 것이 좋다. 앞서 언급했듯이 첫 경험이 참으로 중요하다. 자신의 생각이 받아들여지는 경험이 있어야 다음부터 자유롭게 말할 수 있다. 평소 장난스럽고 말이 많은 아이라 해도 토론 수업에서 자신의 의견을 말하는 데에는 큰 용기가 필요하다. 처음으로 의견을 얘기했다면 그만큼의 용기를 낸 것인데, 이때 그 용기를 살려주느냐, 그렇지 못하느냐에 따라 향후 아이의 토론수업에 대한 태도가 달라질 수 있다.

> **마리 할머니의 판결문**
>
> - 마리 할머니에게 수술비와 병원비를 제공한다. 그 후 할머니는 빵집을 위해 열심히 홍보해준다. 마리 할머니를 돕지 않은 이웃과 사회의 책임이 크기 때문이다.
> - 빵집에서 빵을 훔친 만큼 일을 하고, 갚고 나면 계속 빵집에서 일할 수 있도록 해준다. 정부에서는 할머니와 손녀딸이 살 수 있는 공간을 마련해준다. 할머니가 비록 죄를 지었지만 그동안 열심히 살아왔기 때문이다.
> - 할머니와 손녀딸이 머물 집을 마련하여 그곳에서 징역을 살게 한다.
> - 마리 할머니에게 징역 3초와 벌금 5원, 봉사활동 1초를 선고한다.
> - 마리 할머니에게 24시간 학교 자원 봉사형을 선고한다.
> - 마리 할머니에게 벌칙을 준다. 엉덩이로 이름쓰기 30회, 다른 사람 웃기기 20회.

"마리 할머니에게 벌칙을 내린다"라는 아이디어는 준하라는 학생이 낸 것이다. 준하는 평소에 시원시원한 입담과 독특한 아이디어로 수업 분위기를 고조시키는 역할을 해왔다. 엉뚱한 의견도 많이 냈지만, 한 번도 주제에서 벗어난 경우는 없었다. 아이들에게 준하의 의견에 대해 물었다.

교사 : 판결문에 '다른 사람 웃기기' 벌칙이 있는데, 다른 사람을 웃긴다는 게 쉽지 않은데… 다른 방법의 벌칙은 없을까요?

학생 1 : 기쁘게 해주는 것으로 바꿔요.

교사 : 할머니가 다른 사람을 기쁘게 할 수 있는 것들은 무엇이 있을까요?

학생 2 : 선물 주기.

학생 3 : 선물은 돈이 들잖아.

학생들 : 얼굴 마주쳤을 때 활짝 웃어주기, 이야기 들어주기, 칭찬하기, 머리 쓰다듬어주기, 위로하기 등등이요.

할머니가 다른 사람을 기쁘게 해주는 일을 하면서 마을 사람들과 친해지고 마을 사람들은 할머니의 사정을 알게 되어 도움을 줄 수도 있다. 이렇게 아이디어가 꼬리에 꼬리를 물고 생기니 토론이 재밌는 놀이 같았다. 우리가 머리를 맞대고 생각하면 무엇이든 해결할 수 있을 것 같은 뿌듯함도 느껴졌다. 모둠별로 판결문을 발표한 후에 실제 라과디아 판사의 판결문을 PPT로 보여주었다. 아이들은 판결문을 눈으로 따라 읽었다.

"남의 것을 훔치는 것은 잘못입니다. 법은 만인에게 평등하고 예외가 없습니다. 그래서 법대로 당신을 판결할 수밖에 없습니다. 당신에게 10달러의 벌금형을 선고합니다."

방청석에서는 판사가 노인의 딱한 사정을 감안해 관대하게 선처할 줄 알았는데 뜻밖의 단호한 판결에 여기저기서 술렁거리기 시작했다. 이어서 판사는 다음과 같이 말했다.

"이 노인이 빵 한 덩어리를 훔친 것은 오로지 이 노인의 책임만은 아닙니다. 이 도시에 살고 있는 우리 모두에게도, 이 노인이 살기 위해 빵을 훔쳐야만 할 정도로 어려운 상황임에도 도움을 주지 않고 방치한 책임이 있는 것입니다. 그래서 나는 나에게도 10달러의 벌금형과 동시에, 이 법정에 앉아 있는 시민 모두에게도 각각 50센트의 벌금형을 선고합니다."

거두어진 돈은 57달러 50센트였고, 라과디아 판사는 그 돈을 노인에게 주도록 했다. 노인은 돈을 받아서 10달러를 벌금으로 내었고, 남은 47달러 50센트를 쥐고 눈물을 흘리며 법정을 떠났다.

아이들은 판결문을 들을 때 무척 진지하고 조용했다. 침묵 속에서 한 아이가 자그마한 소리로 "참 현명하다"라고 말했다. 현명함을 알아보는 눈을 가진 사람도 현명한 사람이고, 아이들이 내린 판결도 참 현명하고 지혜로운 판결이었다.

권선징악, 착한 일을 권장하고 악한 일을 징계한다는 뜻이다. 그러나 세상일들이 무 자르듯 선과 악을 쉽게 구분할 수 있는 것은 아니다. 세상이 혼란스럽지만, 힘을 합쳐 생각을 한다면 정의를 실천하는 데 한 발짝 더 나아갈 수 있음을 아이들은 깨달았다.

두 번째 법정토론 : 생명의 소중함에 대하여

두 번째 법정토론의 주제는 마이클 샌델의 『정의란 무엇인가』(와이즈베리, 2014)에 나온 '미뇨넷호 사건'을 선택했다. 『10대를 위한 정의란 무엇인가』(아이세움, 2014)에도 내용이 있지만 어른용을 참고한 것은 원본의 내용을 다르게 각색하기 위해서였다.

1884년, 미뇨넷호가 폭풍우에 떠내려 갔다. 살아남은 사람은 영국 선원 네 명뿐이었다. 이들은 작은 구명보트에 올라 순무 통조림 두 개와 바다거북을 먹으며 며칠을 버텼다. 막내 선원 파커는 바닷물을 마셔서 병이 난 상태였는데, 곧 죽을 것만 같았다. 그들은 고통스럽게 하루하루를 보내다가 20일째 되던 날, 세 명의 선원은 파커를 죽이고 그의 살과 피를 먹으며 구조될 때까지 버틸 수 있었다.

위의 내용이 너무 잔인해서 그대로 사용할지 고민이 되었다. 5학년 아이들 중에 예민하거나 상상력이 풍부한 아이라면 공포감을 느낄 수도 있을 것이라고 판단했다. 판단에 확신을 갖기 위해 다른 선생님들과 상의를 한 결과 선원 파커를 죽여서 먹는 대신, 구명보트가 가라앉아 한 명이 보트에서 내려야만 하는 상황으로 바꾸었다. 아이들의 이해를 돕기 위해 등장인물의 상황을 설정하고, 가상의 신문기사 형식으로 꾸며 이야기를 수정했다.

이 재판은 마리 할머니 재판과 달리, 각자 개인에게 선원 세 명의 행동이 정당한지에 대해 생각하고 발표하게 했다. 질문의 깊이를 단계적으로 하여 토론을 이끌었던 마이클 샌델처럼 주제의 깊이를 더하는 질문 방식으로 수업을 설계하였다.

토론에 들어가기에 앞서 배경지식을 간략히 설명했다. 바다에서 배가 난파되어 위급한 상황이 되었을 때에는 선원들의 관습상 사람을 죽여도 죄로 간주되지 않았다는 것과 끝없이 펼쳐진 바다에서 해는 뜨겁고 먹을 물이 한 방울도 없었던 열악한 환경, 그리고 언제 구조될지 모르는 상황임을 다시 한 번 강조했다. 이런 설명 없이 바로 세 선원의 행동이 정당한지에 대해 물었을 때 대부분의 아이들이 '정당하지 않다'에 손을 들었기 때문이다. 상황 설명 후, 입장을 물었을 때는 '정당하다'와 '정당하지 않다'가 거의 대등하게 나와 토론이 원활하게 진행되었다. 그리고 토론 중에 5학년 대부분의 반에서 '정당하다'라는 단어의 의미를 헷갈려 했다. 그래서 사전을 찾아 의미를 정확히 짚고 넘어 갔지만, 토론 중에 헷갈려 하는 아이들이 꽤 있어서 '죄가 된다', '죄가 안 된다'로 바꾸어 사용하였다.

아이들에게 던진 질문은 모두 세 가지이며, 질문마다 모둠 토론 시간을 5분씩 주었다. 아이들은 5분 동안 돌아가면서 자신의 입장과 이유를 설명하고 자유토론을 하게 하였다. 모둠 토론이 끝나면 전체 토론으로 돌아와, 질문에 대한 발표와 반론을 자유롭게 이어

– 런던 신문 –

'미뇨넷 호' 이야기

이 이야기는 19세기 영국에서 일어난 실화다. 배의 이름은 '미뇨넷 호'. 남대서양 희망봉에서 2,000킬로미터 떨어진 곳에서 침몰되었다. 살아남은 사람은 단 네 명뿐.

선장 더들리 : 선장 더들리는 용감하고 리더십이 있는 사람이다. 15년 동안 선장 경력으로 세계 여러 나라를 두루 다녔다. 그동안 항해를 하면서 겪었던 어려움을 빠른 판단력과 명석한 두뇌로 해결했다.

1등 항해사 스티븐 : 스티븐은 10년 동안 배에서 일한 사람으로 뱃일에 노련하고 성실하며 정직한 성격이다. 선박학과를 졸업했으며, 더들리 선장 뒤를 이어 차기 선장으로 지목받고 있다.

선원 브룩스 : 브룩스는 튼튼한 몸과 착한 마음씨를 가진 선원이다. 어린 자녀 세 명을 둔 아버지로 가정생활에 충실하다.

막내 선원 파커 : 파커는 선원 중에 가장 어린 열일곱 살로, 배의 잡다한 일을 처리하고 있다. 고아로 한 명의 친척도 없는 그에게는 이번이 첫 장기간 항해다.

살아남은 네 사람은 구명보트에 올라탔다. 그러나 구명보트는 서서히 가라앉기 시작했다. 소형의 구명보트가 네 명의 무게를 견디지 못했던 것이다. 이런 상황에서 막내 선원 파커는 다른 선원들의 충고를 무시하고 바닷물을 마신 탓에 병에 걸려 보트 구석에 누워 있었다.

선장 더들리는 선원들에게 제비뽑기를 하자고 했다. 남은 사람들을 위해서 바다에 빠질 한 사람을 정하자는 것이었다. 브룩스는 이를 거절했다. 자신이 뽑히는 것이 두려워서인지, 아니면 제비뽑기 방식이 마음에 들지 않아서인지는 모르겠지만 어떤 이유에서건 브룩스는 제비뽑기를 반대했다.

이튿날도 구조선은 나타나지 않았고, 보트는 더 많이 가라앉고 있었다. 선장 더들리는 브룩스의 주의를 돌린 뒤 스티븐에게 파커를 물에 빠뜨리라는 신호를 보냈다. 스티븐은 기도를 올린 뒤 파커에게 다가가 "너의 마지막 때가 왔다"라고 말한 다음 그를 바다에 빠뜨렸다.

갔다. 첫 번째 질문은 "더들리와 스티븐이 파커를 바다에 빠뜨린 것은 정당한 행동인가?"이다. 이에 대한 아이들의 답변은 아래와 같았다.

"생명을 죽이는 건 어떤 이유에서건 정당하지 않다"라는 논리가 힘을 얻어 '정당하지 않다'는 입장에 근거가 더 많았다. 다행히 근거에 "동의를 구하지 않고 빠뜨린 것은 잘못이다"라는 의견이 나와 다음 질문으로 자연스럽게 이어갈 수 있었다.

질문 : 더들리와 스티븐이 파커를 바다에 빠뜨린 것은 정당한 행동인가?	
정당하다	정당하지 않다
- 어쩔 수 없는 상황이었다. - 어차피 죽을 목숨이었다. - 다 죽는 것 보다는 한 사람이 죽는 게 낫다.	- 어떤 이유이건 사람을 죽이는 건 살인이다. - 자신의 이익을 위해 다른 사람을 희생시켰다. - 죄가 없는 사람을 죽였다. - 어린 사람을 죽인 것은 잘못이다. - 아픈 사람도 살 권리가 있다. - 생명은 소중하다. - 아픈 사람을 치료해주지 않고 죽였다. - 동의를 구하지 않고 빠뜨린 것은 잘못이다.

두 번째 질문은 "만약 파커의 동의를 얻어 바다에 빠뜨렸다면 더들리와 스티븐의 행동은 정당화될 수 있는가?"였다. 아이들은 첫 번째 질문보다는 조금 더 고민이 되는지 바로 활동지에 자신의 입장을 써내려가지 못했다.

두 번째 질문에 대한 토론부터는 꽤 팽팽한 의견 차이를 보였고, 양측의 인원도 거의 비슷했다. '정당하다'의 입장에서는 모두를 죽게 할 수는 없다는 논리와 한 명만 희생하면 해결될 문제라는 논리가 이를 뒷받침했다.

'정당하지 않다'는 입장의 근거들은 민감한 부분을 다루고 있었다. "치료해주지 않고 방치했다"라는 근거는 동의를 받아내는 방식이 공정하지 않았음을 이야기하고 있었다. 파커는 병에 걸린 상태였고, 몸이 아프면 마음이 약해져 자포자기의 심정으로 동의를 할 수도 있다. 그건 진정한 동의라고 할 수 없다. "모두 파커가 죽기를 바랐다" 역시 이러한 근거를 뒷받침해주고 있다. 아픈 파커를 치료해주지도 않고, 세 명 모두 은근히 파커가 죽기를 바라는 분위기에서 파커는 압박을 느꼈을 것이다. 그런 상황에서 동의를 얻는 것은 살인과 다름없다.

세 번째 질문은, "더들리가 처음에 제안한 제비뽑기를 통해 파커가 선택되어 바다에 빠졌다면, 이는 정당화될 수 있는가?"이다.

성별의 차이일까. '정당하다' 쪽은 남학생이, '정당하지 않다'는 여학생이 많았다. '정당하다' 입장의 아이들은 제비뽑기는 하나의

만약 파커의 동의를 얻었다면, 더들리와 스티븐의 행동은 정당화될 수 있는가?	
정당하다	정당하지 않다
- 동의를 했기 때문에 문제가 되지 않는다. - 스스로 희생하여 동료들을 살린 것이다. - 안락사와 같은 것이다. - 한 사람의 희생이 필요했다. - 자살과 마찬가지이다. 스스로 죽음을 택한 것이다.	- 치료해 주지 않고 죽였다. - 모두 파커가 죽기를 바랐다. - 사람을 죽인 것은 살인이다. - 말리지도 않고 죽였다. - 자살도 잘못이다. 자신을 죽이는 것이기 때문이다.

규칙, 약속으로 생각했다. 그러므로 이를 따르지 않는 쪽이 오히려 약속을 깬 것이라고 생각했다. '정당하지 않다' 입장의 아이들은 제비뽑기는 도박과 같은 것으로 지킬 가치도 없을 뿐만 아니라, 생명을 가지고 제비뽑기를 해서는 안 된다고 말했다.

나는 정의를 실천하고 있는가

제비뽑기를 통해 파커가 선택되어 바다에 빠졌다면 이는 정당화될 수 있는가?	
정당하다	정당하지 않다
- 파커는 운이 없어서 죽은 것이다. - 제비뽑기에 동의한 것은 이미 죽을 각오를 한 것이다. - 규칙을 정해 규칙을 지켰을 뿐이다. - 제비뽑기에 동의했다면 약속을 지켜야 한다.	- 방법이 잘못됐다. 사람 목숨을 갖고 제비뽑기를 하는 것은 잘못이다. - 제비뽑기로 목숨을 판단할 수 없다. - 파커가 걸렸기 때문에 죽인 것이다. - 만약 파커가 아닌 다른 사람이 걸렸다면 죽지 않을 수도 있다. - 죽을 거면 4명이 같이 죽어야 옳다. - 목숨은 소중하다. 죽음을 운에 맡길 수 없다. 뽑힌 파커는 마음의 준비가 되지 않은 상태에서 죽은 것이다.

아이들이 입장 차이를 보이는 건 기본 전제에 대한 개념과 해석이 다르기 때문이다. '동의'와 '제비뽑기'에 대한 개념적 차이가 입장을 가르고, 근거의 무게를 결정한다. 입장의 옳고 그름을 떠나 토론을 통해 생각의 차이를 인정하고 서로 존중할 수 있다면 그것으로 이미 사고의 깊은 단계까지 도달한 것이다.

세 명의 승조원에 대한 판결은 토론 없이, 읽어주는 것으로 대신했다. 배심원들은 더들리와 스티븐에게 무죄를 결정했다. 하지만 판사는 이를 무효화시키고 특별법을 적용해 살인죄로 교수형을 선고했다. 당시 식민지 대륙을 갖고 있던 영국의 국민들은 원주민들이 인육을 먹는 것을 보고 야만인이라고 했다. 그런데 영국인이 인육을 먹었다고 하면 체면이 서지 않기 때문에 이 같은 판결을 내린 것이다. 그러나 선원들의 관습에 제재를 가하는 것만으로 만족한 정부는 이들을 6개월 만에 석방했다.

세월이 흘러 더들리, 스티븐, 브룩스의 삶을 추적해 보니 사건을 증언했던 브룩스와 스티븐은 알코올 중독에 빠져 궁핍하게 살다 비참하게 생을 마감했다. 더들리는 호주에서 사업가로 성공했지만 최초로 페스트로 사망한 인물이 되었다.

세 사람의 비참한 말로는 인간이 만든 법의 심판만이 아니라 하늘의 심판, 즉 신의 심판도 존재함을 보여준다. 이런 의미를 아이들에게 들려주자 한 아이가 질문을 해왔다. "정의란 무엇인가요?" 질문에 대답을 해주는 대신 다른 아이들은 어떻게 생각하는지 묻자 다음과 같은 답이 들려왔다. "약한 사람을 돕는 거예요."

아이들에게 우리 주변에서 볼 수 있는 약한 사람은 어떤 사람이냐고 물었다. 노숙자, 박스 줍는 할머니, 왕따 당하는 아이, 도움이 필요한 아이라는 대답을 했다. 아이들은 이번 토론을 통해 정의란 약한 사람을 돕는 것, 괴롭히지 않는 것, 기다려주는 것, 배려하는 것임을 배웠다. 그리고 이 모든 것을 내가 실천해야 정의가 실현된다는 것도 깨달았다. 이번 토론에서 아이들은 하버드대학에서 마이클 샌델의 강의를 듣는 대학생 못지않게, 자신의 생각을 깊이 있게 파고드는 면모를 보여주었다.

미래세계에서 살아남기

고등학교 때 담임선생님은 이런 말씀을 하셨다. "앞으로는 물을 사 먹는 시대가 올 거야." 당시는 수돗물에 보리차를 끓여 먹던 시절이었기에 선생님 말씀이 뜬구름 잡는 이야기로 들렸다. 우리는 말도 안 된다며 그 말씀을 웃어 넘겼다. 그런데 이제는 물을 사 먹는 것이 이상하지 않은 시대가 되었다. 다가오는 미래에는 공기도 사서 마실 거라고 한다. 예전의 경험이 없었다면 이 이야기도 대수롭지 않게 넘겼을 것이다. 그러나 이제는 예견했던 일들이 하나씩 일어날 수도 있음을 안다.

'미래 문제 해결 프로그램'은 변화하는 미래에 대해 창의적으로 사고하는 방법을 가르치기 위해 개발했다. 이번 수업의 목표는 미래지향적 사고를 기르는 것이다. 하루가 다르게 바뀌는 세상에 적응하기 위해서는 앞서서 생각하고 계획하고 준비하는 능력이 필요하다. 문제 해결 모형을 사용해 학생들이 미래에 대해 자각하고 변화하는 세계에 적응할 수 있는 창의적인 문제해결 능력을 기르고자 한다.

대형마트 계산원이 꿈인 아이가 있었다. 자신의 꿈은 너무 확고

미래 문제 해결 프로그램 단계

도전 확인하기

1. 미래의 한 장면을 제시한다.
2. 교사는 책과 동영상, 어린이 신문 등으로 도전해야 할 장면을 제시한다.
3. 제시된 장면의 좋은 점과 문제점을 함께 확인하고 찾도록 한다.

문제 선정하기

1. 문제들 가운데 한 개의 도전 문제를 정한다.
2. 도전 문제의 표현은 네 개의 요소(조건+미래상황+방법+목표)가 포함된 문장으로 기술한다.

  예) 지구 온난화가 계속되어서,(조건) 2050년에 빙하가 녹았다면,(미래상황) 우리는 어떻게(방법) 안전한 지대로 대피할 수 있을까?(목표)

해결 아이디어 내기

1. 문제를 해결하기 위해 아이디어를 내야 하는 단계다.
2. 아이디어 중에서 좋은 대안을 선정하기 위한 평가 기준(실천 가능성, 윤리성, 비용 절감성, 안전성 등)을 고려해야 하나, 초등 5학년 학생에게 이를 적용하면 창의적 아이디어에 방해가 될 수 있으므로 평가기준은 적용하지 않는 것으로 한다.

해서 다른 것을 준비할 필요가 없다고 했다. 일찍이 진로를 정해 마음이 편한 아이에게 교사는 진실을 이야기해줘야만 했다. "대형마트 계산원은 미래에 없어질 직업이야."

미래에는 현재의 많은 직업들이 없어질 것이다. 이미 미국의 대형마트에서는 고객이 직접 기계를 통해 계산하고 있다. 몇 년 뒤에는 사람이 운전할 필요가 없는 자동차가 나올 예정이다. 그뿐만 아니라 주식시장의 주가 예측, 기사문 쓰기, 재난 구조, 의료 서비스 등 이미 많은 분야에서 자동화가 진행되고 있다. 이렇게 빠르게 변화돼가고 있는 시대에 우리 교육은 발맞춰가고 있는가? 되돌아볼 일이다. 현대 사회의 흐름을 읽을 줄 아는 눈과 더불어 미래를 내다볼 줄 아는 안목이 필요한 때다.

미래 상황을 제시하는 방법은 동영상, 영화, 책, 신문기사 등을 선택할 수 있다. 이번 수업에서는 책 30권을 구입해 읽게 하였고, 나머지 동영상, 영화, 신문은 짧게 보여 주었다. 동영상은 KBS〈시사기획 창 - 로봇혁명 미래를 바꾸다〉를 8분 분량으로 편집해 보여 줬다. 이 동영상은 어른용으로 만들어졌으므로 설명이 어려운 부분은 편집을 하거나 끊어서 보여주어야 한다. 동영상을 보고 나면 현재 로봇으로 인한 자동화가 어느 지점까지 왔는지를 알 수 있으며, 이것으로 인한 편리함과 위험성을 알리는 경고의 메시지를 읽을 수 있다.

이에 관한 동화로 6학년은 『열세 번째 아이』(이은용, 문학동네어린이, 2012), 4~5학년은 『엄마 사용법』(김성진, 창비, 2012)을 읽게 했다. 『열세 번째 아이』는 부모가 원하는 대로 아이를 만드는 세상에서 외모, 두뇌 등 계획되어 설계된 열세 번째 맞춤형 아이 시우와 인간보다 더 뛰어난 감정을 가진 로봇 레오와의 우정을 담은 이야기이다. 『엄마 사용법』은 8살 현수가 아빠를 졸라 생명 로봇 엄마를 산다. 엄마 로봇은 살림은 잘 하지만, 현수를 아들처럼 정답게 돌봐주지는 못한다. 실망한 현수는 할아버지의 조언에 따라 엄마 로봇에게 진짜 엄마가 되는 법을 하나씩 가르쳐 나간다.

미래 문제 해결 토론을 위한 질문은 다음과 같다.

"때는 2050년, 상황은 로봇(자동화)시대로 감정 로봇을 포함하여 이 시대에서 발생할 수 있는 좋은 점과 문제점은 어떤 것들이 있을까?"

모둠별로 토론 활동지를 주고 생각은 자유롭게 적고 붙일 수 있도록 포스트잇을 충분히 주었다. 단 생각을 쓸 때 결과는 반드시 원인과 함께 적도록 하였다. 아이들이 토론한 내용들은 다음과 같다.

아이들은 좋은 점과 문제점을 모둠별로 발표하고 교사는 칠판에 적어 한 눈에 볼 수 있도록 하였다. 두 번째 토론은 모둠에서 나온 문제점 중에서 하나를 선택하여 해결 방법을 찾는 토론이다. 선택한 문제를 작성할 때에는 조건, 미래 상황, 방법, 목표 순으로 적

좋은점	문제점
- 로봇이 일을 대신하므로 생활이 편리해지고, 사람은 놀러 다닐 수 있다. - 로봇을 학교에 대신 보내고 학생은 집에 있을 수 있다. - 재난시 로봇이 일을 대신 해주어 인명 피해가 적다. - 로봇이 위험을 미리 알아 범죄를 방지할 수 있다. - 전쟁 로봇이 있어 군대를 안가도 된다. - 친구 없는 아이들은 친구를 만들 수 있다. - 로봇이 일을 하므로 불량품이 없을 것이다. - 감정 로봇은 사람의 마음을 안정시킬 수 있다.	- 로봇을 만들기 위해 자원을 많이 써서 환경이 파괴된다. - 로봇이 대신 일을 해주므로 사람은 몸이 약해지고 뚱뚱해진다. - 로봇이 스스로 발전해 지구를 지배할 수 있다. - 로봇이 일자리를 차지하여 인간의 일자리가 없어진다. - 인간 존재가 사라질 수 있다. - 킬러 로봇은 어린이와 군인을 구별할 수 없어 위험하고, 테러에 악용될 수 있다 - 감정을 가진 로봇은 인간과 구별하기 힘들 것이다

게 하였다. 예를 들어, "로봇들이 인간의 일자리를 차지한다면(조건) 2050년 사람이 실업자가 많을 때(미래 상황) 우리는 어떻게 하면(방법) 일자리를 가질 수 있을까?(목표)" 또는 만약 로봇들이 일자리를 차지해 실업자가 많아진다면으로 조건과 미래 상황을 하나로 묶을 수도 있다. 5학년은 하나로 묶어 단순화시켜 주는 것이 더 효과적이었다. 다음은 모둠별로 문제를 선택하고 해결방법을 토론한 내용 중 하나다.

　모둠에서 문제점과 해결 방안을 발표할 때, 경청하고 있는 아이들은 다른 대안을 말할 수 있으며, 반대로 그 모둠이 제시한 방안에 오류를 자유롭게 지적할 수 있도록 했다. 처음 모둠이 발표할 때, 교사가 방안이나 오류를 말하는 시범을 보여주면 두 번째부터는 아이들이 이어서 잘 해 나갈 것이다. 미래 문제 해결 프로그램

> 문제: 로봇을 만드는 공장이 많아져서 환경이 파괴된다면,
> 우리는 어떻게 해야 환경 파괴를 막을 수 있을까?

- 1주일에 두 번 나무를 심는다.
- 도시에 거대한 공기 청정기를 만든다.
- 매연을 마시는 로봇을 만든다.
- 신재생 에너지를 이용해서 로봇을 만든다.

의 수업 모형에서는 아이들의 대안을 윤리적 측면, 비용적 측면, 안전성 측면에서 고려하고 점수를 매길 수 있는 활동을 제시하였으나, 이번 수업에서는 아이들의 생각에 최대한 제한을 주지 않는 것을 목적으로 하였고, 시간적 제약이 있어 활용하지 않았다. 그러나 6학년이나 중고등학교에서는 위에 제시한 평가기준을 적용해 세 번째 평가 토론으로 이어진다면 토론의 완성도를 더 높일 수 있을 것이다.

| 활동지 |

첫 번째 법정토론 활동지

___학년 ___반 ___모둠

검사측 : 마리 할머니는 벌을 받아야 한다	변호사측 : 마리 할머니는 벌을 받으면 안 된다

판결문 (판결과 판결 이유를 함께 써주세요)

두 번째 법정토론 활동지

___학년 ___반 ___모둠

· 질문에 대한 나의 입장을 표시 √하고 그 이유를 적어 보세요.

　질문 : 더들리와 스티븐이 파커를 바다에 빠뜨린 행동은 죄가 되는가?

　→ 더들리와 스티븐은 (죄가 된다 / 죄가 되지 않는다)

　이유(근거) : _____

· 질문에 대한 모둠원들의 입장을 표시 √하고 그렇게 생각한 이유를 적어 보세요.

모둠원 이름	입장		그렇게 생각한 이유
	죄가 있다	죄가 없다	

미래 문제를 찾아라!

___학년 ___반 ___모둠

- 때 : 2050년
- 미래 상황 : 로봇시대 (자동화, 감정로봇 포함)
- 로봇을 사용하는 미래사회에서 발생할 수 있는 문제는 어떤 것들이 있을까요?

번호	이름	내용
1		
2		
3		
4		
5		
6		

미래 문제를 해결하라!

___학년 ___반 ___모둠

- 모둠에서 찾은 문제들 중에서 하나를 골라 아래 칸에 쓰세요.

- 이 문제에 대한 해결방법을 찾아 보세요.

이름	방법

1장 독서토론, 놀이처럼 즐겁게!

2장

교과와
독서토론의 만남

내 생각을
찾아서

이은승 _신천초등학교

책 읽는 것이 즐거워야 독서에 대한 동기가 생긴다. 흥미를 가지고 읽을 때 생각이나 느낌도 더 잘 떠오르고, 자신의 의견을 말하고 싶어하게 된다. 서로의 생각을 나눌 때 다각적인 사고도 하게 된다. 나는 독서토론 수업이 무엇보다 '책읽기가 즐겁다'라는 것을 경험하는 시간이길 바랐다. 아이들이 책을 즐겁게 읽고 자기 생각을 자유롭게 꺼낼 수 있기를 꿈꾸며 독서수업을 시작했다.

나는 아이들에게 책을 읽어 주었다. 아이들도 스스로 책을 읽었다. 넘기던 책장을 잠시 멈추고 떠오르는 생각을 기록했다. 책 속 이야기에서 자신의 이야기를 찾아냈다. 세상 속 이야기와 연결하며 왜 그런 일이 일어났는지 질문을 만들어갔다. 정답 찾기에 연연하지 않으면서 서로 다른 생각을 말하고, 귀기울여 들을 수 있게 되었다. 더 많이 알수록 질문은 꼬리에 꼬리를 물고 새로운 질문을 만들어냈다.

독서가 즐거워지고 자기 생각을 자유롭게 말할 수 있게 되니 아이들은 발표할 때에도 자신감을 보였다. 독서수업은 책과 함께하는 놀이터였고, 책과 나를 연결하며 생각하는 힘을 키워내는 과정이었다. 혁신사업은 종료되었지만 이러한 독서과정까지 사라지지 않기를 기대해 본다.

이제 지난 몇 년간 독서토론 수업으로 자기 생각을 말하는 즐거움을 알게 된 아이들의 독서 과정 몇 가지를 나누려고 한다.

나의 이야기를 시로 쓰기

초등학교 국어 교과서를 살펴보면 학년마다 시를 읽고 감상하는 단원이 있다. 그러나 시에 흥미를 갖고 읽는 아이들은 많지 않다.

이오덕 선생은 『삶을 가꾸는 글쓰기 교육』(보리, 2004)에서 아이들이 자신의 삶과 마음을 드러내는 정직한 글을 쓰도록 해야 한다고 강조했다. 정직한 글만이 아이들을 지키고 삶을 가꿀 수 있다고 말했다. 이를 보고 독서수업 시간에 '어린이 시'를 활용해야겠다고 생각했다. 또래 아이들의 시를 읽고 그와 마찬가지로 자신들의 삶과 마음을 그대로 드러내는 시를 쓰면 좋을 것 같았다.

'자신이 겪은 일과 마음을 드러내는 시 쓰기' 수업은 아이들이 자기 생각을 솔직하게 말하고 글로 쓸 수 있기를 바라는 마음에서 고안한 수업이다. 이 수업은 2학년 국어 교과 '내가 겪은 일이 드러나게 글쓰기', 3학년 국어 교과 '글쓴이의 마음 알기'와도 연계할 수 있다.

시어 맞추기 놀이

먼저 시 수업에 흥미를 느낄 수 있도록 '시어 맞추기 놀이'로 수업을 시작했다. 시 한 편을 PPT로 띄우고 괄호를 넣어 교사가 읽어 준다. 괄호 안에 들어갈 시어를 찾는 활동이다. 다음은 박경종 시인의 「왜가리」라는 시다.

왜가리님 /(왝)/ 어데 가오 /(왝)/ 이 저녁에 집을 가오 /(왝)/
왜 혼자 가오 /(왝)/ 왜가리님 왜 말은 안하고 / 대답만 해요 /(왝)/

- 박경종, 「왜가리」, 『귀뚜라미와 나와』(겨레아동문학회 편저, 보리, 1999)

시를 읽으면 시인이 왜가리에게 말을 걸고 있는 모습이 떠오른다. 왜 왜가리에게 말을 걸고 있는 걸까? 또 왜가리는 뭐라고 대답을 했을지 궁금해진다. 교사가 시인이 되고, 아이들은 왜가리가 되어 시를 다시 낭송해 보았다.

"왜가리는 뭐라고 대답했을까?"라고 묻자 아이들은 "왜가리가 뭐예요?"라고 되묻는다. 왜가리를 본 적이 없는 도시 아이들이다. 그러고 보니 나도 왜가리를 잘 몰랐다. 왜가리는 백로라고도 불리는 여름 철새라고 알려주고, 빈칸에 들어갈 시어를 떠올려 보자고 했다. 한 아이가 '꽥'이라고 대답하자 왜가리가 오리냐며 아이들의 웃음이 터졌다. 어떤 아이는 왜가리가 어떻게 말을 하냐며 궁금해했다.

"왝"이라는 시어를 넣어서 아이들과 함께 주고받으며 낭송했다. 아이들은 자기가 진짜 왜가리라도 된 것처럼 왝 왝 거리며 즐거워했다. 시를 읽고 나서 시인의 마음을 떠올려 보았다. "시인은 왜 이 시를 쓰게 되었을까? 시인의 마음은 어떨까?"

"심심한 것 같아요", "새를 좋아하나 봐요", "친구가 없는 것 같아요", "외로운 것 같아요" 등 왜가리와 이야기하는 시인의 마음을 잘 떠올렸다. 아이들은 퀴즈 놀이를 무척이나 좋아한다. 시어 맞추기 놀이도 흥미를 가지고 적극적으로 참여했다. '시어 맞추기 놀이'는 정답 맞추기에 중심을 두지 않는다. 아이들이 다양한 답변을 통해 상상해볼 수 있도록 한다. 다양한 생각을 나눌 수 있어야 서로의 상상력에 자극을 받고 즐거울 수 있다.

네 마음, 내 마음 함께 나누자

시어 맞추기 놀이를 한 후 서로의 마음을 나누는 시간을 가져보왔다. 또래들이 쓴 시를 읽어보고, 시인에게 하고 싶은 말을 말풍선에 써보는 활동이다. 시 한편을 담은 A4 용지를 모둠원에게 각각 한 장씩 나눠주었다(이렇게 하면 모둠별로 네 편의 시를 돌아가며 읽게 된다). 그리고 시에 대한 생각이나 느낌 또는 시인에게 하고 싶은 말을 말풍선을 달아 쓰도록 했다. 돌아가며 쓰기 때문에 앞에 쓴 친구의 생각을 읽어볼 수도 있다. 그러면 생각이나 느낌이 더 잘 떠오르기도 한다.

한 모둠에서는 김다솔의 「나무」를 읽었다. "나무가 부럽다", "나도 나무처럼 크고 싶네"라고 쓴 아이들의 마음이 느껴진다.

나무야!/무럭무럭/자라라.//작은 나무는/큰 나무가 되고/
큰 나무는/키가 더 큰/나무가 되네./나무가 크면/나도/크네.

— 김다솔, 「나무」

"키 작은 친구들이 들으면 기분이 좋겠다", "나무야 하늘처럼 큰 나무가 되렴", "나무야 큰 나무 되면 만나자", "나무야 무럭무럭 예쁘게 자라는 모습이 자랑스럽다"는 아이들은 하늘 높이 자랑스러운 큰 나무가 되겠다고 스스로에게 다짐하는 것 같았다.

나만의 시 써보기

모둠별로 시를 읽고 서로의 생각을 나눈 다음 직접 시를 써보기로 했다. 각자 겪은 일을 구체적으로 떠올려 보고, 그때의 생각이나 느낌을 시로 쓰는 활동이다. 또래 어린이 시처럼 솔직하게 겪은 일을 있는 그대로 쓰면 된다고 알려주었다. 몇몇 아이들이 무엇을 써야 할지 모르겠다고 했다. 쓸 것이 없다고 하는 아이들도 있었다. 그럴 땐 차근차근 오늘 기억나는 일부터 떠올려보고 그대로 써보라고 했다. 학교나 집, 친구들과 있었던 일 중에서 하나를 골라 그때 떠올렸던 생각이나 느낌을 더하면 그게 시가 된다고 알려주었다.

아이들은 기억나는 일이란 특별한 일이어야만 한다고 생각하는 것 같았다. 하지만 어제도 오늘도 다를 것이 없다. 자연과는 거리가 먼 도시에 사는 아이들의 시선을 끄는 것은 문방구 앞의 게임기가 전부일지 모른다. 학교와 학원을 오가고, 집에서 TV를 보는 일이 하루를 채우고 있을지도. 그래서 특별한 날은 없고 기억나는 일도 없다.

무엇을 써야 할지 모르겠다며 빈 종이만 바라보던 아이에게 학교에서 있었던 일을 그대로 써보라고 했다. 그러자 무언가 생각난 듯이 "그대로 쓰면 되나요?"라고 묻더니 쓱쓱 써내려 갔다. 「학교는 정말 바쁘다」라는 제목의 시였다.

학교는 정말 바쁘다

2학년 김예지

학교는 정말 바쁘다

교실에 들어오면

책 읽어라

공부해라

청소해라

밥 먹어라

조용히 해라

복도에서 뛰지 말라

도서실에서 책 빌려라

그러니까 학교는 정말 바쁘다.

　

　책 읽고, 공부하고, 청소하고, 밥 먹고, 조용히 해야 하고, 뛰어 다니면 안 되고, 책 빌려야 하고… 해야 할 것이 참 많은 아이들의 하루가 눈앞에 그려진다. "뭐뭐 해라"에 맞추어야 하는 바쁜 학교가 답답하게 느껴진다.

　모방도 좋은 시가 된다. 「학교는 정말 바쁘다」를 예시로 보여주자, 아이들은 너도 나도 그렇다며 공감을 표시했다. 그리고 시를 쓰기 시작했다. 다음은 밭에 가서 일했던 경험을 떠올린 아이의 시이다. 할머니 댁 밭이었을까? 밭에는 어떤 씨앗을 심었을까? 누구랑 같이 있었을까? 아이가 왜 밭에 가게 되었는지 궁금해진다. 뜨거운 햇볕 아래서 밭일을 처음 해보는 아이의 서투른 모습과 마음이 잘 드러나 있다.

밭은 엄청 바쁘다

2학년 양은지

밭은 너무 바쁘다.
옷 입고
장갑 끼고
모자 쓰고
흙 파고
씨앗 심고
힘들면
물 마시고 쉰다.

다음에는
집에서 쉴 꺼다.

 아이들은 겪은 일을 시로 쓰고, 친구의 시 낭독을 들으면서 한번쯤 나도 겪었을 이야기에 공감하고 즐거워했다. 수업 끝나는 종소리가 들릴 때까지 아이들의 시 발표는 계속 이어졌다.
 고학년의 경우는 '겪은 일을 드러내는 시 쓰기'에서 속마음을 꺼내기까지 시간이 좀 더 필요하다. 하지만 솔직하게 겪은 일과 마음을 드러내면 시에는 힘이 생긴다. 6학년 아이들과 『새들은 시

힘 안 봐서 좋겠구나』(한국글쓰기교육연구회 엮음, 보리, 2007)를 읽고 시 쓰기 수업을 했을 때다. 게임을 가장 좋아한다는 철수는 수업 내내 마지못해 연필을 끄적거렸지만 아무것도 쓰지 못했다. 어서 수업이 끝났으면 하는 표정으로 앉아 있었다. 기억나는 일이 없다고 했다. "그럼 네가 좋아하는 것을 떠올려볼까?"라고 하자 "게임"이라고 대답했다. "그래, 그럼 게임할 때 느낌을 써보자"고 했더니 그래도 되냐며 글을 쓰기 시작했다. 철수는 밤늦게까지 게임을 하는 아이였다. 매일 게임만 하며 지내는 자신의 이야기를 쓰고 싶지 않았던가 보다. 하지만 게임 이야기를 써도 괜찮다고 하자 철수는 「게임이 좋아」라는 제목으로 시를 썼다. 없는 이야기를 꾸며 쓰는 것보다 솔직하게 쓰는 것이 더 좋다. 겪은 일을 있는 그대로 드러내야 자신의 생각과 느낌도 솔직해진다. 자신의 모습을 발견할 수 있게 된다.

　종혁이는 시 쓰기에서 흥미를 보였다. 독서수업에 흥미를 가질 때와 그렇지 않을 때 큰 차이를 보이던 아이였다. 발표시간에 적극적으로 손을 들었다. 종혁이의 시는 엄마, 아빠의 이혼 이야기를 담고 있었다. 부모님이 이혼해서 속상하고 화나고 힘들었던 심정과 며칠 전 아빠를 만나게 되어 기뻤던 이야기가 담겨 있었다. 부모님의 마음을 다 이해할 수는 없지만, 그래도 만날 수 있어서 좋았다는 내용이었다. 쉽게 꺼내기 힘들었을 부모님의 이혼 이야기를 쓴 종혁이가 발표를 마치자 아이들은 박수를 쳤다. 용기 있게 진솔한 이야기를 꺼낸 친구에게 보내는 격려의 박수였을 것이다.

아이들은 친구의 시를 읽고 '나도 그랬어'라며 자신의 경험을 떠올린다. 자신의 이야기도 시가 될 수 있음을 알게 된다. 자신의 이야기를 시로 표현하며 친구들과 교사로부터 격려 받고 소중하게 다뤄지는 경험은 스스로를 긍정하고 자신감을 갖게 해주는 것 같다. 자신이 본 것, 느낀 것, 경험한 것이 소중한 것임을 깨닫는다. 아이들이 쓴 시의 형식은 이야기글에 가깝다. 그렇지만 생생한 삶이 살아있는 글은 그 자체가 시라 할 수 있다. 자기 이야기를 글로 표현해낸 아이들의 얼굴에 생동감이 흘렀다.

네 마음이 궁금해, 모둠 시 쓰기

그래도 여전히 글쓰기를 싫어하고 어려워하는 아이들이 있다. 이럴 땐 개별적으로 쓰기보다는 친구들과 번갈아가며 쓰는 '모둠 시 쓰기'를 해볼 수 있다. 혼자 쓸 때는 어려워하던 아이들도 친구들과 이야기를 주고받으며 쓰게 하면 재미있어 한다. 완성된 글을 보면 아이들의 만족감도 커진다.

3학년들과 '모둠 시 쓰기' 수업을 하였다. 4~5명으로 모둠을 구성하고, 무엇에 대해 쓸 것인지 이야기를 나눈 다음 한 줄씩 번갈아가며 시를 쓰도록 했다. 모둠 시 소재는 아이들 모두가 함께 경험했던 일이나 공감할 수 있는 것이 좋다. 예를 들면 체육 시간, 컵 쌓기 놀이, 이어달리기, 학예회 등 구체적인 상황을 떠올릴 수 있는 것이 좋다.

다음은 「쉬는 시간」이라는 제목의 모둠 시이다. 학교에서 쉬는 시간은 짧기만 하다. 쉬는 시간에 친구들과 이거 할까, 저거 할까 망설이다가 끝나버릴 수도 있다. 이 시를 발표하자 아이들 얼굴에 웃음이 맴돌았다. 첫 행부터 이어지는 시의 내용이 마치 한 사람이 써내려간 글처럼 자연스럽다. 아이들의 마음은 다 같은가 보다.

쉬는 시간

3학년 5반, 3모둠(김은지, 박철민, 윤정수, 서은영)

지금은 시끌벅적 쉬는 시간 **(은지)**

화장실 갈까? 물 마시러 갈까? **(철민)**

친구들과 얘기할까? 친구들과 놀까? **(정수)**

얘들아, 도서관 가자. 싫어! **(은영)**

친구들이 내 자리에 몰려오네 **(철민)**

그럼 놀아야지. 얘들아 뭐할까? **(은지)**

띠로리. 쉬는 시간 끝이 났네 **(정수)**

자리에 앉자 **(철민)**

다음 쉬는 시간 언제 오나 **(은영)**

이오덕 선생은 『글쓰기 어떻게 가르칠까』(보리, 1993)에서 "우리가 글쓰기를 할 때 어떤 글에서 배우는 것은 그 속에 담긴 삶의 정직함, 말의 솔직함과 정확함, 자기 것의 발견과 깨달음입니다"라고 말했다. 그리하여 나도 '내 마음을, 내 얘기를 써야겠구나' 하는 생각이 든다고 했다. 이는 모방이 아니라 자기를 표현하고 창조하는 태도를 기르는 것이다. 아이들이 자신의 이야기를 드러냈을 때 '괜찮아, 괜찮아' 위로를 받는다면 생각을 표현하는 데 좀더 자신감을 기르고, 자유로움을 늘낄 것이다. 그래서 겪은 일을 글로 표현하는 일은 중요하다.

학교에서 아이들이 자신의 이야기를 글로 쓰는 일이 계속 이어졌으면 좋겠다. 어린이 시는 아이들에게도, 교사에게도 삶을 정직하고 풍요롭게 만드는 선물이 돼주었다.

동화를 통해 나의 생각 찾기

2014년 초등학교 국어 교과서가 개정되었다. 듣기, 말하기, 쓰기 3권으로 이루어졌던 국어교과서가 '국어'와 '국어활동'으로 바뀌었다. 국어활동에는 그림책이나 동화책을 그대로 수록하고 있다. 『아낌없이 주는 나무』도 그러했다(3학년 2학기 국어 교과서 수록). 교과서에 동화 내용이 그대로 실려 있기 때문에 개별적으로 읽을 수 있었다. 그런데 아이들은 교과서에 수록됐다는 이유로 이 동화가 재미없다고 했다. 게다가 교과 단원 목표는 '감동을 느껴 보아요'였다.

아낌없이 주는 나무

쉘 실버스타인 글·그림, 이재명 옮김, 시공주니어, 2000

나무를 사랑한 소년과, 소년을 사랑하는 나무가 있다. 나무는 소년이 필요하다고 하면 자신의 모든 것을 아낌없이 내어준다. 소년은 나무의 사랑을 알고 있을까? 아낌없이 주는 나무를 통해 진정한 사랑이 무엇인지 생각해 보게 된다.

수업 자료 : 그림책 PPT, 감정낱말카드 2세트, 활동지

『아낌없이 주는 나무』를 읽은 독자들은 나무의 희생적인 사랑에 감동한다. 하지만 모두가 그렇게 느끼는 것은 아니다. 나무가 소년에게 끝없이 주기만 하는 것이 진정한 사랑일까, 의문을 품을 수도 있다. '감동'도 여러 가지 느낌 중의 하나일 뿐, 책을 읽고 감동적인 장면을 말해보라고 한다면 느낌을 강요받는 기분이 들 수도 있다.

아이들에게 책에 대한 느낌을 강요하지 않고, 자유롭게 자신의 생각을 말하게 하려면 어떤 방법이 있을까를 고민했다. 아이들에게 느낌을 말해보자고 하면 대부분 "좋아요", "재미있어요", "슬퍼요", "화나요" 등 몇 가지로 표현이 한정된다. 어떤 아이들은 느낌이 없다고 말하기도 한다. 느낌이 뭔지 잘 모르겠다는 아이들도 있

다. '느낌'이란 사전적 의미로 "몸의 감각이나 마음으로 깨달아 아는 기운이나 감정"을 말한다. 기분과 감정, 느낌은 보통 같은 의미로 사용된다. 느낌을 표현할 수 있는 낱말을 잘 몰라서 어려워할 수도 있다. 그래서 여러 가지 느낌을 나타내는 단어를 안다면 표현하는 데 도움이 될 것이라고 생각했다. 아이들에게 책을 읽으면서 마음에 와 닿는 느낌을 모두 찾아보라고 했다. 그 중에서 마음에 크게 와 닿는 한 가지 느낌을 고르면, 그것이 가장 인상적인 장면에 대한 표현이 된다. 그 느낌이 반드시 감동적이어야 할 필요는 없다.

『아낌없이 주는 나무』를 읽어온 아이들이 많았다. 질문으로 수업을 시작했다. "아낌없이 준다는 것은 무슨 뜻일까?"

"소중한 것, 중요한 것을 주는 거예요."
"모두 다 주는 거예요."
"아끼지 않고 나눠주는 거예요."
"필요한 것을 주는 거예요."
"상대방에게 없는 것을 주는 거예요."

아이들은 '소중한 것', '상대방이 필요로 하는 것', '아끼지 않고 모두 주는 것'이라며 그 의미를 잘 찾아냈다. 이어서 우리 주위에 아낌없이 주는 사람은 누가 있는지 또 아낌없이 주는 것에는 무엇이 있는지 생각해 보자고 했다.

대부분의 아이들이 부모를 떠올렸다. 부모님이 아낌없이 주는 것으로는 입을 것, 먹을 것, 잠잘 곳이라고 말했다. 하지만 어디 그뿐이겠는가? 부모가 주는 사랑, 행복, 즐거움을 떠올리는 아이도 있었다. 어떤 아이는 엄마가 아낌없이 주는 것은 '뽀뽀'라고 말해, 웃음을 자아내기도 했다. 아낌없이 주는 사람으로 할머니를 생각한 아이도 있었다. 할머니가 아낌없이 주신 것은 '행복한 마음'이었다. 할머니가 칭찬을 많이 해주셔서 아이는 행복하다고 했다. 할머니의 아낌없는 칭찬으로 행복을 느끼는 아이의 얼굴은 밝았고 자신감이 있어 보였다. 한 아이는 아낌없이 주는 사람으로 고모를 떠올렸다. 아이의 꿈이 화가라는 것을 아는 고모는 항상 미술용품을 선물해주신다고 한다. 고모가 자신의 꿈을 응원해주는 것 같아서 고맙다고 했다.

내 생각을 기록하며 읽자

책을 읽을 때 책장만 넘기고 다 읽었다고 하는 아이들이 많다. 그래서 '생각하는 책갈피'를 활용해 읽기로 했다. 이 활동지는 생각이 떠오를 때마다 멈추고 기록하는 데 도움을 준다. 여러 갈래 생각들이 있겠지만, 궁금한 내용은 질문으로 만들도록 했다. '나도 그런 적 있어' 하고 겪은 일이 떠오르면 경험을 써보도록 했다. 인물의 말과 행동에서 어떤 마음일지 추측해볼 수도 있다. 마음에 드는 문장은 그대로 옮겨 써도 된다. 생각하는 책갈피를 기록하고 나서 질문만 모아서 생각을 나누어 보았다.

"나무가 어떻게 말을 하나요? 나무가 어떻게 숨바꼭질을 하나요?"

"책 속 이야기니까요."

"상상하는 거 아닐까요?"

"마음이 통하면 식물하고도 대화를 할 수 있을 것 같아요."

책 속 이야기니까 마음껏 상상할 수 있다. 아이들은 책을 읽을 때 궁금한 것을 질문하라고 하면, 사물이나 동식물을 의인화한 것을 잘 이해하지 못하고 질문을 한다. 어떻게 식물이나 동물이 말을 할 수 있느냐는 것인데 질문을 위한 질문이 되는 경우도 있다. 그래서 의인화가 무엇인지 알려주는 것이 좋다. 아낌없이 주는 나무에서 등장인물은 '나무'이다. 나무는 아낌없이 주는 누군가를 상징한다고 설명해 주었다. 부모일 수도 있고 할머니일 수도 있고 고모가 될 수도 있다. 책을 읽으며 궁금해 했던 질문들이 계속 이어졌다.

"나무가 소년을 사랑한 까닭은 무엇일까?"

"왜 아프면서도 자기 가지를 주었을까?"

"나무는 왜 행복했을까? 진짜 행복했을까?"

"나무는 왜 소년이 줄기까지 베어갔는데도 행복해했을까?"

"나무는 소년을 정말 사랑하고, 좋아했을까?"

"소년과 나무는 그 후로 무슨 일을 하고 지냈을까?"

"모든 것을 다 준 나무가 행복했을까? 행복했다면 그 이유는 무엇일까?" 이 질문에 대해 아이들과 생각을 나누어 보았다. 아이들은 나무가 사랑하는 소년을 도울 수 있어서 행복했을 것이라고 했다. 소년이 나무 곁에 있지 못한 것을 안타까워하기도 했다. 나무와 소년의 행동에 대해 질문한 아이들은 친구들의 대답을 들을 때 진지하게 귀를 기울였다.

"나무는 자기를 희생했어도 소년을 도와줘서 기분이 좋았을 거예요."
"소년은 자신의 모든 것을 주는 나무가 고마웠을 것 같아요."
"내가 소년이라면 나무 옆에 집을 지었을 거예요."
"내가 소년이라면 나무를 베지 않고 내 힘으로 노력했을 거예요."

감정낱말카드로 다양하게 느낌 표현하기

'나무'와 '소년' 그림을 PPT로 띄우고 인물에 대한 생각과 느낌을 말하기로 했다. 감정낱말카드를 사용해 느낌을 찾아보았다. 먼저 아이들에게 감정낱말카드를 사용하는 방법을 시범으로 보여 주었다. 60개의 감정낱말을 보여주고 그 중 하나를 뽑았다. 예를 들어

"기쁘다"라는 카드를 뽑아 기쁜 마음이 들었을 때의 상황을 구체적으로 말하면 아이들이 맞추도록 하였다.

'내 마음을 맞춰봐' 게임으로 감정 낱말에 대한 이해를 도왔다. 아이들은 이해를 잘 하고 재미있어 했다. 술래가 된 아이가 감정낱말카드를 뽑았다. "나는 ○○을 할 때 어떤 어떤 기분이 들어요"라고 상황을 설명하면, 아이들은 그때 술래의 감정을 추측해서 감정낱말을 맞추는 것이다. 반대로 술래가 감정낱말카드를 뽑고, 나머지 아이들만 그 카드를 알게 할 수도 있다. 다른 아이들은 술래에게 감정낱말을 알 수 있도록 상황을 구체적으로 설명해주어야 한다. 뽑은 감정낱말은 하나지만 설명하는 아이들이 느끼는 상황은 다양하다. 예를 들어 "슬픈"이라는 감정낱말에 대해 아이들은 "엄마에게 야단맞았을 때", "내가 좋아하는 것을 오빠가 빼앗아 갔을 때", "친구에게 놀림받았을 때", "엄마가 동생만 예뻐할 때", "아빠한테 맞았을 때" 등의 대답을 했다. 그렇게 아이들은 감정낱말을 보며 자신의 이야기를 드러낸다. 서로의 마음을 들여다보는 기회도 된다. 이때 설명하겠다는 아이들이 많다면 모두에게 발표할 기회를 준다. 단 내용이 중복되지 않도록 한다. 이렇게 하면 많은 아이들이 감정낱말을 설명할 수 있고 집중해서 듣게 된다.

'내 마음을 맞춰봐' 게임은 5분 이내로 짧게 하는 것이 좋다. 감정낱말에 익숙해지기 위한 놀이이므로 길게 늘어지지 않도록 한다.

등장인물 '나무'와 '소년'을 TV화면에 보여주며 등장인물에 대한 느낌을 감정낱말에서 찾아보고 그렇게 생각한 까닭을 말해보기로 했다. "나무를 보면서 어떤 느낌이 들었나요?"라는 질문에 아이들은 슬픔, 속상함, 외로움, 희생, 감사, 답답함 등을 느꼈다고 했다. 여러 가지 감정 낱말을 알고 나니까 느낌을 표현하는 낱말이 다양해졌다. 나무가 외롭게 느껴진 까닭은 소년이 나무를 떠나고 홀로 있어서라고 했다. 답답하게 느껴진 것은 소년은 나무가 싫어진 것 같은데 나무 혼자 계속 좋아했기 때문이라고 했다. 나무가 감사하게 느껴진 것은 소년을 위해 희생하는 모습 때문이라고 했다.

'소년'에 대해서는 화남, 짜증, 실망, 미움 등 주로 부정적인 느낌이 많았다. 나무와 소년이 숨바꼭질 하는 모습에서 '재미있는'을 고른 아이도 있었지만 대부분의 아이들은 어릴 때만 나무와 놀아준 소년에게 실망감을 느꼈다. 소년이 나무를 좋아하지 않으면서도 나무에게 필요한 것을 달라는 모습에 짜증이 나고 화가 난다고 했다. 또 나무를 찾아오지 않는 소년이 미웠다고 말했다.

내 느낌을 담아 글로 써보기

아이들은 감정낱말을 활용해 나무와 소년에 대한 생각과 느낌을 잘 표현했다. 자신이 느낀 여러 가지 느낌 중에서 한 가지를 골라 가장 인상 깊은 장면에 대해 정리해보라고 했다. 그리고 그 장면을 중심으로 독서감상문을 쓰도록 했다. 감상문 형식은 자유롭게 선택하면 된다. 생각하는 책갈피를 기록하며 책을 읽고 궁금한 내용을 질문하며 생각을 나누고, 감정낱말로 여러 가지 느낌을 충분히 나누었기 때문에 글쓰기로 자연스럽게 이어졌다.

아이들은 주로 '나무'에게 편지글을 썼다. 시로 표현하는 아이들도 있었다. 글쓰기를 어려워하는 아이들도 인상적인 장면에 대한 느낌을 감정낱말에서 찾아보라는 교사의 말을 쉽게 이해하고 고쳐 쓰기를 하였다.

감동은 느낄 수도 있고 안 느낄 수도 있다. 아이들마다 느끼는 감동은 다 다르다. 그래서 책을 읽고 나서 감동스러운 장면을 찾아보라고 하면 그렇게 느끼지 않은 아이들은 할 말이 없어진다. 그래서 책에 대한 여러 가지 느낌을 찾아보고 가장 인상적인 장면에 대한 느낌낱말을 찾는 과정이 필요하다. 등장인물의 행동에 대해 질문하고 서로 다른 생각과 느낌을 나누는 과정에서 이해력도 높아진다. 나무의 희생적인 사랑에 감동할 수도 있고 진정한 사랑일까 의문을 품을 수도 있게 된다. 아이들의 글에는 각자의 마음에 와 닿은 나무와 소년에 대한 생각과 느낌이 잘 드러나 있다.

나무에게

나무야, 안녕? 내 이름은 권이슬이라고 해. 나무야 너는 너무 착해. 왜냐하면 너는 소년과 놀아주고, 소년에게 열매도 주고, 가지와 줄기도 아낌없이 주었잖아. 너는 그 때 어떤 마음이었니? 나는 네가 뿌듯하였을 것 같아. 왜냐하면 니가 좋아하는 소년에

게 너의 모든 것을 아낌없이 주었기 때문이야. ― 권이슬, 3학년

질문하며 책읽기

『독서 몰입의 비밀』(앤 구드바스·스테파니 하비, 커뮤니티, 2009)에서는 능동적으로 책을 읽는 것은 더 깊은 이해와 다양하고 유연한 생각을 가능하게 해주는 것이라고 했다. 독서수업의 목적은 아이들이 능동적인 독자로 성장해나갈 수 있는 토대를 만드는 것이다. 그러기 위해서 독서에 흥미를 갖고 사고력을 키울 수 있는 여러 가지 독해 전략을 배울 수 있도록 해야 한다. 읽기 지도에서 스스로 질문하며 읽을 수 있도록 유도하고 그러한 기회를 갖는다면 책에 대한 흥미와 몰입도를 높일 수 있다.

질문을 통해 상상력 키우기

책을 읽을 때 자신이 읽고 있는 것에 대해 생각할 수 있어야 한다. 4학년 독서수업에서 『세상에서 가장 맛있는 무화과』(크리스 반 알스버그, 미래아이, 2003)를 읽을 때 생각하는 책갈피를 작성하면서 읽도록 했다. 글을 읽을 때 마음속에 떠오르는 생각은 이미 알고 있는 사실이나 자신의 경험이기도 하고 질문일 수도 있다. '만약 나였다면 어떻게 했을까'를 생각하며 상상의 나래를 펼칠 수도 있다. 이때 읽기를 멈추고 떠오른 생각을 기록해보는 것이다.

세상에서 가장 맛있는 무화과
크리스 반 알스버그 지음, 이지유 옮김, 미래아이, 2003

표지 속 신사는 치과의사 비보 씨다. 자신이 키우는 개 마르셀을 못살게 구는 고약한 성격을 가졌다. 어느 날 치과를 찾아온 할머니가 치료비 대신 주고 간 무화과를 먹은 후 비보 씨에게 이상한 일이 벌어진다. 꿈을 꾼 일들이 실제로 일어난 것이다.

수업 자료 : 생각하는 책갈피

『세상에서 가장 맛있는 무화과』는 욕심 많은 치과의사 비보와 개 마르셀이 신기한 무화과를 먹게 되면서 일어나는 이야기로 결말의 반전이 흥미롭다. 표지 그림과 제목부터 무화과와 까다롭게 보이는 신사에 대해 호기심을 갖게 한다.

아이들이 작성한 '생각하는 책갈피'에서 질문만을 따로 뽑아 정리해보았다. 책을 읽으며 떠올린 질문 중에는 본문 안에 답이 있는 질문이 있다. 이러한 질문을 '사실적 질문'이라고 한다. 하나의 답이 아니라 다양한 해석을 할 수 있는 질문은 '추론적 질문'이 된다. 질문에 대한 해답을 찾다 보면 작가가 하고 싶어 하는 말이 무엇인지, 자연스레 작가의 생각과 만날 수 있게 된다. 다음은 아이들이 쓴 질문들이다.

무화과가 뭘까?

비보 씨는 마르셀을 왜 싫어할까?

할머니는 왜 비보 씨에게 무화과를 주었을까?

돈보다 더 좋은 것이 뭘까?

정말로 꿈이 이루어질까?

비보 씨는 왜 부자가 되고 싶었을까?

비보는 왜 까다로운 성격을 갖게 되었을까?

마르셀은 어디로 간 것일까?

왜 비보와 마르셀이 바뀌었을까?

만약 비보가 개 마르셀에게 잘해주었다면 어떻게 되었을까?

만약 내가 무화과를 먹게 된다면 무슨 꿈을 꿀까?

    책을 읽으며 질문을 만든 후에 자신의 생각을 정리해보도록 했다. 그리고 친구들과 나누고 싶은 질문 한 가지를 정해 발표하도록 했다. 이때 어떤 질문이어도 좋다고 격려해줘야 한다. 책에서 답을 찾을 수 있는 사실적 질문일 경우에는 질문한 아이가 책 본문에서 답을 찾도록 하거나 친구들이 답변을 해주도록 하면 된다. 아이들의 질문에 교사가 답변을 해주지 않는다. 다만 배경지식이 필요한 질문일 경우 간략히 설명을 덧붙여주면 된다. 예를 들어, "무화과가 뭐예요?"라는 질문에는 무화과를 먹어본 아이들이 어떤 과일인지 발표하게 해서 이해를 돕는다. 또는 지중해성 따뜻한 기후에서 자라는 나무 열매로 우리나라 제주도에서도 재배된다는 등의 설명을 해줄 수도 있다.

추론적 질문에는 아이들이 서로 다른 해석과 생각을 나눌 수 있다. 생각을 나누는 과정은 교사의 준비된 발문만 가지고 단계적으로 이루어지는 것이 아니기 때문에 많은 여백이 있다. 아이들이 서로의 생각을 주고받으며, 물꼬를 틀어준다. 추론적 질문에서 토의가 가능한 질문까지 다양하게 만들어진다. 함께 생각을 나누는 과정을 통해 자신이 만든 질문이 어떤 질문인지 자연스럽게 알게 된다. 수업의 목표는 질문의 종류를 파악하고 분류하는 것이 아니므로 교사는 간단히 사실적 질문과 추론적 질문만 구분해 주었다.

자신이 질문한 내용에 대해 아이들은 친구들의 대답에 귀를 기울였다. 스스로 만든 질문의 힘이 바로 이런 것이다. 질문을 통해서 자신의 생각을 말하고 친구들과 의견을 주고 받으며 다각적인 사고를 할 수 있다.

> 학생 1 : 할머니는 왜 비보에게 무화과를 주었을까요?
> 학생 2 : 돈이 없어서 그런 것 같아요.
> 학생 3 : 할머니가 비보를 혼내주려고 했던 것 같아요.
> 교사 : 왜 혼내주려고 했다고 생각했나요?
> 학생 3 : 마르셀을 못살게 했잖아요. 마음씨가 나빠서요.
> 학생 4 : 정말로 꿈이 이루어질까요?

학생 5 : 마법의 무화과니까 이루어질 것 같아요.

학생 6 : 하지만 남은 무화과를 먹지 못했잖아요. 개 마르셀이 먹어 버렸어요.

학생 7 : 마르셀과 비보가 바뀌었잖아요. 마르셀의 꿈이 이루어진 것 같아요.

이 책의 결말에는 반전이 숨어 있다. 무화과가 꿈을 현실로 만들어주는 마법의 열매라는 것을 알게 된 비보 씨는 부자가 되는 꿈을 꾸기 위해 애를 쓴다. 하지만 남은 무화과 한 개는 그가 키우던 마르셀이 먹어버린다. 다음 날 아침 비보 씨는 침대 밑에서 깨어난 자신을 발견한다. 이때 결말의 반전에 어리둥절해하는 아이들이 있을 수 있다. 하지만 질문과 생각을 나누는 과정을 통해 반전의 결말 내용도 이해할 수 있게 된다.

학생 1 : 왜 비보와 마르셀이 바뀌었을까요?

학생 2 : 마르셀이 무화과를 먹었기 때문이에요.

학생 3 : 마르셀이 비보가 되는 꿈을 꾼 거 같아요.

학생 4 : 마르셀이 자신을 못살게 괴롭히는 비보를 혼내주고 싶었던 것 같아요.

이 그림책은 꿈이 현실로 이루어지게 하는 무화과 때문에 끝까지 몰입해서 읽게 된다. 질문으로 풍부해진 내용 이해는 뒷이야기를 상상하는 단서가 되어준다. 비보와 마르셀이 뒤바뀐 뒤 어떤 일이 일어날지 상상해보는 것은 흥미롭다. 아이들은 이어지는 뒷이야기를 만드는 것을 어려워하지 않았다. 인물의 성격을 바꾸어 본다면 뒷이야기는 또 다르게 상상할 수 있다. 다음은 아이들이 뒷이야기를 상상해서 쓴 글이다.

뒤바뀐 운명

비보는 자신이 마르셀이 되었다는 것을 알고 깜짝 놀랐어요. 하지만 마르셀은 아무렇지도 않은 듯 마르셀이 된 비보를 끌고 치과에 갔어요. 비보는 치과에서 무화과를 준 할머니를 만나서 항의를 했지만, 할머니에게는 멍멍 소리로만 들렸지요. 비보가 된 마르셀과 할머니는 마르셀이 된 비보 씨를 보고 웃었어요. 비보 씨는 그런 자기가 너무 미워서 계속 울었어요. 그런데, 이게 다 꿈이었지 뭐예요. 꿈에서 깨어나자 비보 씨는 마르셀에게 잘해주고 착한 주인이 되어서 예쁜 여자와 결혼하고 오래오래 행복하게 살았답니다. — 차연희, 4학년

마르셀의 꿈

마르셀이 무화과를 먹어 버리자, 비보는 마르셀을 쫓아가지 않았습니다. 마르셀이 어떤 꿈을 꿀까 궁금해 하다가 지쳐 잠

이 들었습니다. 다음날 아침이 되어 잠에서 깬 비보 씨는 깜짝 놀랐습니다. 왜냐하면 자신이 커다란 저택에서 아주 멋진 사냥개와 함께 침대에 누워있었기 때문입니다. 비보 씨가 사냥개의 목걸이에 달려 있는 이름표를 보니 마르셀이라고 적혀 있었습니다. 마르셀은 마음씨 좋은 비보 씨가 부자가 되고 자신은 멋진 사냥개가 되는 꿈을 꾼 것이었습니다. 비보씨는 마르셀과 함께 부자가 되어 행복한 삶을 살았습니다. ― 최미정, 4학년

질문을 통해 배경지식 넓히기

'질문하며 읽기'는 문학보다 비문학 도서에서 더 활용도가 높다. 과학 교과와 연계하여 정보도서를 선정해서 질문하며 읽기 전략으로 배경지식을 쌓을 수 있다. 중요한 내용을 더 잘 이해할 수 있고, 질문을 만들어내는 과정을 통해 탐구력도 기를 수 있다.

4학년 과학 교과에서는 지구와 우주에 관해 기본적인 현상들을 탐구하고 관련 지식을 배운다. 과학에 대한 기본 지식은 학년이 높아질수록 심화되기 때문에 과학 교과를 독서수업과 연계한다면 새로운 정보를 습득하는 데 도움이 된다. 과학 교과 연계로 독서수업을 할 때는 배경지식이 필요한 단원과 관련해서 아이들 수준에 맞는 책들을 여러 권 준비하는 것이 좋다.

이번 수업은 4학년은 2학기 과학 3단원에서 '지구와 달'을 주제로 책을 읽기로 했다. 단원과 연계된 정보를 일목요연하게 담고 있

는 『WHAT? 지구와 달』(유명진, 왓스쿨, 2010)을 읽을 도서로 선정했다.

책을 읽기 전에 '지구와 달'에 대해 이미 알고 있는 것이나 궁금한 것을 떠올려 보도록 했다. 우주에 관심이 많은 아이들이 먼저 손을 들고 발표했다. 질문보다는 "달은 지구 주위를 돈다", "지구와 달은 둥글다", "지구에는 공기가 있다" 등 이미 알고 있는 것을 말했다. 읽기 전 질문들은 많지 않았다. 그만큼 지구와 달에 대해 관심이 없고, 지식이 부족하기 때문일 것이다.

이번 수업에서는 모둠별로 주어진 한 권의 책을 분량을 나누어 읽도록 했다. 이 책은 '지구 끝은 낭떠러지일까?', '달에도 구름이 있을까?', '지구와 달은 얼마나 친할까?', '달이 어떻게 밀물과 썰물을 만들까?' 등 네 개의 소단원이 질문 형식으로 되어 있다. 질문하며 읽기 예시 자료로 활용하기에도 좋았다.

각자 맡은 질문을 생각하며 정해진 분량을 읽고 난 뒤 생각을 정리했다. 친구들에게 알려주고 싶은 사실(새로 알게 된 것)도 활동지에 써보기로 했다. 아이들은 "달과 지구에 대해서 한번 알게 되니 끝없는 궁금증이 생긴다"라고 했다. "달과 태양이 있어 지구의 낮과 밤이 아름다운 것 같다"고 시적으로 표현하기도 했다. '달에는 사람이 절대 살 수 없다는 것'을 확인하기도 하였다. 반면에 과학기술이 발달하니까 달 기지를 만들어 사람이 살 수 있게 될 것이라고 상상하기도 했다.

아이들은 지구와 달에 관해 어떤 사실을 친구들에게 알려주고 싶어할까? 자신이 새롭게 알게 된 흥미로운 내용일 것이다. 다음은 아이들이 정리한 친구들에게 알려주고 싶은 사실들이다.

> **친구들에게 알려주고 싶은 사실**
> 1. 초승달, 상현달, 보름달, 하현달, 그믐달은 달이 햇빛을 받는 부분이 달라지기 때문에 모양이 변하는 것이다.
> 2. 달도 해처럼 동쪽에서 떠서 서쪽으로 진다.
> 3. 달은 스스로 빛을 내는 것이 아니라 햇빛을 받아 반사되어 빛을 낸다.
> 4. 달과 지구 사이에는 서로 끌어당기는 힘이 있어서 달이 지구 주위를 돈다.
> 5. 달은 햇빛의 빛을 받지 못하면 어둠 속으로 사라져서 지구에서 달을 보지 못할 때도 있다.
> 6. 달에는 물이 없는데도 바다라고 불리는 곳이 있다. 갈릴레이가 달의 어두운 부분에 물이 있다고 잘못 알고 그렇게 불렀기 때문이다.
> 7. 낮달은 해가 뜨는 새벽부터 해가 지는 초저녁 사이에 볼 수 있는 달이다.

모둠원이 각각 맡은 부분을 읽고 정리한 다음 친구들에게 알려주고 싶은 정보를 발표하는 시간을 가졌다. 이때 모둠원 간에 발표하고 정보를 공유할 수도 있고 전체를 대상으로 설명할 수도 있다. 직소토의 방법을 변형했다.

이번 수업에서는 전체를 대상으로 발표하도록 했다. 각 모둠에서 동일한 목차에 해당하는 부분을 읽은 아이들이 발표하도록 한다. 한 명씩 새로 알게 된 내용을 설명한다. 책에서 같은 부분을 읽었지만 아이들이 정리한 내용은 서로 다를 수 있다. 단, 앞서 발표한 내용과 중복되지 않도록 한다. 발표를 듣는 아이들은 기록하게 한다. 이렇게 발표를 하면 새로 알게 되는 내용이 더 많아지고 궁금증도 더 생겨나게 된다.

다음은 친구들이 발표한 내용을 듣고 중요하다고 생각하거나 새로 알게 된 내용을 기록한 것이다.

> **새롭게 알게 된 사실**
> 1. 고대 그리스 철학자 아리스토텔레스가 월식으로 달에 비친 지구의 둥근 모습을 보고 지구가 둥글다고 증명했다.
> 2. 달은 낮에는 햇빛 때문에 123도까지 올라가고 밤에는 영하 233도까지 내려간다.
> 3. 지구에 운석구덩이가 없는 것은 대기권이 있기 때문이다.
> 4. 지구가 태양을 도는 시간은 365일이다. 그것을 보고 만든 것이 달력(양력)이다.
> 5. 달은 한 달이라는 시간동안 지구 주위를 돌고, 지구는 일 년이라는 시간 동안 태양 주위를 한 바퀴 돈다.
> 6. 지구가 둥글다고 생각하지 못한 옛날 사람들은 커다란 뱀이나 거북이, 코끼리들이 지구를 떠받치고 있다고 생각했다.

우리는 실시간 위성사진으로 지구의 모습을 관찰할 수 있는 시대에 살고 있다. "지구가 둥글다"는 것은 너무 명백한 사실이다. 하지만 옛날 사람들은 그것을 알지 못했고 그때 상상한 지구의 모습은 마치 동화처럼 아이들을 흥미롭게 했다.

모든 아이들이 새로운 정보에 집중해서 설명을 주고받으면 새로운 것을 알게 되는 만큼 더 많은 호기심이 생긴다. 아는 만큼 질문도 많아지는 것이다. 친구들의 발표를 듣고 나서 다시 궁금한 것을 질문으로 정리해 보았다.

> 새롭게 떠오른 질문
> 1. 지구에는 왜 공기가 있을까요?
> 2. 달에는 왜 공기가 없나요?
> 3. 달은 왜 지구를 돌까요?
> 4. 왜 지구의 중력이 셀까요? 달은 왜 중력이 약할까요?
> 5. 지구는 태양을 돌고, 달은 지구를 돈다. 그러면 달도 같이 태양을 도는 것일까요?

대기권과 중력에 관해 더 궁금증이 생긴 것을 알 수 있다. 독서 수업에서 질문은 정확히 알지 못하던 것을 자세하게 알게 하고, 더 많은 질문을 만들었다. 여전히 남은 질문들은 관련 주제의 책을 찾아 읽게 하는 동기를 부여한다.

질문에서 토의로 나아가기

질문하며 읽기는 아이들 스스로 질문을 만들어내고 나아가서는 토의 주제까지 스스로 찾아낼 수 있게 한다. 교사가 토의 주제를 정해주지 않고 스스로 만든 질문에서 주제를 찾아내도록 하는 것이다. 토의 질문이란 사실적 질문이 아니라 다양한 해석이 가능한 질문을 말한다.

　이번에는 5학년들과 질문하며 읽고 스스로 만든 질문에서 모둠 대표 질문을 정해보기로 했다. 이때 모둠 대표 질문은 토의 주제가 된다. 대표 질문이 각 모둠마다 다르기 때문에 아이들은 원하는 주제를 찾아 이동하며 토의에 참여할 수 있다. 이러한 토의 방식은 '하브루타식 토의'와 비슷하고 '비경쟁토의'라 부르기도 한다. 책을 읽는 아이들이 스스로 만든 질문으로 토의 주제를 선정하는 것이 공통점이라고 하겠다. 내가 수업에 맞게 수정하여 적용한 방법을 앞으로 '비경쟁모둠토의'로 부르겠다.

　비경쟁모둠토의를 하기 위해 선택한 주제는 '장애 문제'였다. 학교에서는 '장애인식 개선'을 위한 계기 수업이 이루어지고 있다. 주로 장애인의날에 주간을 정하고 장애 체험활동이나 글쓰기 주제로 장애 문제가 다뤄진다. 하지만 '장애 인식 개선'을 위한 노력이 한 번의 행사로 끝나는 것이 아쉬웠다. 독서라는 간접 경험을 통해 장애를 바라보는 우리의 시선을 돌아보는 것이 필요하다고 생각했다. 장애 문제에 관한 문제의식과 인식 개선이 질문과 토의 속에서 다루어질 수 있기를 기대했다.

'장애'하면 떠오르는 생각들

비경쟁모둠토의를 위한 독서수업에서 선택한 책은 오카 슈조의 『나는 입으로 걷는다』이다. 이 책의 작가 오카 슈조는 일본 작가로 특수교육교사이기도 하다. 그의 경험은 작품 속에 장애아들을 솔직하고 진실한 모습으로 그려내며 장애와 비장애를 구분하며 생기는 차별과 편견을 일깨운다.

『나는 입으로 걷는다』는 스무 살이 넘도록 누워서만 지내온 다치바나의 특별한 산책법을 소개한다. 몸을 움직일 수 없는 장애를 가진 주인공이 침대차를 타고 사람들의 도움을 받으며 친구 집까지 가면서 겪게 되는 이야기를 다루고 있다. 내용이 무겁지 않고 유쾌하다. 책의 분량은 96쪽이라 수업시간에 읽기가 적당하고 중학년 이상이면 쉽게 읽을 수 있다. 아이들 스스로 질문하며 읽는다면 장애를 가진 다치바나의 이야기에서 우리가 장애에 대해 어떻게 생각하고 있는지 발견할 수 있을 것이다. 또 토의하는 과정에서 장애를 어떻게 바라보면 좋을지 이야기할 수 있을 것이다.

책을 읽기 전에 EBS 〈역사채널e - 세상에 버릴 사람은 아무도 없다〉를 함께 보는 것으로 시작했다. 우리나라 사람들은 오래전부터 장애를 가진 사람들을 어떻게 바라보고 함께 살아왔는지를 보여주는 영상이다. 조선시대에도 장애인을 우선하는 복지정책이 있었다고 한다. 시각장애인을 관리로 등용하는 관청이 있었고 장애를 가진 사람들이 전문적인 일자리를 가질 수 있도록 도왔다는 것이다.

나는 입으로 걷는다
오카 슈조 글, 다치바나 나오노스케 그림, 고향옥 옮김, 웅진닷컴, 2004

'입으로 걷는다' 제목부터 범상치 않다. 이 동화책의 주인공 다치바나는 20살 청년인데도 몸은 9살 아이처럼 자그맣다. 그리고 태어나지 지금까지 한 번도 걸어본 적이 없다. 그렇지만 다치바나는 산책을 좋아한다. 특수한 침대차에 누워 친구집에 가면서 다치바나는 다양한 사람들을 만난다.

수업 자료 : EBS 〈역사채널e〉, 활동지, 모둠토의

마을에서는 장애를 가진 사람들을 돕도록 규율을 만들었고 그렇지 못했을 때는 두 배로 처벌을 받게 했다고 한다. 또 태종 때는 중증 척추장애인인 허조가 재상으로 등용되기도 했다. 이 영상을 보고 나서 아이들은 장애인을 함께 살아가는 백성으로 생각하고 많은 노력을 하는 것을 보고 놀랐다고 했다.

이후 아이들에게 '장애' 하면 떠오르는 것을 생각그물망으로 나타내보자고 했다. 대부분 '신체적 불편함', '놀림', '따돌림', '불쌍함' 등 부정적인 말들을 떠올렸다. '시각장애인', '청각장애인' 등 신체적 장애를 가진 사람들을 떠올리기도 했다. 생각그물망은 아이들이 장애를 어떻게 생각하고 있는지 단편적으로 보여주었다.

질문 뽑기

책을 읽기 전 『나는 입으로 걷는다』는 제목과 표지를 보고 내용을 예측해 보고 궁금한 것을 질문하도록 했다.

"입으로 어떻게 걸을 수 있나요? 왜 입으로 걷는다고 했을까요?"

"표지 그림에 아이가 누워 있는 것을 보니, 장애인 이야기 같아요."

"할아버지처럼 보이는 사람이 있네요. 같이 산책을 나온 것 같아요."

표지와 제목을 보고 떠오르는 생각과 질문을 이야기하고 나서 복본으로 준비된 책을 나누어 주었다. 책을 읽으면서 질문이 떠오르는 장면에선 멈추고 책에 있는 내용을 간단히 기록하고 궁금한 내 생각(질문)을 활동지에 기록하게 했다.

- 다치바나는 몸이 불편한데 왜 혼자 움직이려고 했을까?
- 다치바나 엄마는 왜 다치바나를 혼자서 보냈을까?
- 공원에서 만난 초등학생은 왜 학교에 가지 않았을까?
- 우체국에서 나온 아저씨는 다치바나에게 왜 화를 냈을까?
- 해바라기 아주머니는 왜 도움은 서로 주고받는 것이라고

했을까?
- 장애에는 어떤 것들이 있을까?
- 장애란 무엇일까?(교사 질문)

책읽기가 끝나면 모둠별로 활동지에 정리한 질문을 가지고 생각을 나누게 하였다. 질문에 대한 생각 나누기가 끝나면 모둠원 네 명이 만든 질문들 중에서 모둠 대표 질문 한 개를 고르게 했다. 모둠 대표 질문은 다양한 해석을 할 수 있는 추론적 질문을 고르게 했다. 그리고 교사는 모둠 대표 질문을 칠판에 썼다. 이때 모둠 대표 질문들이 서로 중복되지 않도록 한다. 아이들은 스스로 만든 질문에서 좋은 질문을 찾아내었다. 다만, 모둠 대표 질문이 중복되면 모둠 수만큼 질문이 나오지 않을 수 있으므로 교사가 몇 개의 질문을 미리 준비해두면 좋다.

장애란 무엇일까

모둠별 대표 질문으로 7개의 토의 주제가 만들어졌다. 아이들은 각자 관심 있는 토의 주제 모둠으로 모여 5분간 토의를 진행하도록 했다. 정해진 토의시간이 끝나면 또 다른 주제의 모둠으로 이동하며 토의를 계속하게 된다. 이때 모둠원들이 한꺼번에 몰리면 다소 소란스러워질 수도 있다. 이동 시간을 정해놓거나 친한 친구들끼리 몰려다니지 않도록 유의사항을 미리 알려주어야 한다.

"장애란 무엇일까?"라는 교사의 질문에 많은 아이들이 신체적으로 불편한 사람을 떠올렸다. 정신적 어려움을 가진 사람을 말하는 아이도 있었다. 이 질문에서 아이들은 장애의 의미를 생각하기보다는 '장애인'을 떠올렸다.

"다치바나는 몸이 불편한데 왜 혼자 움직이려고 했을까?"라는 아이들의 질문은 "몸을 움직일 수 없는 다치바나가 혼자서 외출해도 될까?"로 바꾸어 생각해 보기로 했다. 처음에 아이들은 다치바나가 혼자서 외출하는 모습을 무척 낯설어 했다. 더욱이 다치바나의 외출을 허락해주는 엄마의 행동도 이해할 수 없다고 했다. 우리 현실에서는 상상도 할 수 없는 일이기 때문이다. 다치바나는 친구 집까지 가는 길에 여러 사람들을 만나고, 그들의 도움을 받기도 하고, 거꾸로 다치바나가 도움을 주기도 한다. 아이들도 다치바나를 따라 함께 길을 나선 것처럼 책을 읽으며 여러 사람들의 반응을 살펴보면서 질문을 만들었다.

"몸을 움직일 수 없는 다치바나가 혼자 외출해도 될까?"라는 주제로 진행한 모둠 토의 결과를 보면 아이들이 처음 책을 읽을 때와 생각이 달라진 것을 발견할 수 있다. "혼자서 외출해도 된다"라는 의견이 조금 더 많아졌다. 그렇게 생각한 이유로는 다치바나가 사람들의 도움을 받을 수 있기 때문에 혼자 외출해도 된다는 것이다. 또 다치바나가 어른이기 때문에 걱정하지 않아도 된다는 것이다 (주인공 다치바나가 스무살이라는 것을 토의에 반영하였다). 가족과 외출하는 것보다 다른 사람과 만나고 소통하는 것이 필요하다고 했다. 다치바나가 친구 집까지 가는 길에 만났던 사람들의 반응을 자세히 살폈던 아이들은 다치바나에게 다른 사람과 소통이 필요하다는 것을 발견하고 공감할 수 있었던 것 같다. "혼자서 외출해서는 안 된다"라는 의견에서는 사람들이 도와줄 수도 있지만 나쁜 마음을 가진 사람들도 있기 때문이라고 했다.

"해바라기 아주머니는 왜 도움은 서로 주고받는 것이라고 했을까?"라는 질문에서는 장애를 가진 사람이나 비장애인이나 도움 없이 살아갈 수 없기 때문이라고 했다. 도움을 준 사람도 언젠가 도움을 받을 수 있기 때문이라고 했다. 주인공 다치바나는 장애로 불편한 몸이지만, 긍정적으로 마음을 가지고 당당하고 유쾌하게 살아간다. 장애는 단지 차이일 뿐이라고 말해주고 있다.

아이들 스스로 만든 질문을 가지고 토의 주제를 선정해 보았다. 책에 대한 이해가 깊어졌다. 장애 문제를 폭넓게 생각해 보는 계기가 되었다. 관심 있는 주제로 이동하며 토의하는 과정은 토의의 즐거움을 두배로 만들어 주었다.

문학 도서이든 비문학 도서이든 질문하며 읽기 전략으로 책을 읽고 질문을 나누는 토의 과정은 능동적인 독서를 경험하게 한다. 진정한 질문은 하나의 답만을 가지고 있지 않다. 많은 답을 가질 수 있다. 아이들로 하여금 깊이 있게 생각하게 하고, 궁금해 하도록 한다. 자신의 의견을 다시 한번 생각하게 한다. 더 많은 정보를 찾도록 이끈다. 이렇게 질문하며 읽고, 그 질문으로 토의를 하는 것은 토의내용을 자기 것으로 만드는 가장 좋은 방법이다. 나와 다른 의견을 들으며 다각적인 사고를 하게 한다. 게다가 다른 사람의 의견을 잘 듣는 태도를 길러주게 된다.

　책 읽는 즐거움을 알게 되고, 자기 생각을 말하게 했던 독서수업의 씨앗은 뿌려졌다. 학교 교실에서 책을 읽는 아이들, 질문하고 생각을 나누며 토의에 참여했던 아이들이 능동적인 독자로 성장해 나가기를 바란다.

겪은 일 시로 쓰기

__학년 __반 이름_____

오늘 겪은 일 가운데에서 한 가지를 골라 시를 써보세요.

• 겪은 일 : _____

• 그 때의 생각이나 느낌 : _____
_____

• 위에서 정리한 내용을 바탕으로 시를 써 보세요.

내 느낌을 담아 글로 써보기

___학년 ___반 이름_____

질문하며 읽기

___학년 ___반 이름_____

쪽수	책에 있는 내용을 간단히 기록하기	질문(궁금한 내 생각)
(예시) 98쪽	다치바나가 침대차를 밀어달라고 하자, 여드름투성이인 학생은 당황해 하며 마지못해 핸들을 잡았다.	나라면 다치바나의 침대차를 밀어주었을까?

'장애란 무엇일까?' 모둠토론

___학년 ___반 ___모둠

• 자신이 토의하고 싶은 주제를 찾아 모둠별로 토의를 진행해보세요. (비경쟁식 5분 토의)

토의 주제	토의 내용
(예시) 몸을 움직일 수 없는 다치바나가 혼자 외출해도 될까?	동주 : 된다. 다치바나가 혼자 외출해도 사람들의 도움을 받을 수 있다.
	지성 : 안 된다. 도움을 받아도 나쁜 마음을 먹은 사람들 때문에 안 좋은 일이 일어날 수도 있다.
	다영 : 된다. 이미 다치바나는 어른이어서 걱정을 할 필요가 없다.
	규연 : 된다. 가족과 나가는 것보다 다른 사람들과 산책을 하면 많은 소통을 할 수 있다.

• 토론하고 느낀 점을 문장으로 정리해보세요.

시집,
미술책과 친구하자!

김은주 _시화초등학교

학교 도서실을 이용하는 대부분의 아이들은 학습만화 위주의 책을 읽는다. 'Why?' 시리즈, 'What?' 시리즈 등의 학습만화에 익숙한 아이들에게 미술관련 도서나 시집을 권하면 지루하고 재미없다며 고개를 젓는 경우가 다반사다. 학교 안의 독서교육에서 목표로 삼았던 평생 독자로서의 안내자 역할이 무색해짐을 확인하는 순간이다. 처음 이 곳 학교에 와서 가진 1단계 목표는 아이들이 책과 친해지는 거였다. 책을 전혀 읽지 않는 아이들이 책과 친구가 되어 단 20분만이라도 읽었으면 하는 바람이었다. 책과 친구가 되기를 갈망하던 단계에서 이제는 편독하지 않고 다양한 책 읽기를 희망한다. 지나친 욕심일까?

'친구와의 소통'이라는 주제로 『아모스와 보리스』(윌리엄 스타이그, 시공주니어, 1996) 독서수업을 마친 후 교실 문을 나서는데 3학년 남학생이 따라 나선다. "선생님! 수업 너무 재미있어요. 그 책 빌릴 수 있나요?" 방금 수업한 책을 다른 아이들이 빌리기 전에 대출하고 싶다며 도서실을 향해 힘껏 뛰어간다. 평소에 책을 전혀 읽지 않고, 수업 시간에 발표를 시켜도 잘 대답하지 않았던 친구였다. 독서수업은 서로의 생각을 자유롭게 교류하는 시간임을 이해시키며 재촉 대신 기다려준 것에 대한 보답일까? 어느 날부터인가 서서히 한두 마디로 답변을 시작하더니 모둠별 협업 시간에는 자신의 의견을 내놓는 모습에 나름 뿌듯하기도 했다. 그런데 이제는 그 아이가 스스로 책을 읽겠다고 하니 얼마나 반갑고 기쁜 일인가.

한 학기에 열 명의 학생만이라도 책에 흥미를 가지고 독서하는 모습을 보는 것이 목표였다. 사람의 욕심은 끝이 없어서일까. 이제는 학교 도서실에서 학습만화만 편독하는 아이들에게 이 책 저 책을 권해본다. 그나마 아이들은 동화책이나 그림책, 그리고 문화에 관련된 책에 호응을 보이며 빌려가곤 한다. 하지만 시집이나 미술 관련 책을 권하면 여지없이 거절 당하기 일쑤다. "미술 책은 재미없고 시집은 지루해요."

미술책은 재미없고 시집은 지루하다고?

오늘도 또 한 아이에게 거절당했다. 시집을 권하면 매번 퇴짜를 맞는다. 그리고 미술 책을 권하면 넘기면서 그림만 대충 훑어보고 쓰윽 다시 내게 내민다. 하긴 어른들도 잘 읽지 않는 미술 책과 시집을 멀리하는 것은 어찌 보면 당연한 일이다. 미술 책과 시집에 대한 재미없고 지루하다는 편견을 버리고 호기심을 갖게 할 동기가 필요하다. 한 반에 단 한 명이라도 평생 독자가 되게 하려면 다양한 책과의 만남은 필수다. 그동안 교과 연계 독서수업에서 미술 교과와의 연계를 소홀히 했다는 자책과 함께 미술 관련 도서를 책상 위에 한아름 쌓아 놓았다. 프리다 칼로, 이중섭, 반 고흐, 르네 마그리트, 김홍도 등 다루어야 할 화가들이 너무 많다. 학년별로 교과 연계된 시집 또한 너무 많다.

공교육에서 시행되는 독서교육에 대한 필요성과 중요성은 누구나 강조하지만, 교육과정을 재구성해 독서수업을 운영하기란 쉽지 않다. 교사들의 적극적인 참여, 관리자의 지원과 관심, 학부모의 인식 변화 없이 효율적인 독서교육은 이루어지지 않는다. 특히 내가 근무하고 있는 학교는 다문화지정 학교다. 많을 경우 한 반에 삼분의 일 정도 다문화 가정의 학생이 있는 학교에서 많은 걸림돌로 인해 독서교육은 더더욱 힘들어진다. 그래서 독서토론사의 역할과 책임이 막중하고 배로 노력해야 한다.

우선 각 학년별로 국어, 사회, 과학, 도덕 교과서를 분석했다. 각 단원에 맞는 책을 선정해 독서교육을 진행하니 학생들의 변화와 성과도 있었다. 포토스탠딩 토론, 가치수직선 토론, 피라미드 토론, 회전목마 토론, 패널 토론, 찬반 대립토론 등 다양한 토론을 전략으로 독서교육에 흥미를 부여하기도 했다.

사회 교과 연계 독서교육은 비판적 읽기 전략을 활용했다. 환경, 인권, 문화 등의 주제별 책을 선정한 후 질문 만들기 독서를 진행했다. 예컨대 '공정무역' 주제를 다룰 때에는 아이들에게 관련 책을 질문을 생각하며 읽게 한 후 질문에 관한 이야기를 나누는 시간을 가졌다. 그런 다음 공정무역에 대한 '개념 지도 만들기' 토론을 진행했다. 개념지도 만들기란 공정무역에 대한 '정의, 연상, 가치, 비유, 예시, 이미지, 질문' 등 8개의 영역을 나누어 모둠별 토론을 한 후 정리를 하는 것이다.

이 토론은 해당 영역을 단순히 사전에 나오는 정의에 국한하지 않고 여러 가지 개념을 이해하고 확장하는 기회를 제공한다. 아이들은 공정무역에 대한 '가치'를 표현하는 영역에서 "억울함이 없게 하는 무역", "카카오 농부에게 공기만큼 소중한 무역" 등으로 정의 내렸으며, '비유'에서는 "너와 내가 웃을 수 있는 무역", "일한 대가를 정확히 주는 무역", "착하고 윤리적인 소비" 등으로 표현했다. 아이들은 교사들도 상상하지 못한 톡톡 튀는 내용으로 기쁨을 안겨주었다. 텍스트의 난이도가 높고 수업 전략 또한 어려워 과연 아이들이 할 수 있을까 고민했는데 이 고민은 교사의 기우였다.

아이들의 잠재력은 무한하다. 어른들의 섣부른 판단과 우려, 그리고 시도하지 않으려 하는 게으름이라는 장애물만 거둔다면 많은 가능성과 기회가 만나 놀라운 시너지를 발휘하게 된다.

미술 책과 시집도 마찬가지일 것이다. 독서수업으로 미술, 음악 등 예술분야에 좀 더 심혈을 기울여보자. 아이들은 시집을 읽게 될 것이다. 그동안 무관심했던 예술 관련 책을 읽게 되고 인문학 영역에 기초를 쌓는 계기가 될 것이다.

나를 선택해줘! 책들의 아우성

'미술 책, 시집과 친해지기'라는 목표를 세우고 나니 조급한 마음이 든다. 머릿속에서 이리저리 떠도는 책들을 학년별로 분류하고 나니 책마다 진행할 수업 설계가 눈앞에서 아른거린다. 더불어 갖가지 시집 또한 수업도서로 선택받기를 희망하듯 다투며 내 시야로 들어오려 애를 쓴다. 우선 학생 입장에서 아이들의 눈높이에 맞추어 도서실을 살펴보았다.

책을 선정할 때는 무엇보다 아이들이 즐겁게 수업에 참여하게 하고, 미술 책에 관심을 가지고 꾸준히 읽을 수 있게 하는 책을 기준으로 삼았다. 그래서 많은 미술 관련 책들 중에서 우선 아이들의 흥미를 고려하여 선택하고 학년별 교과와 연계하여 독서전략을 달리하여 수업을 설계했다. 예상대로 아이들의 반응은 좋았고, 단연 인기가 높은 책은 『세상에서 가장 유명한 변기』였다. 이 책은 4학년부터 6학년까지 수업했는데, 아이들의 만족도와 교사의 만족도가 모두 높았다. 이 외에도 신사임당 관련 책과 『새처럼 날고 싶은 화가 장욱진』 등의 책을 가지고 미술 관련 독서수업을 진행했다.

시집 읽기와 관련된 책 선정은 첫째, 시집은 아니지만 시적 풍경과 시의 운율이 담겨 있는 그림책, 둘째, 책 속의 상황과 내 삶을 견주어봄으로써 주제에 접근하기 쉽고 아이들의 적극적인 참여를 이끌어낼 수 있는 책을 찾아보았다. 시집을 가지고 수업하기보다는 시에 대해 자연스럽게 접근할 수 있고, 시의 형식을 이해하는 데 도움을 주는 책부터 진행했다. 아이들은 동화나 정보 도서 책읽기는 좋아하지만 감상문이나 논술문 쓰기를 어려워한다. 반대로 자작시는 곧잘 쓰지만 시집 읽기는 싫어하는 아이들이 꽤 많다. 이러한 특성을 뛰어 넘고 과연 아이들을 변화시킬 수 있을지 기대와 우려의 마음이 동시에 들었다.

본격적으로 수업에서 다룰 책은 미술 도서와 마찬가지로 아이들에게 즐거움을 줄 수 있고, 다른 아이들과 협업 활동이 가능한 책으로 선택했다. 수업 과정과 결과는 성공적이었다. 모든 책들이 만족도가 높았다.

수업을 진행했던 책들 중에서 『세상에서 가장 유명한 변기』, 『보스니아의 성냥팔이 소녀』, 『5대 가족』의 사례를 소개하고자 한다.

미술 책 읽기 수업을 위한 도서 목록

3학년

미술관에 핀 해바라기
제임스 메이휴 지음, 사과나무 옮김, 크레용하우스, 2001

4학년

프리다
조나 윈터 지금, 아나 후앙 그림, 박미나 옮김, 문학동네어린이, 2002

5학년

세상에서 가장 유명한 변기
박수현 지음, 국민서관, 2011

6학년

평화의 상징 피카소의 게르니카
박수현 지음, 국민서관, 2013

시집 읽기 수업을 위한 도서 목록

3학년

5대 가족
고은 지음, 이억배 그림, 바우솔, 2014

4학년

살아있어
나카야마 치나츠 지음, 사사메야 유키 그림, 엄혜숙 옮김, 보물상자, 2008

5학년

보스니아의 성냥팔이 소녀
안데르센 지음, 조르주 르무안 그림, 최내경 옮김, 마루벌, 2006

6학년

아침에 창문을 열면
아라이 료지 지음, 김난주 옮김, 시공주니어, 2013

뭐! 변기가 예술 작품이라고?

철물점에서 돈을 주고 산 변기가 세상에서 가장 유명한 예술 작품이 되다니 아이들 대부분은 어이없다는 반응을 보였다. 화가가 어떤 의도로 작품을 표현했는지 알 수 없는 상황에서 예술작품을 즐기며 감상하기란 쉽지 않다. 하지만 남들과는 다른 시각으로 '샘'이라는 멋진 작품을 탄생시킨 뒤샹은 예술작품을 친근하게 여기며 책읽기에도 관심을 갖게 하는 천재화가가 아닐까 싶다.

『세상에서 가장 유명한 변기』 수업은 평소 미술에 관심이 없던 아이들에게 미술 관련 책을 읽도록 유도하는 데 좋은 계기가 되어주었다. 미술 책을 지루하고 재미없다고 여기던 아이들도 이 책을 통해 흥미와 관심을 가질 수 있었기 때문이다. 단지 미술 교과 연계로만 수업하는 것이 아닌, 다른 교과와의 통합 수업으로 구성하면 재미와 함께 다양한 지식을 습득할 수 있게 한다. 아이들 각자가 생각하는 예술작품의 조건을 근거로 뒤샹의 '샘'이 예술작품인지 아닌지에 대해 토론수업을 할 수도 있다. 뒤샹의 샘을 통해 오브제의 의미를 설명하는 등 이해하기 어려운 미술 기법이나 미술사조에 대해 흥미를 불러올 수도 있을 것이다.

발상의 전환 체험하기

평범한 변기가 엉뚱한 화가 뒤샹을 만나 세상에서 가장 유명한

세상에서 가장 유명한 변기
박수현 지음, 국민서관, 2011

마르셀 뒤샹의 '샘' 작품을 다루었다. 평범한 변기였던 '변기 825'가 마르셀 뒤샹을 만나 퐁피두 센터의 중요 소장품이 되기까지의 과정이 흥미진진하게 펼쳐진다.

대상 : 5학년
주제 : 예술과의 소통
수업 목표
1. 화가의 의도를 살피고 작품을 이해하며 감상할 수 있다.
2. 오브제의 의미를 알고 사물관찰에 대한 글을 쓸 수 있다.

수업 방법
1. 좋아하는 화가나 작품이 있는지 그리고 왜 좋아하는지 이유를 질문한다.
2. '세상에서 가장 유명한 변기'란 어떤 변기를 말하는 것인지 질문한다.
3. 책을 읽을 때의 미션으로 '예술의 조건'을 생각하며 읽기를 당부한다.
4. 뒤샹은 철물점에서 산 변기에 왜 '샘'이라는 이름을 지었을지 의견을 나눈다.
5. '예술의 조건'이란 무엇인지 토론한다.
6. 뒤샹의 '샘'에 대한 감상을 발표한다.
7. 뒤샹처럼 미술전에 출품하고 싶은 작품을 오브제로 표현해 본다.
8. 배운 점을 확인하고 소감을 나눈다.

변기 '샘'이 되는 이야기를 담은 『세상에서 가장 유명한 변기』는 아이들의 인기를 한몸에 받았다. 비록 처음에는 예술작품 취급을 받지 못했지만, 퐁피두센터의 중요 소장품이 되기까지의 과정이 흥미진진하게 펼쳐지고 있다. 책을 읽기 전, 좋아하는 화가나 작품이 있는지 좋아하는 이유는 무엇인지를 물었다.

"저는 고흐의 〈별을 헤는 밤〉이 좋아요. 별을 소용돌이처럼 그린 것이 멋져서요."

"저는 김홍도의 그림이 좋아요. 책이나 아파트 벽에 그려진 그림으로 자주 봐서 그런지 그냥 좋아요."

몇몇을 제외하고 화가에 대해 잘 알고 있는 아이들은 드물었다. 유명한 작품을 알고는 있지만, 왜 그 작품이 좋은지를 제대로 표현하지 못했다. 다음으로 책의 표지를 보여주고 제목에 대한 이야기를 나누었다. "세상에서 가장 유명한 변기란 어떤 변기를 말하는 것일까요?"

"황금으로 만든 값비싼 변기가 아닐까요?"

"최초로 만든 변기가 가장 유명해요."

"스티브 잡스 같은 유명한 사람이 썼던 변기요."

누구의 추측이 맞을까? 책을 읽으면 확인할 수 있다. 흥미를 느낀 아이들은 책을 읽는 도중에 모나리자 그림을 수염이 있는 남자의 모습으로 바꾸어 그리는 뒤샹의 엉뚱함에 소리를 내며 웃기도 하고, 변기를 들고 미술전에 출품하는 장면에서는 "말도 안 돼" 하며 소곤거리기도 했다. 책 속에서 익히 보았던 쇠라의 그림이나 고흐의 그림 등을 숨은 그림 찾듯이 찾아내기도 했다. 아이들이 책을 다 읽고 난 후 내용 파악을 했는지 알기 위해 여러 가지 질문을 던졌다.

    교사 : 뒤샹의 최고 놀이터는 어디였나요? 왜 철물점에서 많은 시간을 보냈을까요?
    학생 : 뒤샹은 엉뚱한 화가였어요. 당시에 발명된 프로펠러보다 더 멋진 것을 작품으로 만들고 싶어했어요. 그래서 많은 물건이 있는 철물점을 좋아했나 봐요.
    교사 : 뒤샹은 철물점에서 산 변기에 왜 '샘'이라는 이름을 붙였을까요?"
    학생 : 샘은 깨끗한 물이잖아요. 그래서 뒤샹은 더럽게 여기는 변기를 다시 생각하게 해주려고 그런 거 같아요.

    우리가 흔히 사용하는 변기를 이름만 다르게 붙여 전시장에 출품했다고 해서 예술품이 된다는 것에 아이들은 의문을 가졌다. 아이들에게 더러운 오물을 담아내며 누렇게 변한 변기가 꿈에서는 하얀 달 항아리가 되는 장면을 상기해보라고 했다. 뒤샹은 변기에 'R. Mutt'라는 사인을 넣어 전시장에 출품했다. 레디메이드, 즉 '기성제품'이라는 새로운 개념을 미술에 도입한 것을 아이들은 알 수가 없었다. 뒤샹은 기성 제품에 사인을 함으로써 일상적인 사물도 예술 작품이 될 수 있음을 보여주었다. 화가가 가진 감정을 화폭에 표현하는 방식만이 미술이 아님을 보여준 것이다. '남들과 다르게 생각하기'를 통해 뒤샹은 새로운 사조를 미술에 도입했다. 초등학생들에게 미술 사조에 대한 설명은 자칫 지루하고 어려운 수업이 될 수 있다. 따라서 일상용품이 예술작품이 될 수 있다는 새로운 미술사조를 이해시키기에 앞서 발문을 통해 아이들의 사고를 자연스레 연결해 주었다.

교사 : 3일 만에 쫓겨났던 샘이 유명해진 이유는 무엇일까요?
학생 : 더러운 변기는 예술 작품이 될 수 없지만 뒤샹의 생각을 사람들이 이해해서요.
학생 : 뒤샹이 제일 먼저 변기를 작품으로 만들었기 때문이에요.
학생 : 아무도 생각하지 못한 것을 뒤샹이 생각해 냈기 때문이에요.

예술의 조건이란 무엇일까?

아이들에게 책을 읽을 때 '예술의 조건'에 대해 생각하며 읽기를 당부했다. 항상 책을 읽을 때에는 학습목표에 맞는 읽기 활동으로 '생각하며 읽기'를 안내한다. 생각하며 읽기는 책을 읽으면서 스스로 '질문하기'를 통해 자기주도적 독서능력을 이루어내는 효과가 있다. 아이들이 작가의 의도를 파악하고 미술작품을 이해하며 감상할 수 있기를 바랐다. 그래서 미술작품의 감상을 도울 수 있는 방법으로 '내가 생각하는 예술작품의 조건'이 무엇인지 물었다.

"남이 그리지 않은 것을 그리고 만들어야 해요. 표절하면 안 돼요."
"화가가 자신의 느낌을 표현해야 해요."
"화가의 창작품이 되어야 해요. 화가의 노력이 있어야 해요."

아이들의 다양한 의견을 듣고 토론 시간을 가졌다. 책을 읽을 때 당부했던 예술작품의 조건을 자연스럽게 연결해 "뒤샹의 샘은 예술 작품인가?"라는 주제를 제시했다. 자유롭게 의견을 제시하는 방식으로 토론을 진행했다. 의견을 내기 어려워하는 아이들에게는 자신이 생각한 예술작품의 조건을 근거로 발표하면 된다고 귀띔해 주었다. 다음은 뒤샹의 샘에 대한 아이들의 의견이다.

뒤샹의 샘은 예술작품이다
- 뒤샹의 아이디어가 담겨 있기 때문이다.
- 아무도 하지 않은 것을 처음으로 시도했으니 예술작품이 된다.
- 돈을 주고 샀지만 새로운 작품으로 사람들에게 감동을 주었으니 예술작품이다.
- 뒤샹의 샘이 많은 예술가에게 도움(영향)을 주었기 때문이다.

> - 변기에 대한 생각을 바꾸어 놓았기 때문에 예술이 된다.
>
> **뒤샹의 샘은 예술작품이 아니다**
> - 돈을 주고 산 것은 예술작품이 될 수 없기 때문이다.
> - 작품을 만든 화가의 노력이 없으니 안 된다.
> - 공장에서 만들어진 물건은 예술작품이 아니다
> - 화가의 창작이 들어가지 않으면 쉽게 미술관에 전시할 수 없고 예술이 될 수 없다.

토론 후 뒤샹의 '샘'에 대한 감상을 나누었다. 보통 아이들은 그림에 대한 감상을 많이 힘들어한다. 하지만 토론한 뒤에 뒤샹의 샘에 대한 감상을 발표하니 한결 쉽게 이야기할 수 있었다.

나도 이젠 화가!

'샘'은 원래 화장실에서 쓰는 변기였다. 뒤샹에 의해 '샘'은 변기에서 예술작품으로 재탄생했다. 오브제란 이처럼 우리가 쓰는 생활용품이나 자연물 등을 원래의 기능이나 있어야 할 장소에서 분리해 새로운 느낌을 주는 물체로 재탄생시키는 작업을 뜻한다. 아이들에게 각자 미술전에 출품하고 싶은 작품을 생각하여 글로 써 보도록 했다.

내가 미술전에 출품하고 싶은 작품은 가마솥입니다. 옛날 사람들은 가마솥을 꼭 필요한 물건으로 소중히 여겼어요. 하지만 전기밥솥이라는 새로운 물건이 등장하면서 가마솥은 찬밥 신세가 됐죠. 그런데 언제부터인가 다시 가마솥에게 관심을 가져 주는 사람들이 생겼어요. 맛집으로 유명해진 식당치고 가마솥을 사용하지 않는 음식점은 없었던 까닭이겠죠? 소중히 여겼다가 버려지고 다시 귀한 대접을 받으며 재탄생한 가마솥은 변덕스러운 사람의 마음을 잘 표현하고 있어요. 그래서 저는 가마솥을 '변덕'이라는 이름으로 출품하고 싶어요. ― 교사의 예시글

"그럼 컴퓨터나 핸드폰도 되나요?" "제가 가지고 있는 필통도 괜찮아요?" 그림을 그리는 것이 아닌 글을 써서 미술전에 출품하라는 말에 아이들은 처음에 난감한 표정을 지었다. 어려워하는 아이들이 참고할 수 있도록 교사의 글을 먼저 보여주었다. 그리고 우리 주변에서 쉽게 볼 수 있는 생활용품을 관찰하고 거기에 새로운 느낌과 의미를 부여해 미술전에 출품하는 화가가 되어보기를 제안했다.

제가 뒤샹처럼 미술전에 출품하고 싶은 작품은 초등학교 3학년 때부터 썼던 핸드폰입니다. 지금은 엄마가 새로 사주신 스마트폰을 사용하고 있어 2G폰은 고물이 됐습니다. 저도 그랬지만 사람들은 새로운 것을 좋아해서 신상이 나오면 무조건

> 새로 사려는 마음이 있습니다. 집집마다 쓰지 않는 구형 핸드폰은 몇 개씩 있을 겁니다. 이렇게 버려진 핸드폰은 사람들의 욕심을 보여줍니다. 전시될 핸드폰의 이름은 '욕심'입니다. '욕심'을 보고 사람들이 새 핸드폰을 사기 전에 꼭 필요한 물건인지 다시 생각해봤으면 좋겠습니다. — 조민아, 5학년

뒤샹의 샘이 심사위원들에게 혹평을 받았던 시기와 미술사조의 변화를 스토리텔링으로 이해시키고, 주제를 정해 토론을 하니 작품 감상의 내용이 풍부해졌음을 확인할 수 있다. 또한 아이들은 화가의 삶과 자신의 삶을 비교하기도 하고 주변 생활용품을 오브제로 표현해보는 경험을 통해 다르게 생각하는 힘을 기를 수 있다.

미술 책 수업에 대한 소감을 물으니 아이들은 그동안 재미없었던 미술책이 즐겁고 재밌게 느껴졌다고 말한다. 화폭에 붓이나 손으로 표현하지 않아도 예술작품을 만들 수 있다는 것, 아이디어로 대중에게 감동을 줄 수 있다는 사실에 놀라워했다. 미술전에 출품하고 싶은 작품을 글로 써본 아이들은 자신도 뒤샹과 같은 화가가 되었다며 기뻐한다.

미술 책을 읽지 않았던 아이들이 마그리트의 작품에 호기심을 갖는 모습을 보니 교사의 많은 노력과 인식의 전환이 필요함을 느낀다. 아이들에게 많은 지식을 전달하는 것보다 어떻게 접근할 것인가에 대한 고민이 더욱 중요함을 확인한 수업이었다. 다양한 책

읽으라는 잔소리보다 한 번의 즐거운 수업이 아이들에게는 새로운 도전이고 입문이 될 수도 있다.

보스니아에도 성냥팔이 소녀가 있어요

200년 전 안데르센의 이야기에 등장하는 성냥팔이 소녀의 죽음은 우리를 슬프게 한다. 하지만 사람들의 무관심으로 억울하게 죽어간 소녀의 불행은 옛이야기가 아닌 지금도 존재한다. 1990년대 보스니아에서는 민족 간 내전으로 저격수의 총에 맞거나 굶주림으로 고통스럽게 죽어간 어린이가 수천 명이다. 세계 곳곳에서 벌어지는 혼란과 갈등, 그리고 소외와 무관심으로 인해 아직도 많은 성냥팔이 소녀들이 어려움을 겪고 있다. 여전히 존재하는 성냥팔이 소녀를 위해 우리가 할 수 있는 것은 무엇일까?

내 기억 속의 성냥팔이 소녀를 찾아서

『인어공주』,『미운 오리새끼』,『엄지 공주』 등 안데르센의 동화는 악이 대가를 치르고 선이 궁극적으로 승리하는 결과를 보여주는 이야기가 많지만, 주인공이 불행을 겪는 비관적인 결말의 이야기도 있다. 『성냥팔이 소녀』는 후자에 해당한다. 이 동화가 오랫동안 사랑을 받는 이유로 불행하고 소외받는 사람들을 안데르센 자신이 동일시했기 때문이라는 연구 결과가 있다. 또한 시대가 바뀌어도 외면과 무관심 속에 아픔을 겪는 사람들이 여전히 존재하고, 그들의 아픔을 함께하고자 하는 사람들도 존재하기 때문일 것이다.

　동화 속 성냥팔이 소녀의 죽음이 추위와 굶주림 때문만은 아니었다. 소녀를 향한 따뜻한 관심과 사랑의 부재가 원인이었음을 이 책을 통해 인식하는 계기가 되었으면 했다. 그리고 우리가 살고 있는 지금, 우리 주변이나 세계 곳곳에 아직도 존재하는 '성냥팔이 소녀'에 대한 관심을 갖는 기회가 되었으면 했다.

　먼저 아이들에게 안데르센의 동화『성냥팔이 소녀』에 대해 질문하였다. 성냥을 팔던 소녀가 왜 죽게 되었는지를 물어보았다.

　"추운 겨울에 옷을 따뜻하게 입지 않아서 얼어 죽은 거예요."
　"성냥을 팔지는 못하면서 판타지를 좋아해 성냥불을 모두 붙였기 때문이에요."
　"할머니를 따라 갔기 때문에 죽은 거예요."

　한해 마지막 날, 모든 사람들이 가족과 따뜻한 집안에서 명절 음식을 먹으며 행복한 시간을 보내던 날 밤 소녀는 길모퉁이에 주저앉아 성냥을 팔아야만 했다. 점점 심해지는 추위에도 소녀는 집으로 돌아갈 엄두를 내지 못했다. 성냥을 팔지 못해 빈손으로 돌아가면 아버지가 매를 때릴 것이기 때문이다. 꽁꽁 얼어붙은 소녀가 "성냥 사세요"라고 외치며 종일 돌아다녀도 성냥을 사주는 사람

보스니아의 성냥팔이 소녀

한스 크리스티안 안데르센 원작, 조르주 르무안 그림, 최내경 옮김, 마루벌, 2006

안데르센의 고전 '성냥팔이 소녀'를 20세기의 사라예보에 가져다놓은 그림책이다. 현대의 전쟁인 보스니아 내전 속에서, 성냥팔이 소녀는 새로운 의미를 지니고 참혹한 보스니아의 현실과 전쟁의 참상을 생생한 보고와 그림으로 보여준다.

대상 : 6학년

주제 : 사회와의 소통

수업 목표

1. 책 속의 상황과 현재의 내 삶을 비교하며 그림책을 읽을 수 있다.
2. 책의 주제와 연결하여 모둠별로 미덕을 활용하여 시를 쓸 수 있다.

수업 방법

1. 성냥팔이 소녀의 죽은 원인은 무엇인지 이야기를 나눈다.
2. 보스니아의 내전 배경을 이해한다.
3. 안데르센의 동화 속 상황과 보스니아의 내전 상황을 비교하며 책을 읽는다.
4. 안데르센의 동화 속 상황과 보스니아의 내전 상황에 필요한 미덕은 무엇인지 알아본다.
5. '성냥팔이 소녀'가 담고 있는 상징을 알아본다.
6. 성냥팔이 소녀의 사례를 둘 가고 둘 남기 토론으로 찾아본다.
7. 책 속에서 찾은 미덕을 활용하여 모둠별로 시를 쓴다.
8. 배운 점 확인하고 소감을 나눈다.

도, 소녀에게 동전 한 닢 주는 사람도 없었다. 많은 아이들이 소녀의 죽음을 동사(凍死)로만 대답한다. 배고픔에 떨던 가엾은 소녀의 죽음을 과연 신체적 사인으로만 대답할 수 있을까? 이와 같은 소녀의 상황을 아이들과 다시 한 번 주고받으며 재질문하니 몇몇의 아이들이 다음과 같이 대답을 한다.

"성냥을 파는 소녀를 위해 한 사람도 성냥을 사주지 않았어요."
"신발도 신지 않은 소녀를 아무도 도와주지 않았어요. 무관심 때문에 죽은 거예요"
"성냥팔이 소녀가 이웃에게 소외되어서 얼어 죽어가도 아무도 몰랐어요."

질문의 의도를 파악하여 '무관심'이라고 말한 아이의 답변을 시작으로 소녀의 죽음을 깊이 있게 생각하며 대답해주니 고마웠다. 그리고 안데르센이 지은 성냥팔이 소녀 앞에 '보스니아'가 붙은 제목의 책을 아이들에게 보여주며 과연 어떤 이야기가 담겨 있을지 이야기를 나누어 보았다.

보스니아의 내전 배경 지도로 살피기

우선, 『보스니아의 성냥팔이 소녀』를 읽기 전에 역사가 담긴 지도를 보여주며 보스니아 내전의 배경에 대해 설명하였다. 보스니

아는 어디에 위치해 있고 왜 내전이 일어났을까? 그리고 보스니아에 존재하는 성냥팔이 소녀는 어떤 어려움을 겪고 있는 것일까? 대부분 아이들은 책 제목을 보고 보스니아의 성냥팔이 소녀를 안데르센의 동화 속 성냥팔이 소녀로 오해를 한다. 즉, 동화 속의 성냥팔이 소녀처럼 보스니아에도 성냥을 팔고 있는 소녀가 있는 것으로 인식을 한다. 그래서 이번 수업을 통해 '성냥팔이 소녀'에 담긴 상징을 알아보고 현재에도 여전히 존재하는 성냥팔이 소녀의 사례를 찾아보고자 했다.

여러 개의 나라가 모여 만들어진 유고슬라비아가 1990년부터 독립된 나라가 될 것을 선언한다. 보스니아 또한 1992년에 독립을 선언하면서 전쟁이 시작되었다. 여러 민족으로 이루어진 보스니아는 국가의 주도권을 차지하기 위해 민족 간에 벌어진 갈등과 혼란으로 끔찍한 내전의 고통을 겪어야만 했다.

『보스니아의 성냥팔이 소녀』는 한 종군기자가 취재한 보스니아 내전 이야기를 바탕으로 그림이 그려지고, 안데르센의 『성냥팔이 소녀』 이야기를 교차해서 보여주는 구조로 되어 있다. 두 이야기의 시대가 다르고 창작 작품과 취재 사실이라는 차이가 있지만, 두 이야기가 담고 있는 불행, 소외, 죽음 등은 커다란 아픔으로 전해진다. 동화 속에서만 일어나는 일이 아니라 현실에서도 안타까운 고통이 일어난다는 사실을 인식하며 아이들이 두 상황을 비교하며 읽을 수 있도록 당부한다. 그리고 책 속의 상황을 현재의 내 삶과

옛 유고슬라비아   분리된 독립 국가들의 지금 모습(2006년)

견주어 읽을 수 있도록 안내한다.

  참혹한 전쟁으로 수많은 목숨을 앗아간 묘비의 그림이 담긴 마지막 장면을 덮으며 아이들은 보스니아 내전의 끔찍한 상황을 실감한다. 책을 읽은 후 숙연해진 교실 분위기 속에서 한 아이가 보스니아처럼 지금 내전을 겪고 있는 나라가 있는지를 질문한다. 뉴스에 간혹 보도되는 시리아의 내전, 팔레스타인 지역 총격과 폭탄 테러로 아직도 수많은 사람들이 목숨을 잃고 있다는 사실에 놀라워한다. 그리고 같은 학교에 내전의 피해자로 와 있는 한 명의 남자 아이에게 시선을 돌린다. 시리아의 내전을 피해 실제 같은 반에서 공부하고 있는 다문화 친구의 안타까운 상황을 실감한다. 그 아이를 향한 반 친구들의 위로하고픈 눈빛이 여기저기에서 엿보인다.

더 나은 사회를 위해 필요한 미덕 찾기

인성교육 도구로 활용되는 버츄카드는 인간 사회에서 필요한 52가지 미덕을 담은 카드이다. 4인 1조의 모둠에게 이 버츄 카드를 나누어주고 성냥팔이 소녀가 살았던 시대에 필요한 미덕을 찾아보도록 했다. 그리고 두 번째로 보스니아 내전 상황에 필요한 미덕을 찾아 모둠별로 발표하는 시간을 갖게 했다. 먼저 안데르센이 쓴 성냥팔이 소녀가 살았던 시대에 이웃이 갖추었으면 좋을 미덕이 무엇인지 질문하였다.

"도움요. 만약에 추위에 떠는 소녀를 누군가 도와주었다면 죽지 않았을 거예요."

"인정요. 한 사람이라도 성냥을 사주었다면 소녀는 쉽게 할머니를 따라 가지 않았을 거예요."

이 외에도 '사랑', '사려', '봉사', '친절', '상냥함', '배려' 등의 미덕을 이유와 함께 대답했다. 그 다음으로 내전을 겪는 보스니아 사람들에게 필요한 미덕에는 무엇이 있을지 물었다.

"화합이 필요해요. 보스니아의 서로 다른 민족들이 전쟁 대신 힘을 모아 하나로 화합했다면 수많은 희생자가 발생하지 않았을 거예요."

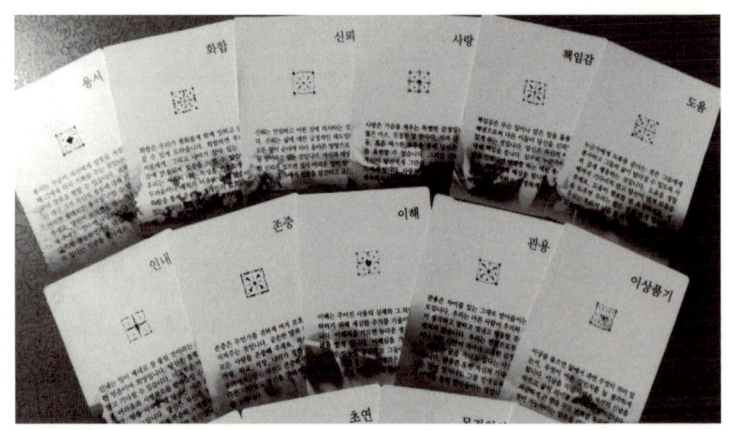

인간 사회에 필요한 52가지 미덕을 담은 버츄 카드(한국버츄프로젝트). 이 카드를 보며 아이들을 성냥팔이 소녀가 사는 우리 시대에 필요한 미덕이 무엇인지 생각해보았다.

죽어간 성냥팔이 소녀가 보스니아 내전에도 다른 모습의 성냥팔이 소녀로 존재함을 인식하게 되었다.

 이렇듯 시대는 다르지만 안데르센의 성냥팔이 소녀는 200여 년이 지난 보스니아에도 여전히 존재한다. 그렇다면 '성냥팔이 소녀'가 상징하는 것은 무엇일까? 성냥팔이 소녀가 담고 있는 의미를 안다면 안타까운 죽음이 반복되는 일이 일어나지 않도록 서로 노력하지 않을까? 이런 마음으로 아이들에게 질문해 보았다. 초등학생들에게 상징을 찾는다는 것은 이해하기 어려운 활동이 될 수도 있다. 아이들의 눈높이를 고려해 앞서 발표했던 미덕 대신 두 이야기 속에 담긴 상황을 표현하도록 이끌었다. 쉽게 풀어서 설명하니 연이어 손을 들고 발표하는 아이들이 늘었다.

"성냥팔이 소녀가 상징하는 것은 소외예요. 소녀를 사람들이 소외시켰기 때문에 죽어간 거예요."

"외면과 따돌림이에요."

"성냥팔이 소녀가 담고 있는 의미는 외로움이에요."

"욕심과 폭력도 돼요. 보스니아에는 전쟁으로 죽어간 사람이 많았으니까요."

모둠별 토론으로 깊이 있는 생각 나누기

'성냥팔이 소녀'에 담긴 의미를 살핀 후, 지금 현재 우리 주변이나 세계 곳곳에 여전히 존재하는 성냥팔이 소녀의 사례를 '둘 가고 둘 남기 토론'을 통해 찾아보도록 했다.

> **둘 가고 둘 남기 토론 절차**
> 1. 책의 주제와 관련한 과제를 제시한다.
> 2. 모둠원과 협의하여 모둠의 의견을 정리한다.
> 3. 정보 수집이 2명은 다른 모둠에 가서 그 모둠의 의견을 얻어온다.
> 4. 정보나눔이 2명은 다른 모둠 정보수집인에게 모둠의 의견을 설명한다.
> 5. 수집된 정보를 바탕으로 문제점과 해결방법을 토론한다.

4인 1모둠의 형태로 두 명의 정보나눔이와 두 명의 정보수집이를 정해 준비된 활동지에 사례에 대한 토론을 나누며 정보를 수집할 수 있도록 안내한다. 모둠별 토론시간은 3분으로 정하고 사례에 대한 문제점이나 해결방안 또한 의견을 나눌 수 있도록 설명한다. 모둠별 토론 시간은 수업 차시에 따라 그리고 아이들의 상황에 따라 3분에서 5분 정도로 조절 가능하다. 그리고 정보나눔이와 정보수집이의 역할을 정할 때에는 아이들의 말하기와 쓰기 능력을 고려하면 더욱 활기 있는 토론이 될 수 있다.

우선 각자의 모둠원과 협의하여 '성냥팔이 소녀의 사례'에 대한 모둠별 의견을 정리하는 시간을 갖도록 하였다. 모둠원의 의견 모두 중요하지만 제한된 시간 안에 토론하기에는 한계가 있다. 그래서 다른 정보수집이에게 전해주고 토론하고 싶은 의견 두 개를 선택하여 표시하도록 하였다. 의견을 말할 때에는 간략한 표현보다는 자세한 내용으로 말할 수 있도록 예시를 보여주었다. 예를 들어 차별을 말할 때에는 '오빠는 심부름을 안 하는데 여자인 나만 해요', '백인에게는 친절하지만 흑인에게는 불친절해요', '날씬한 사람은 오디션에 합격하는데 뚱뚱한 사람은 떨어져요' 등 자세한 내용이 담기도록 했다. 그래야 문제점을 찾고 해결을 할 때에 깊이 있는 토론이 될 수 있다.

교사 : 우리 주변이나 지구촌 곳곳에 존재하는 '성냥팔이 소녀'의 사례가 있나요?

학생 1 : 학교에서 왕따를 당하고 있는 학생들이요.

학생 2 : 테러리스트에게 억울한 죽음을 당한 사람들이 있어요.

학생 3 : 아프리카에서 굶주리고 있는 아이들이요.

학생 4 : 폐지를 주우시는 할아버지, 할머니들이요.

다른 모둠을 돌며 '성냥팔이 소녀'의 사례에 대한 정보를 수집하니 다양한 의견들이 제시되었다. 단순히 초등학교 상황에만 머무는 것이 아닌, 사회로까지 시선이 확대되어 있었다. 불이익을 받는 외국에서 온 근로자들, 폐지를 줍는 할머니들, 소외받는 장애인 친구들, 다문화가정에 대한 편견, 비정규직에 대한 차별 등 의외로 사회적 약자들에 대한 의식의 확장을 보여주기도 했다.

정보수집이가 수집해 온 다른 모둠의 의견

모둠	수집한 내용	문제점 또는 해결방법
1	외국인 근로자들에 대한 무관심	한국 사람들이 외국인 근로자들을 차별한다. 외국인 근로자들을 위한 직업을 만든다.
2	사회적 따돌림(가난한 사람들을 외면하는 사회)	돈을 벌 수 있는 직업이 많이 없다. 일자리를 많이 만든다.
3	학교에서의 따돌림	친구들이 한 친구를 따돌린다. 소외된 친구에게도 관심을 가져준다.
4	정규직과 비정규직에 대한 차별	비정규직이 많은 차별을 받는다. 차별을 하지 않도록 법을 고친다.
5	가출청소년, 비행청소년들	부모님과의 갈등으로 가출한 청소년들이 있다. 이 청소년들을 위한 복지센터를 만들고, 부모님과 청소년들이 서로 이해할 수 있는 프로그램을 만든다.

성냥팔이 소녀를 위한 모둠별 시 쓰기

앞서 내전을 겪은 보스니아 사람들에게서 찾은 미덕으로 모둠별 시를 써보는 협업 수업을 진행하였다. 이러한 활동은 책의 주제를 연결하여 아이들에게 협동과 배려의 중요성을 알고 현재의 삶에서 그대로 적용하는 효과를 거둔다. 우선 각자가 고른 미덕이 시의 내용에 들어가도록 미리 나누어준 포스트잇에 한 개의 연으로 시를 쓰도록 했다. 그리고 각자의 시를 모아 하나의 완성된 작품이 되도록 했다. 모둠별 시의 제목을 정하고 색지에 완성된 시를 옮겨 적은 후 각 모둠의 대표가 시를 낭송하였다. 완성된 시 낭송은 다른 모둠과 비교하며 감상할 수 있는 시간이 된다. 대부분의 아이들은 시집을 즐겨 읽지 않는다. 하지만 아이러니하게도 시 쓰기를 어려워하지 않는 아이들의 순진성 덕분에 훌륭한 작품들이 많이 나오는 성과가 있었다.

한 아이들 모둠의 시 쓰는 과정을 소개해볼까 한다. 아픔과 고통이 없는 사회를 만들기 위해 필요한 미덕을 고르게 한 다음 모둠별로 시를 쓰게 했다. 4인 1조로 이루어진 모둠이 고른 미덕은 '사랑, 이해, 신뢰, 존중'이었다. 그리고 이 네 가지 미덕을 소재로 아이들은 다음과 같은 모둠시를 완성하였다.

선물하는 우리

박주리, 주형민, 이다혜, 김은미

서로 서로

미움 대신 '사랑'을

선물하는 우리

서로 서로

이기심 대신 '이해'를

선물하는 우리

서로 서로

질투 대신 '신뢰'를

선물하는 우리

서로 서로

다툼 대신 '존중'을

선물하는 우리

안데르센의 『성냥팔이 소녀』를 재해석한 『보스니아의 성냥팔이 소녀』. 이 두 개의 상황을 주제로 토론하는 것은 현재의 내 삶과 연결하는 난이도 있는 수업이다. 즐겁고 신나는 이야기도 아니고 초등학생에게는 버거울 수도 있는 시사성까지 요하는 수업이다.

그래서 지도안 계획부터 어느 정도 시행착오가 뒤따르겠지 하는 염려를 갖고 시작했다. 그럼에도 아이들의 반응은 좋았다.

시집을 읽히기 위한 목표와는 다소 거리가 먼, 어찌 보면 전체 흐름으로 볼 때에 토론과 논술에 더 적절한 수업이 될 수도 있다. 하지만 시의 내용이 꼭 아름다운 풍경이나 따뜻한 정서만을 주제로 한다는 제한에서 벗어났다. 우리 주변의 아픔, 또는 사람들의 상처가 담긴 이야기로부터 시작하니 아이들은 오히려 시를 생활 그 자체로 여기는 반응을 보여주었다. 현실을 배재한 이상만을 추구하는 것이 시가 된다는 편견이 있었다. 왠지 시집을 읽으면 쑥스럽다는 몇몇 아이들의 생각이 변하게 되는 계기가 되어 다행이다.

독서는 작가의 의도를 파악하고 배경지식을 활용해 책의 내용을 재구성하며 자신의 삶과 연결하는 과정이다. 이번 수업으로 아이들은 고통 대신 행복, 상처 대신 기쁨을 나누고자 하는 마음을 서로 공유하였다. 또한 주변에 더 이상의 '성냥팔이 소녀'가 없기를 희망하며 무관심과 소외 대신 함께 사는 세상에 대한 소중함을 인식하는 기회가 되었다. 더불어 시집 읽는 아이들의 모습을 자주 보길 기대해 본다.

이 수업을 진행하려는 교사들에게 한 가지 팁을 제공하자면, 학년별 수준과 상황을 고려한 다양한 토론수업이 가능하다는 것이다. 실제 5학년과 6학년 수업에서는 사례에 대한 정보 수집을 위해 '둘 가고 둘 남기' 토론을 진행했다. 하지만 4학년은 성냥팔이 소녀의 사례 찾기 활동은 생략하고 버츄카드를 이용하여 찾은 미덕을 가지고 모둠별로 시를 쓰는 것으로만 진행했다. 각 반의 인원수, 아이들의 환경 등을 고려해 적절한 토론을 진행하면 아이들의 참여도는 더욱 높아질 것이다.

고은의 시를 공감해요

「5대 가족」은 고은 시인이 티베트인의 아름다운 삶을 그리고 있는 시이다. 고은 시인에 대한 배경지식이 전혀 없는 아이들에게 고은 시인의 대표적인 시 한 편을 낭송하며 수업을 시작했다.

> 내려갈 때 보았네
> 올라 갈 때 보지 못한
> 그 꽃
> ─ 고은, 「그 꽃」

『5대 가족』은 티베트 유목민의 일상을 통해 가족의 소중함을 잔잔하게 전해주는 책이다. 또한 자연에 순응하며 탄생과 죽음이라는 삶의 질서를 5대 가족의 평화로운 일상을 통해 잔잔하게 그려내고 있다.

우리 가족의 모습은 어떠할까?

사람들의 생활 모습은 다양하다. 옛날과 오늘날을 비교해도 많은 차이가 있고 나라마다 사람들이 살아가는 생활 방식도 다르다. 가족의 형태가 다르고 생활 방식이 다를지라도, 삶에 있어 가족의 의미는 힘의 원천으로 모든 사람들에게 소중하다. 단순히 핵가족과 대가족이라는 형태를 뛰어넘어 한부모가족, 다문화가족, 조손가족 등 다양한 형태로 구성되어진 현대인에게도 가족은 삶을 살아가는 데 많은 영향을 준다.

이번 수업에서는 고은 시인의 잔잔하지만 아름다운 가족의 일상을 통해 가족에 대한 의미와 소중함을 느낄 수 있는 기회를 가져 보고자 한다. 내가 있는 학교는 다문화지정 학교로 다양한 나라에서 온 학생들이 많다. 가장 많은 학생 수를 차지하고 있는 중국, 그리고 몽골, 베트남, 우즈베키스탄, 시리아 등 다양한 나라에서 온 친구들이 한데 어우러져 생활하고 있다. 언어, 음식, 문화, 습관이 달라도 이들 또한 가족이 소중할 것이다. 『5대 가족』은 가족의 소중함이라는 세계 공통의 공감을 이끌어 낼 수 있는 책으로 충분하다. 이 책을 통해 누구와 살든, 어디에서 살든 일상이 주는 가족의 소중한 의미를 이해할 수 있는 계기가 되었으면 한다.

책을 읽기 전에 아이들에게 각자의 가족 구성원에 대해 질문했다.

"저는 할머니와 동생하고 살고 있어요."

"저희 엄마는 한국 사람이고 아빠는 파키스탄 사람이에요. 그래서 4명이 살아요."

"저는 엄마하고만 살고요. 아빠는 가끔 만나요."

5대 가족

고은 지음, 이억배 그림, 바우솔, 2014

시인 고은과 그림책 작가 이억배가 만든 작품으로, 티베트 유목민 가족의 일상을 담은 그림책이다. 5대에 걸쳐 흐르는 자연스러운 삶의 질서와 평화로움. 자연에 순응하며 만족해하는 그들의 삶은 대자연 모습 그대로다.

대상 : 3학년
주제 : 가족과의 소통
수업 목표 :
1. 인물의 마음을 짐작하며 그림책을 읽을 수 있다.
2. 가족의 의미를 이해하며 가족의 일상이 담긴 시를 쓸 수 있다.

수업 방법 :
1. 가족 구성원에 대해 이야기를 나눈다.
2. 다양한 가족의 형태에 대해 이해한다.
3. 인물의 마음을 짐작하며 책을 읽는다.
4. 텐진 가족의 생활과 우리 가족의 생활을 비교해 본다.
5. 인물의 일상에서 가족의 소중함을 배운다.
6. 가족의 소중함이 담기도록 시를 쓴다.
7. 배운 점 확인하고 소감을 나눈다.

'5대 가족'의 구성을 미처 이해하지 못한 몇몇 학생은 5대 가족을 5명의 인원으로 여기기도 한다. 오늘날의 가족 구성은 핵가족이 대부분이니 3학년 아이들은 그럴 만도 하다. 엄마, 아빠 그리고 자녀 이렇게 단조로운 구성이 보통이다. 하지만 한부모가정, 조손가정, 다문화가정, 입양가정, 재혼가정 등 다양한 형태의 가정이 있으며 드물지만 3대가 살아가는 가족도 볼 수 있다. 그렇지만 책 속의 이야기처럼 고조할아버지, 증조할아버지, 할아버지, 엄마와 아빠 그리고 아이들 이렇게 세대가 다른 5대가 함께 살아가는 것을 상상이나 하였을까?

인물의 마음 짐작하며 읽어요

책을 읽을 때 아이들에게 주의사항으로 인물의 마음을 짐작하며 읽을 수 있도록 당부했다. 그리고 그림 작가가 티베트를 실제 방문해 고은 시에 맞는 티베트의 풍경을 담아낸 이억배의 그림을 충분히 감상할 수 있도록 설명했다. 인물들의 표정이 이 책의 주제인 가족들과의 소중한 행복을 고스란히 담고 있기 때문이다. 그리고 티베트인들의 유목생활 방식과 튼튼한 벽돌집이 아닌 천막에서의 삶을 배경지식으로 전해주며 자연에 순응하는 평화로운 일상을 느낄 수 있도록 했다.

글이 없는 장면에서는 인물이 되어 말해볼 수 있도록 중간 중간 아이들에게 질문을 하여 인물과의 대화도 시도해볼 수 있는 기회를 주면 좋다. 또한 혹시라도 책읽기의 몰입에 소홀히 하는 학생은 없는지, 그리고 책읽기에 흥미를 잃는 학생은 없는지 아이들의 독서 태도를 살펴보는 것도 필요하다. 고조할아버지, 증조할아버지, 할아버지와 할머니 그리고 부모님과 함께 살려면 집이 크고 튼튼해야 하는데 주인공 텐진 가족은 왜 좁은 천막에서 사는지 질문했다.

"가난하고 돈이 없어서요."
"도시가 아니고 시골이잖아요."
"양 떼를 키우며 살아가니까요."

질문을 통해 3학년 학생들에게 환경이 다른 티베트인들의 유목 생활을 알게 하고 주어진 환경과 상황에서 가족들의 행복한 일상을 살펴볼 수 있도록 했다. "어린 양이 태어났을 때 주인공 텐진의 마음은 어땠을까요?"

"매우 신나고 기뻤을 거예요."
"그저께 한 마리가 죽었는데, 새끼가 태어나서 슬픔을 잊을 수 있어요."

텐진은 컴퓨터나 스마트폰이 없어도 늘 활기가 있고 즐겁다. 그리고 귀찮기도 할 텐데 텐진 가족은 양들과 함께 느리고 천천히 변화하는 삶을 즐기고 있다. 그래서일까. 하루 일과를 마치고 좁은 천막 안에서 많은 식구들이 옹기종기 잠을 청하는 모습은 행복 이상의 동경을 안겨준다. 밤하늘의 무수한 별들이 5대 가족의 잠든 눈동자 안에 내려와 잠이 들고 있다. 고흐의 별을 헤는 밤의 풍경과 흡사한 텐진 가족의 모습이 어찌 행복하지 않을 수 있겠는가.

깊이 있는 생각을 나누어요.

아이들이 고은의 시를 잘 이해했는지, 그리고 어떤 생각과 느낌을 가지고 있는지 발표를 통해 상호작용이 이루어지도록 도왔다. 먼저 내용에 대한 사실적 사고를 요하는 질문을 한 다음, 깊이 있는 생각의 교류가 있는 질문을 하였다. "텐진 가족과 여러분 가족의 차이에는 어떤 것들이 있을까요?"

"텐진은 가족이 많고 우리 가족은 4명이에요."
"텐진은 양을 키우며 살고 우리는 도시에 살아요."
"텐진은 스마트폰이 없어도 가족과 즐겁게 생활하는데, 우리 가족은 다 바쁘고 저는 스마트폰이 없으며 게임도 못하고 해서 즐겁지 않을 거예요."

텐진 가족들의 살아가는 모습은 현재 우리가 살고 있는 모습과는 사뭇 다르다. 살고 있는 장소도 다르고 살아가는 생활방식도 많이 다르다. 아이들이 보기에는 부족함이 많다고 느낄 수도 있다. 하지만 5대 가족의 표정은 행복으로 가득하다. 귀는 어둡지만 양들이 새로운 보금자리로 이동할 때면, 풀들이 있는 장소를 가장 먼저 발견하는 지혜로운 고조할아버지가 계신다. 텐진에게는 최고의 할아버지일 것이다. 스마트폰도 도시의 편리한 삶도 없는 텐진의 가족은 왜 행복하고 즐거울까? 아이들에게 질문을 했다.

"가족이 많잖아요. 그리고 양들도 많고요. 똑똑한 고조할아버지도 있구요."

"자연에서 사니까 돈도 필요 없고 욕심이 없어서요."

"위험한 자동차도 없고, 회사에 안 가도 되고 학교에 안 가도 되니까요."

가족은 때로는 형제 자매간에 싸우기도 하고 부모와의 갈등으로 힘들어 하며 서로를 이해하지 못해 속상함을 안겨 주기도 한다. 하지만 이내 싸운 것도 잊어버리고 어느새 걱정하며 서로를 챙겨 주는 미워할 수 없는 관계인 가족. 그 가족이 있어 우리는 힘든 일도 서로 의지하며 기쁨을 나누며 슬픔도 이겨낼 수 있는 것이 아닐까 싶다.

가족의 소중함을 시로 표현해요.

아이들에게 수업을 통해 느낀 가족의 소중함을 소재로 시를 쓰도록 했다. 가족이 항상 기쁨을 주고 즐거움을 주는 대상만은 아니다. 부모의 사랑을 독차지하는 얄미운 동생, 오빠만 편애하는 야속한 할머니, 공부로 스트레스를 주는 엄마 등 가족은 때로 불편과 속상함을 안겨주기도 한다. 그럼에도 우리는 힘들고 어려울 때면 가족이라는 이름에서 힘을 얻는다. 그리고 똑같은 일상이 반복되는 삶속에서 자칫 소홀할 수도 있는 일상의 소중함을 가족은 제일 먼저 일깨워 주기도 한다. 그러한 고마운 대상인 가족의 소중함을 아이들에게 시로 표현하는 시간을 주고 싶다. 아이들의 작품 중 눈시울을 젖게 했던 한 여자아이의 시를 기억한다.

"우리 엄마는 병이 있다. 나는 오늘도 엄마가 정성들여 만든 밥을 또 버렸다. 나는 학교에 와서 오늘 밥을 안 먹은 걸 후회했다. 엄마 미안해. 내가 다음엔 꼭 먹을게요. 우리 엄마"

이 시를 읽으며 많은 감동과 함께 눈물을 흘렸다. 시를 쓴 아이의 여러 감정이 고스란히 전해졌다. 아픈 엄마에 대한 짜증, 엄마를 향한 미안함, 그 아이의 엄마가 간직하고 있을 저리고 쓰린 아픔까지. 아이에게 상처를 준 것은 아닌지 걱정이 몰려왔다. 애써 덮어두며 잊으려 하고 있는 여린 가슴의 아픔을 괜히 건드리며 상처를 덧나게 한 것은 아닐까. 한부모가정, 조손가정이라는 형태를 떠나 가족으로 인한 아픔을 간직한 아이들이 많다. 수업의 의도와는 다르게 상처를 오히려 드러내게 할 수도 있다. 자작시를 낭송하던 한 아이는 끝내 아빠에 대한 그리움이 담긴 부분에서 울음을 터뜨린 적도 있다. 한 달에 한 번 만나는 아빠가 너무도 보고 싶다고 말하는 아이를 그냥 안아주는 것 외에는 할 수 있는 것이 없었다. 울고 난 아이의 표정에는 곧 편안함이 담겨 있었다. 솔직한 자신의 감정을 눈물로 정화시킨 후, 그 아이는 나를 보며 살짝 한번 웃음을 전했다. 미안하고 고마웠다. 울게 한 상황이 미안했고, 이내 씩씩하게 견디려는 여린 마음이 고마웠다. 그리고 진심으로 바랐다. 시집이 아이들에게 위로가 되고 힘이 될 수 있기를. 누군가에게 이야기하지 않아도 읽고 있으면 시집이 아이들에게 진실한 친구가 되기를 간절히 바라는 마음이다.

미술책과 시집, 드디어 아이들에게 선택받다

'책벌레'로 소문난 이덕무는 하루 종일 책을 읽었는데, 해가 지는 방향으로 햇빛을 따라 방안을 옮겨 다니며 책을 읽었다고 한다. 오늘날의 아이들에게는 쉽게 이해가 되지 않는 장면이 될 것이다. 또한 친구들과 책을 읽으면서 토론과 논쟁을 즐기며 나아가 글을 짓는 독서 세미나까지 열었다고 한다. 자신의 정신수양과 성찰을 위해 스스로 책을 읽고 토론을 하며 견문을 넓혔던 것이다. 이와는 다르게 강요에 의해 억지로 책을 읽거나, 중요 과목에만 주력하느라 시간이 부족하여 책을 읽지 못하는 아이들이 많으니 안타깝다. 어떤 결과만을 목표로 하거나 입시의 방편으로 토론대회에 참여하려는 것을 보면 이덕무와는 많은 차이를 보여준다. 그리고 이덕무는 독서를 할 때에는 특정 분야에 한정하지 않았다. 음운학, 문집, 의서와 농서 등 다방면에 걸쳐 책을 섭렵했다고 한다. 즉, 편독이 없는 오늘날의 통섭과 융합의 독서를 했던 것이다. 이렇듯 18세기의 이덕무는 이미 여러 분야에 걸쳐 다양한 장르의 독서를 한 것으로 유명하다.

도서실에서 흔히 볼 수 있는 학습만화나 그리스로마 신화, 판타지 장르의 책만을 읽는 오늘날의 아이들을 본다면 이덕무는 어떤 표정을 지을까? 누군가는 그나마 스마트폰에 매달려 게임을 하기보다는 편독일지라도 읽기만 하면 다행이라 여길 수도 있다.

"나는 깊게 파기 위해 넓게 파기 시작했다." 스피노자가 한 말이다. 이 말을 독서와 연결하면 한 장르의 전문가가 되기 위해서는 우선 다양한 분야에 대한 기본적인 지식과 소양이 갖추어져야 한다는 말로 풀이할 수 있다. 결국 다양한 장르에 대한 폭넓은 독서는 필수이다. 도서실에 온 대부분의 아이들이 폭넓은 독서를 하기 보다는 만화 위주의 편독을 한다. 이러한 세태에 안타까운 조언으로 해석하는 것이 과연 지나치다고 할 수 있을까.

미술 책과 시집 읽기를 희망하며 독서수업을 진행하였다. 과연 효과가 있을까? 최근 토론에 자신감을 갖게 된 남학생에게 다가가 시집 한 권을 권해 본다. 차마 거절 못하고 손에 시집을 건네받은 아이는 씨~익 한번 웃더니 말한다. "짧아서 빨리 읽을 수는 있겠네요."

다행이다. 거절하지 않고 받아 간 것이 어디인가. 시집을 펼쳐 맛을 느낄지는 모르겠으나 최소한 한 편의 시는 읽지 않을까. 그 한 편이 이 아이에게는 새로운 느낌과 감동이 될 수 있으니 말이다. 학습만화나 편독을 하는 아이들에게 전하고 싶다. '내 꿈을 이루기 위해 책을 넓게 읽자.'

꿈을 찾고 꿈을 이루기 위해 노력하는 아이들에게 부탁하고 싶다. 스피노자의 말처럼 깊게 파려면 일단 땅을 넓게 파야 한다. 어느 영화평론가의 말이 어렴풋하게 떠올려 진다. 그 평론가의 말을 인용해 아이들에게 전하고 싶다. 내 꿈이 소설가라면 소설책만 100권을 읽을 것이 아니라 소설 20권, 시집 20권, 자연과학서 10권, 미술 관련도서 10권 등 이런 식으로 100권 읽기를 권해 본다. 자신의 꿈이 무엇인지 모르는 경우에도 우선 넓게 파기 시작하면 어느 지점에서 무엇을 깊게 파야 하는지 알게 되지 않을까? 그래서 소설, 시집, 과학, 철학, 역사, 예술 등 다양한 분야의 책을 읽을 필요가 있다. 처음부터 깊게만 파서 하나만 알기보다는 넓게 파듯 폭넓은 독서를 통해 자신의 꿈을 이루어가길 기대해 본다.

활동지

『세상에서 가장 유명한 변기』를 읽고

___학년 ___반 이름_____

- 마르셀 뒤샹의 작품 '샘'에 대한 감상을 이야기해 보고 글로 써 보세요.

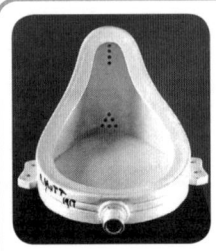

- 나도 이젠 화가!

  내가 미술전에 출품하고 싶은 작품은 무엇인지 오브제로 표현하여 글로 써 보세요.

『보스니아의 성냥팔이 소녀』를 읽고

___학년 ___반 이름_____

아픔과 고통이 없는 아름다운 사회를 만들기 위해 필요한 미덕은 무엇인지 모둠원과 토의한 후 찾아보세요.

안데르센의 동화에 등장하는 '성냥팔이 소녀'는 오늘날에도 존재합니다. 성냥팔이 소녀의 의미를 생각해보고 지금 우리주변에서 볼 수 있는 '성냥팔이 소녀'의 사례를 찾아보세요.

예시) '성냥팔이 소녀'에 담긴 의미는 무관심 이라고 생각합니다. 왜냐하면 사람들의 따뜻한 시선을 받지 못하고 무관심으로 인해 성냥팔이 소녀는 죄 없이 세상을 떠났기 때문입니다.

'성냥팔이 소녀'에 담긴 의미는 _____ 이라고 생각합니다.

왜냐하면 _____
_____
_____
_____
_____
_____

우리 주변 또는 세계 곳곳에 존재하는 성냥팔이 소녀의 사례는?
_____
_____
_____

꿈을 찾아가는 책읽기

서미숙 _능곡초등학교

학급 전체가 동일한 책을 읽고 그 책에 대한 이야기를 나누는 장면 상상만으로도 흐뭇해진다. 머릿속으로만 그린 꿈이었다. 일반적으로 학급 인원수는 평균 30명에서 35명 정도다. 교사가 아이들에게 그림책을 읽어주고, 서로 이야기 나누는 것은 쉽다. 그러나 두꺼운 소설을 한 학급이 같은 시기에 각자가 읽고 나누는 것은 현실적으로 어렵다. 이렇게 하려면 일단 학급 인원수대로 책이 있어야 한다. 교과서처럼 아이들이 각자 준비하기도 어렵다. 그렇다면 학교 도서실에 같은 책 30권이 있는가? 없다. 도서실은 많은 사람들이 이용할 수 있도록 가급적 다양한 책이 많이 꽂히는 것이 유용하다. 동일한 책이 수십 권 있으면 자리만 차지하고 다른 책 구입 기회가 줄어든다. 그러니 우리가 TV 프로그램을 보고 신나게 얘기하는 것처럼 같은 책을 읽고 즐겁게 나누는 것은 정말 꿈같은 일이었다.

그런데 4년이 지나면서 그 꿈같은 일이 어느새 진행되고 있었다. 처음에 문제라고 여겼던 것을 포기하지 않고 하나씩 해결하다 보니 가능했다. 역시 목표가 생기면 행동을 부르고 결과로 이어졌다. 그 결과는 내게만 좋은 것이 아닌 많은 사람, 특히 아이들에게 유익했다. 지금부터 그 꿈같은 일이 어떻게 이루어졌는지 간략하게 풀려고 한다.

책읽기에 익숙해진 아이들

독서토론을 하려면 아이들이 가급적 동시에 책을 같이 읽어야 한다. 책을 읽은 후 자신의 생각을 말해야 하는데, 시간이 지나면 그만큼 내용에 대한 회상력이 떨어지고 책을 읽지 않았을 경우에는 수업 참여가 어렵다. 이러한 이유로 아이들이 개별적으로 책을 구입하지 않으면서 학교에 복본을 비치하고자 했다.

독서토론 수업은 일주일에 한 번, 40분씩 15차시까지 진행했다. 그러다보니 수업 시간에 책 읽는 시간이 너무 아까웠다. 그래서 수업 전까지 책 10권으로 학급 전체가 2주 동안 읽도록 지도하는 것은 담임선생의 몫이었다. 각 학급마다 책 읽기 지도 방식은 달랐다. 모둠별로 한 권의 책을 주고 각자 책 읽는 기간 정해주기, 이름표에 읽은 학생 체크해 확인하기, 아침 시간에 책읽기, 아이들 자율에 맡기기 등 다양했다. 당연한 말이지만 선생님들의 관심에 따라 아이들의 책 읽기 정도와 수업 참여도 또한 달랐다.

몇 가지 문제점이 있었다. 첫째, 책을 안 읽은 아이들이 있다. 둘째, 2주 동안 읽다 보니 먼저 읽은 아이들은 책에 대한 회상력이 떨어진다. 이런 문제점을 보완하기 위해 독서토론 수업 시간을 2015년에는 80분 블록으로 운영하게 되었다. 독서토론을 위한 복본 확보와 블록 수업이 가능해지기까지 3년이 걸렸고, 4년차에는 드디어 원하던 방식대로 독서수업을 할 수 있었다. 아이들도 4년 동안 한 학기씩 15차시 수업을 진행하니, 독서토론 수업을 위해 책 읽는 것을 당연하게 여기게 되었다. 마치 체육시간을 싫어하는 몇몇의 여학생들이 긴 머리 휘날리며 열심히 운동장을 뛰는 것처럼 아이들의 책읽기에 조금씩 습관이 들어갔다.

처음에는 책을 읽지 않고 수업에 참여하던 아이들이 이제는 "다음에 무슨 책 읽어요?"라고 묻고, 재미있는 책을 자기 반에 빨리 달라고 요청하기도 한다. 수업시간에 책을 읽을 경우, 처음에는 30분 동안 책에 몰입하지 못하는 아이들이 꽤 많았다. 학년 수준에 적합한 책이라 하더라도 분량이 많으면 읽기를 어려워했다. 이러한 증상은 고학년일수록 더 심했다. 이제는 모든 학생들이 40분 정도는 몰입하며 거뜬히 한 권을 읽어낸다.

무엇보다 아이들의 책읽기에 대한 태도가 바뀐 모습을 보는 것이 가장 행복했다. 6학년들은 학교에서도 유난히 말썽꾸러기가 많은 학년이었다. 그런데 이 아이들이 2학기에 수업하면서 "선생님, 저 6학년 올라와서 책 처음 읽어요.", "작년에 읽은 『제임스와 슈퍼 복숭아』 재미있었는데, 이번에도 재미있는 책 주세요." 평소 수업 시간에는 말하지 않고 참여하지 않던 아이들이 독서토론에는 적극적으로 참여하는 것을 보면서 공교육에서 소외되지 않은 독서토론 교육이 가능하다는 것을 체감할 수 있었다.

한 가지 아쉬운 점이 있다면 이젠 독서토론 사업이 종료된다는 사실이다. 5학년 아이들이 "선생님, 6학년에는 무슨 책 읽을 거예요?" 4학년 아이가 "내년에도 우리 독서토론 수업해요"라는 말을 들을 때에는 대답해 줄 수가 없어 너무 미안했다. 그동안 준비해 놓은 책과 자료도 있으니 누군가가 계속 이 아이들에게 독서토론 수업을 해 줬으면 좋겠다는 바람이다.

독서토론 수업의 기본 방침은 교과 연계를 바탕으로 한 통합 수업이었다. 다양한 수업 중에서 아이들에게 꿈과 진로를 생각할 수 있는 독서토론을 몇 가지 소개하고자 한다.

4학년, 내 꿈에 관해 들어볼래?

『나는 천재가 아니야』

로드리스 무뇨스 아비아 지음, 나오미얀 그림, 김민숙 옮김, 시공주니어, 2013

소녀가 축구화를 신고 바이올린을 켜는 표지 그림이 재미있다. 누군가는 천재를 부러워하기도 하고 '천재가 되면 좋겠다'라는 생각을 한다. 이 책은 천재인 오빠와 축구를 좋아하는 롤라를 통해 어떻게 사는 것이 행복한지 생각해 보게 한다.

대상 : 4학년

활동 주제 : 적절한 의견 표현하기

수업 목표 :

1. 책 속 인물의 주장이 적절한지 판단할 수 있다.
2. 내 의견이 드러나는 글을 문단으로 나누어 쓸 수 있다.

수업 방법 :

1차시 : 80분 동안 책 읽기 및 <생각하는 책갈피> 쓰기

2차시 : 독서토론 및 글쓰기

- 40분간 책에 대한 내 의견 발표 및 아이들이 만든 질문 중심으로 독서토론

- 40분간 주장글 쓰기

(※ 글쓰기를 학습 목표로 정할 경우에는 80분씩 2차시로 나누어 진행한다. 아이들이 40분 동안 읽기에는 분량이나 난이도가 있었다. 따라서 책 완독과 글쓰기까지 목표라면 80분씩 총 2차시로 진행하면 된다.)

이 책은 4학년 2학기 국어활동(나)에 일부가 실려 있다. 문체나 삽화가 꽤 재미있고 인물의 특성이 잘 드러나 있는 책이다. 주인공 롤라는 열 살 소녀로 축구를 잘 한다. "이 세상에는 천재들과 그 밖의 사람들이 있다"고 말하는 엄마와 묵묵히 지켜보는 아빠가 있다. 롤라는 좋아하는 것을 분명히 말하고 행동하는 인물이다. 점차 자신의 주장을 논리적으로 펼치려는 4학년 아이들과 공감을 형성하기에 좋은 책이다. 게다가 아이들과 교류할 주제도 충분한 책이다.

남자 아이들에게 꿈을 물으면 학급의 절반 정도는 축구 선수라고 대답한다. 축구 선수를 포함해 야구, 농구 등 공으로 하는 운동 선수라고 답하는 아이들이 꽤 많다. 축구란 소재는 아이들의 호기심을 자극한다. 따라서 책을 읽기 전에 '축구 잘하는 방법'에 대해 나온다고 살짝 소개하면 책에 대한 흥미를 높일 수 있다.

인물들의 말과 행동에 대해 적절한 의견을 표현하는 활동을 통해 내 생활에서 어떻게 논리적으로 말이나 글로 표현할지 연습해 볼 수 있다. 그리고 자신의 경험을 바탕으로 천재와 평범한 사람 중에 누가 더 행복할까라는 주제로 적절한 생각을 표현할 수 있다. 내가 하고 싶은 것을 주장하는 글을 쓸 때는 3개의 문단으로 구성하여 내 주장을 논리적으로 쓰는 방법을 익히는 것이 이번 수업의 전체 구성이다.

축구와 천재의 상관관계?

독서토론을 진행하기 전에 아이들이 책을 읽으며 쓴 '생각하는 책갈피'를 자유롭게 발표했다. '생각하는 책갈피 쓰기' 활동은 아이들이 책 읽으며 떠오른 생각을 기록하는 활동이다. 그냥 책만 읽는 경우에는 각자의 개별적이고 구체적인 의견이 나오기 어렵다. 이 훈련이 다소 부담스럽고 힘들게 느껴질 수도 있다. 그러나 아이들이 정독하는 습관을 체득하고 창의적으로 생각하는 데 큰 도움이 되는 것은 분명하다.

생각하는 책갈피 내용을 발표할 때 나중에 발표하는 아이들은 발표 내용이 겹치지 않도록 하는 것이 좋다. 발표를 통해 서로의 생각을 공유하고 아이들이 생각한 발문으로 간략하게 독서토론을 진행했다. 아이들은 다음과 같은 내용을 발표했다.

"『나는 천재가 아니야』 책을 읽고 나는 천재라고 계속 생각해 왔는데 이제 보니 천재가 아닌 걸 알았다."

"가족들은 다 음악을 좋아하고 운동을 좋아하는 가족이 없어서 섭섭하겠다."

"학원에서도 혼자만 음악을 못하는구나. 나도 무엇을 못했을 때 창피했는데."

"롤라가 가출을 한 것이 잘한 일인가? 내가 그라시안이라면 말하는 연습을 할 것이다."

아이들이 책갈피 내용을 발표할 때마다 다른 아이들의 반응을 살펴보았다. 그리고 함께 얘기할 내용을 공유했다. "왜 남자들은 여자가 축구하는 것을 이상하게 여길까?"라는 한 여학생의 질문에 남자 아이들은 대체로 이상하지 않다고 답변한다. 예를 들어 학교에 5학년 혜교라는 여학생이 있는데 축구를 잘해서 많은 아이들이 알고 있다. 이렇게 아이들 경험을 중심으로 독서토론을 이끌어 가다보면 '양성평등', '꿈' 등 이 책에서 나눌 수 있는 주제에 쉽게 접근할 수 있다.

남자 아이들은 축구 얘기에 의견이 활발하게 오갔다. 얼마나 축구에 관심이 많은지 그냥 지나칠 수 있는 표지의 유니폼을 보고 "나라면 책표지에 나오는 파랑색 옷을 빨간색으로 바꿀 것이다. 왜냐하면 그 색깔은 일본 유니폼이다."라며 지적했다. 역시나 4학년 남자 아이들은 국가와 축구를 사랑하는 의협심 강한 소중한 애국자라는 생각이 들어 재미있었다.

축구 다음으로 많이 나온 단어가 '천재'였다. "내가 천재면 좋겠다는 생각을 했었는데 그 생각이 없어졌다"라는 친구의 발표를 듣고, 아이들에게 의견을 물었다. "평소에 천재가 되고 싶다는 생각은 누구나 할 텐데요. 이 책을 읽고 나서 천재에 관한 생각이 달라진 친구가 있나요?"

"저는 평소에 천재였으면 좋겠다는 생각을 했는데, 책을 보고 나서 그런 생각이 싹 달아났어요. 천재는 자기가 천재란 걸 계속 증명해야 해서 피곤하겠다는 생각이 들더라고요."

목소리 큰 친구들은 자신이 천재였으면 좋겠다는 생각이 사라졌다고 답했다. 가만히 있는 친구들은 뭔가 다른 생각이 있는 것 같았다. 거수로 의견을 확인했더니 자신이 천재였으면 좋겠다는 의견도 꽤 있었다.

내가 하고 싶은 일을 글로 표현하기

토론에서 자신이 즐거워하는 일, 좋아하는 것을 하는 사람이 행복하다는 암묵적인 결과가 나왔다. 따라서 아이들에게 이 주제로 글쓰기를 하는 것이 자연스럽게 진행되었다. 다만 모든 아이들이 자신이 하고 싶은 일, 되고 싶은 것이 있는 것은 아니다. 요즘 꿈, 진로에 관한 이야기를 참 많이 한다. 대중매체나 학교에서도 그 중요성을 강조한다. 이에 반해 누군가는 꿈을 너무 강조하니 오히려 피곤하다고 지적하기도 한다. 종종 아이들은 꿈이 아직 없는데 여기저기서 꿈이 뭐냐고 묻는 게 귀찮아서 거짓으로 만들어놓기도 한다. 그렇기 때문에 이번 수업에서는 굳이 강요하지 않기로 했다. 아이들에게 자신이 되고 싶은 것 또는 하고 싶은 것에 대해 질문하니 대부분 있다고 답했다. 그중 몇몇 아이들의 이유를 들어본다. 이렇게 미리 아이들의 생각을 끌어내면 주장글 쓸 때 근거와 이유를 자세히 쓸 수 있다. 자신이 하고 싶은 것이나, 되고 싶은 것이 없는 아이들은 주인공 롤라 입장에서 엄마를 설득하는 글을 쓰도록 한다. "친구들의 다양한 생각을 들었으니 이제 우리가 그것을 글로 쓰고 서로 발표해 볼까요? 먼저 제목을 정해 주세요. 제목은 자신이 되고 싶은 것 또는 하고 싶은 것으로 자신의 이름을 꾸며주세요. 글 쓰는 순서를 알아봅시다."

> 1. 제목은 자신이 되고 싶은 것 또는 하고 싶은 것을 이름 앞에 꾸며 주세요. 예를 들어 "피겨 선수 김연아"
> 2. 첫 문장은 "나는 ○○이(가) 되고 싶어요"처럼 제목을 풀어서 좀 더 자세히 써 주세요.
> 3. 왜 그런지 이유를 세 가지 정도 씁니다. 이유를 찾다 보면 그것을 내가 얼마나 하고 싶은지 깊이 생각해볼 수 있는 기회가 될 거예요. 특히 주장글은 내 생각을 다른 사람에게 알리고 설득하는 글이니 구체적으로 설명할 필요가 있어요. 그러기 위해서는 한 가지 이유로 안 되겠죠.
> 4. 중심문장과 뒷받침 문장을 잘 연결해서 쓰세요. 주인공 롤라를 예로 들면 "여자도 축구선수가 될 수 있다는 것을 보여주고 싶습니다."는 중심문장이에요. 뒷받침문장은 "아직까지 우리나라에 여자축구선수가 없습니다. 그래서 사람들은 여자가 축구한다고 하면 무시합니다. 나는 그렇지 않다는 것을 보여주고 싶습니다." 이렇게 뒷받침 문장은 중심문장을 친절하게 설명해 주는 것을 말합니다.
> 5. 결론은 "그래서 ○○이(가) 되고 싶습니다"로 마무리해 주세요. 처음 얘기했던 것을 한 번 더 강조해 주면 됩니다.

먼저 마무리한 아이들 글을 발표하도록 했다. 글쓰는 것이 서투른 아이들은 다른 친구의 글을 통해 도움을 받을 수도 있다. 아이들이 쓴 글을 보면 대부분 진지하고 솔직하다. 4학년들은 아직 자신의 글을 발표하는 데 막힘이 없이 자랑스러워했다. 아이들의 글에서 많이 나온 내용은 유명해지고 싶다는 것이다. 꼭 연예인이 아니더라도 유명해져서 텔레비전에 나와 부모님을 기쁘게 해드리고 싶다고 한다. 그중 인상 깊은 글이 있었다.

> 권투 선수가 되고 싶다. 첫째, 권투 선수가 되어 강한 사람이 되고 싶다. 힘이 세면 다른 사람들이 시비를 걸 때 내가 이길 수 있기 때문이다. 둘째, 경기에서 이기면 사람들에게 환호 받는 게 기분이 좋다. 세상에서 제일 강한 권투 선수가 되고 싶기 때문이다. 셋째, 감독이 되어 권투하는 사람을 가르쳐 주고 그 사람에게 내 기술을 전수할 수 있다. 그러면 내가 가르친 선수들이 우승하기 바라고 몸이 약한 사람들이 내 몸을 지킬 수 있기 때문이다. — **김종인, 4학년**

이 아이의 담임선생님은 아이의 엄마가 술에 취하면 자주 폭력을 가하고, 아이의 눈에 크게 멍이 들어 학교에 온 적도 있다고 말했다. 평소에는 수업에 적극적으로 참여하고 착한 아이지만, 한번 욱하면 친구와 크게 싸우는 성향이 있기 때문에 힘쓰는 활동이 있으면 이 친구에게 시켜서 에너지를 조절하도록 돕는다고 일러주었다. 아이가 쓴 글은 아이의 진솔한 속마음을 엿볼 수 있게 했다. 아이의 소망이 꼭 이루어지기를 나도 간절히 바라면서 응원해주었다.

아이들에게 글쓰기를 지도하다 보면 글쓰기를 어려워하는 친구들을 만날 수 있다. 이럴 때에 예시글을 보여주면 좀 더 쉽게 쓰기도 한다. 다만 아쉬운 점은 비슷하게 따라 쓴다는 것이다. 이번 수업에서도 먼저 끝낸 학생이 발표했더니 늦게 쓰는 아이들의 글에서 그러한 경향이 보였다. 그럼에도 다른 아이의 글을 보여주면 '저 친구도 쓰는데 나도 쓸 수 있다'는 자신감을 심어주고 서로 간에 자극이 된다. 다음은 '내가 하고 싶은 것'을 주제로 아이들이 쓴 글이다.

뭐든지 치료하는 의사

나는 아픈 사람을 도와주는 의사가 되고 싶다.

첫째, 돌림병 환자들의 백신을 연구하고 치료해 줄 수 있는 의사가 되고 싶다. 그렇게 하면 많은 사람들을 살릴 수 있기 때문이다.

둘째, 다른 사람을 치료해 주고 병을 낳게 해 주면 내 스스로 뿌듯함을 느낄 수 있다. 그렇게 하면 힘들지도 않을 것이다.

셋째, 부모님께서는 영어와 수학, 과학을 잘 하면 된다고 하셨다. 그 과목은 내가 좋아하는 과목이다. 나는 그 과목을 열심히 공부한다.

그래서 나는 소아과 의사가 되고 싶다. — 정건주, 4학년

배려하는 사장 이진원

아랫사람을 존중하고 배려하는 훌륭한 시장이 되고 싶어요.

첫째, 이순신 장군님이 나온 여러 책을 읽었습니다. 장군님은 윗사람보다 아랫사람을 존중하였고 무술시험도 늦은 나이에 통과했지만 그 누구보다도 열심히 하였습니다. 전쟁에서도 아랫사람보다는 자신이 먼저 앞장서 싸웠습니다. 그러므로 저는 이순신 장군처럼 아랫사람을 존중하는 시장이 되고 싶습니다.

둘째, 세종대왕님처럼 백성들을 위한 시장이 되고 싶습니다. 세종대왕님은 백성들이 한자를 어려워하는 것을 보고 한글을 만들었습니다. 또 장애인들처럼 몸이 불편한 사람을 무시하지 않고 사랑하였기 때문입니다.

셋째, 제가 훌륭한 리더가 되어 어지러운 질서를 바로 잡는 시장이 되고 싶기 때문입니다. 사회에는 자신의 생각과 다른 사람이 많습니다. 의견이 많아져 규칙에서 벗어나기 마련입니다. 그런 어지러운 시를 서로 이해할 수 있는 그런 진짜 멋진 시로 만들고 싶습니다.

그래서 저는 아랫사람을 존중하고 배려하며 서로를 이해하는 시로 만드는 시장이 되고 싶습니다. — 이진원, 4학년

5학년, 나는 자기혁명을 이룰 수 있을까?

꽃들에게 희망을

트리나 폴러스 글·그림, 김석희 옮김, 시공주니어, 1999

표지의 "삶과 진정한 혁명에 대한, 그러나 무엇보다도 희망에 대한 이야기, 어른과 그 밖의 모든 이들을 위한 이야기"라는 말처럼 자신의 삶을 깊이 통찰할 수 있는 책이다. 애벌레가 나비가 되기까지의 과정, 그저 먹고 자라는 것 말고 '그 이상의 것'을 찾는 과정을 통해 인간의 성숙 및 성장을 생각해볼 수 있다.

대상 : 5~6학년
관련 교과 : 국어 5-1-나 7. 낱말의 뜻
활동 주제 : 자기 혁명
수업 목표 :
1. 책에서 중심단어를 찾아 질문을 만들 수 있다.
2. 책에 대한 느낌과 생각을 구체적으로 표현할 수 있다.

수업 방법 :
1. 30~40분 동안 '생각하는 책갈피' 쓰면서 책 읽기
2. 칠판에 내 생각 중 하나만 쓰기. 단 다른 친구와 겹치지 않기
3. 칠판에 기록한 내용으로 아이들 생각 나누기
4. PPT 보면서 책의 주제와 주요한 내용을 공유하는 토론하기

5학년 1학기 '국어활동'에 이 책의 일부가 실려 있다. 교과서에 실려 있지 않더라도 아이들과 꼭 함께 수업해보고 싶은 책이었는

데 교과서에 수록되어 참으로 기뻤다. 이 책을 읽은 어른이라면 아이들에게도 꼭 권해주고 싶은 마음이 들 것이다. 결론부터 말하자면 아이들도 읽는 동안 무척 재미있게 읽었고, 토론 과정을 통해 깊은 이해와 새로움을 발견한 책이었다. 이 책은 중학생들에게도 의미 있는 책이다. 많은 학교에서 필독서로 정하고 있다. 사춘기 성장에 대한 이야기를 할 수도 있고, 자신의 꿈에 대한 이야기, 공존에 대한 이야기 등 다양한 주제로 접근 가능하다. 그야말로 독서토론에 적합한 책이다.

수업 주제는 '자기 혁명'으로 정했다. 책 내용은 겉으로 보기에는 쉽다. 그러나 깊이 읽을수록 철학적인 사고를 하게 된다. 따라서 수업 활동을 좀 달리 했다. 중심단어를 찾아 그 단어를 이용해 질문을 만드는 활동을 함으로써 수동적인 읽기를 벗어나고자 했다. 아이들이 추론하는 질문을 만들어 토의 및 토론으로 확장하는 활동에 중점을 두었다. 이는 피상적인 질문하기를 벗어나 좀 더 책에서 얘기하고자 하는 중심내용과 아이들의 거리를 좁히고자 함이었다.

짝과 함께 책읽기

한 학급 당 인원이 30명이라 책은 15권 준비했다. 둘이 함께 책 읽는 활동이다. 함께 읽어서 좋은 점은 읽기 싫을 때가 있어도 짝꿍 때문에 읽게 된다는 것이다. 남녀 짝이라서 아무래도 옆 친구가 거들어주면 억지로라도 읽게 된다. 책읽기에 미숙한 아이들은 짝에게 어려운 낱말을 묻기도 하고, '생각하는 책갈피' 쓸 때도 살짝 보면서 도움을 받는다. 아이들은 읽으면서 지금 당장 공유하고 싶은 것들을 작은 소리로 나누기도 한다. 이때 다른 아이들 읽기에 방해가 안 된다면 굳이 말리지 않는다. 책 속의 그림이라든가 내용에 대해 당장의 호기심을 말릴 필요도 없을 뿐더러 그만큼 읽기 과정에 빠져 있다는 의미이기도 하다.

아쉬운 점은 읽는 속도가 서로 달라 불편하다는 점이다. 짝꿍을 기다리다 보면 읽기 흐름이 깨져 답답하다. 그래서 속도가 빠른 친구를 오른쪽에 앉도록 해 책을 넘기면서 읽도록 했다. 30분 정도 지나면 다 읽은 아이들이 있다. 이럴 경우 속도 느린 친구들에게 책을 주면 책 읽기 활동이 효과적이다. 아이들과 책읽기 할 때 나도 함께 읽거나 아이들의 '생각하는 책갈피'를 확인한다. 내가 아이들이 쓴 책갈피를 읽거나 뭔가를 체크하면 아이들은 훨씬 더 적극적으로 책읽기와 책갈피 쓰는 활동에 임한다.

다음 책갈피를 보면 표시해둔 부분이 있다. 이는 책읽기 후 책갈피 발표시간이 있는데, 꼭 전체에게 공유했으면 하는 내용들이다. 고학년에 올라갈수록 스스로 발표하는 아이들이 줄어든다. 꼭 발표했으면 하는 내용도 아이들이 놓치는 경우가 많다. 특히 내성적인 아이들 중에는 자신들의 생각이 그렇게 멋지고 좋다는 것을 모를 때도 많다. 이런 점을 보완하기 위해 아이들이 책갈피에 적은 내용에 표시해두면 발표할 때 서로 겹치지 않으면서 다양하고 깊은

5학년 4반 김민지의 '생각하는 책갈피'

책 이름		꽃들에게 희망을	지은이	트리나 폴러스	수준	상,중,하	흥미	★★★★★
쪽	생각	궁 : 궁금해요 경 : 경험쓰기 상 : 만약에, 나라면~ 추 : 인물의 마음 읽기 토 : 토의거리 꼭 : 기억할 내용 마 : 마음에 드는 좋은 문장						
2	궁	'혁명'이란 무엇일까?						
4	궁	왜 호랑애벌레는 '그저 먹고 자라는 게 삶의 전부는 아닐거야'라고 말했을까?						
4	마	이런 삶과 다른 무엇인가 있을 게 분명해						
8	궁	왜 이 세상 모든 것들은 호랑 애벌레를 만족시켜 주지는 못했을까?						
11	궁	왜 호랑애벌레는 '저 애들은 삶에 대해 나보다도 아는 게 없어'라고 말했을까?						
27	마	호랑 애벌레는 위협을 기회로 바꾸었습니다.						
80	추	노랑애벌레는 호랑애벌레가 고치가 된 자신을 못 알아볼까봐 무서웠을 것이다.						

생각을 나눌 수 있다.

이런 활동은 아이들에게 많은 자극을 준다. 자신들의 활동에 선생님이 관심을 두고 있다는 것을 새삼 확인하기 때문이다. 또한 자신들이 읽기 과정을 잘 수행하고 있다는 확신이 들기도 한다. 다만 주의할 점은 모든 아이들의 책갈피를 확인하는 것이 중요하다. 30분 동안 아이들이 책 읽는 모습을 관찰하다보면 시간도 충분하다. 그리고 아이들이 얼마나 깊은 생각을 구체화하는지 감탄도 하게 된다. 따라서 특별한 교재도 필요 없다. 아이들이 쓴 내용을 발표하고 그 생각에 대한 다른 아이들의 의견을 서로 피드백하면서 공유하는 것. 이것이야말로 집단지성을 드러낼 수 있는 독서토론이라고 생각한다.

아이들이 쓴 책갈피를 보면 이미 이 책의 주제, 수업하려고 했던 의도, 중심 내용, 낱말에 대한 질문 및 이해가 대부분 들어 있다. 책갈피 자체가 다른 방식의 독서감상문이 된다.

질문으로 시작된 생각 나누기

책읽기와 책갈피 쓰기가 끝난 후에는 '칠판에 내 생각 적기' 활동을 한다. 이는 아이들의 개별적인 생각을 전체 공유함으로써 집단지성을 발휘할 수 있는 쉽고 재미있는 방법이다. 아이들의 발표도 좋지만 한정된 시간에 모두가 할 수는 없다. 독서토론에서 가장 중점을 두는 부분은 한 명도 소외되지 않고 모두가 참여하는 수업이다. '칠판에 내 생각 적기'가 바로 그런 활동이다.

이 활동을 할 때 먼저 아이들에게 몇 가지 질문을 던진다. "칠판에 내 생각을 적을 때 먼저 쓰는 것이 좋을까요? 나중에 쓰는 것이 좋을까요?" 아이들이 여기저기서 말한다. "단, 칠판에 적을 때 다른 사람이 쓰지 않는 내용을 적어야 해요. 같은 내용을 쓰면 따라하는 것 같아 재미없잖아요." 이러면 아이들이 어느 때보다 적극적으로 수업에 임한다. 책갈피에 쓴 내용 중 이왕이면 다른 생각을 쓰려고 한다. 그러면 중요한 내용을 포함해 다양한 생각으로 토론할 수 있다.

아이들이 쓴 내용을 보면 "노랑애벌레를 만난 뒤 왜 힘들게 올라온 애벌레 기둥을 내려가려고 했을까?", "호랑애벌레는 어떤 것에 만족할까?", "왜 수천 마리의 애벌레는 올라가려고 했을까?" 그야말로 함께 나누면 좋을 질문들이다.

아이들이 쓴 질문으로 서로 피드백하면 생각들이 자연스럽게 흘러나오게 되고, 정말 궁금해서 적은 질문들에는 답변이 된다. 이래서 따로 독서토론 교재가 필요 없다는 얘기다. 이 중 좀 더 깊이 나누고 싶은 질문을 선택해 토론 및 토의를 진행할 수도 있다. 다음은 아이들의 생각을 칠판에 쓴 내용이다.

왜 수천 마리의 애벌레는 올라가려고 했을까?(고이경)

노랑 애벌레를 만난 뒤 왜 힘들게 올라온 애벌레 기둥을 내려가려고 했을까?(손동진)

얼마나 많은 기둥이 있을까?(한수연)

호랑애벌레가 새로운 애벌레를 만났을 때 설렜던 것처럼 나도 새로운 친구를 만났을 때 설레는 마음이 비슷한 것 같아.(양승현)

너는 아름다운 나비가 될 수 있어. 우리는 모두 너를 기다리고 있을거야.(윤민)

나는 힘들게 올라갔으니까 내려가지 않고 꼭대기까지 올라가겠어.(찬희)

아이들과 나눈 이야기 중에서 인상적인 질문이 있다. "내가 호랑애벌레라면 노랑애벌레를 떠나 다시 기둥으로 올라갈 것인가? 그대로 있을 것인가?" 이 질문을 주제로 정해 찬·반 대립 토론을 했다. 이 토론이 특히 인상적인 이유는 5학년과 6학년의 분명한 차이

때문이었다. 이 질문을 던지면 많은 아이들이 다시 올라가지 않을 거라고 한다. 왜냐하면 책 결과를 이미 알고 있으니 아무래도 올라가지 않는 쪽의 아이들에게서 타당한 의견이 많이 나왔다. 그래서 질문을 바꿔 봤다. "호랑애벌레와 노랑애벌레는 어떤 사이일까?" 물었더니 5학년들은 대부분이 "친구, 우정"이라고 했다. 그런데 대부분의 6학년은 "사랑하는 사이요"라는 답변이 단번에 나왔다. 한 학년 차이지만 너무 재미있는 반응이었다. 6학년들과 수업하면서 "5학년들에게 물었더니 둘 사이가 우정이라고 하더라"라는 말을 해 주었더니 "와! 어리다"며 재미있어했다.

다시 책 내용으로 들어가서 "여러분은 사랑과 꿈 중 무엇을 이루고 싶은가요?"로 질문을 바꾸어 보았다. 이번에도 5학년들은 큰 고민 없이 꿈 쪽에 훨씬 손을 많이 들었다. '사랑은 무슨 사랑이냐'는 식의 반응이었다. 6학년들은 진지하게 고민하는 모습을 보였고 사랑을 선택하는 아이들이 좀 더 많았다. 그러면서도 "둘 다 이루겠다"는 대답을 하는 친구들이 있어서 수업은 재미있게 흘러갔다.

아이들과 꿈을 주제로 얘기할 때 부딪히는 문제가 있다. 이것은 지극히 현실적이다. '꿈'을 이룬다는 것은 좋다. 그러나 그 꿈을 이루기 위한 노력은 너무 힘들다. 꿈을 이룬 박지성, 김연아를 얘기할 때 마냥 좋을 수 없는 것이 그들의 숨겨진 노력을 이미 알기 때문이다. 나이가 들수록 꿈을 잃는 이유이기도 하다. 아이들도 학년이 올라갈수록 그 꿈에 대해 말하기를 주저한다.

그렇다면 모든 애벌레들이 각자 고치를 만들어 나비가 될 수 있듯이 우리도 나비가 될 수 있을까? 아이들이 칠판에 쓴 "너는 아름다운 나비가 될 수 있어. 모두가 나비가 될 수 있을 거야"를 바탕으로 어떻게 하면 모두 나비가 될 수 있을지 이야기를 나누었다. 애벌레가 고치를 만드는 것은 무엇을 의미할까? 나비가 된다는 것은 애벌레의 삶을 포기해야 한다. 그러나 애벌레의 삶을 포기하는 것은 힘든 일이다. 이 포기란 말을 들으면 또 망설여진다.

그래서 나비와 애벌레의 삶을 비교해 보았다. "나비와 애벌레는 어떻게 다를까요?" 아이들의 말을 정리하면 '나비는 아름답고 애벌레는 징그럽다. 나비는 자유롭게 날고 애벌레는 기어 다닌다. 나비는 꿀을 먹고 애벌레는 풀만 먹고 산다.' 이렇게 비교한 후 그렇다면 "여러분은 무엇이 되고 싶은가요?"라고 물어보았다. 그랬더니 모두가 나비가 되길 원한다고 대답했다. 이런 식으로 서로 주고받으면서 '꿈, 혁명, 경쟁'을 주제로 충분히 깊이 있게 나눌 수 있다. 다만 이 모두를 한꺼번에 나누기 보다는 아이들의 관심에 따라 나누어서 토론을 진행하는 것이 좋다.

나에게도 혁명이 일어날 것 같다. 내가 고쳐야 할 습관은 새로운 일에 선뜻 나서서 하지 않는 것이다. 수영이나 미술 등 내가 새롭게 배우는 것들이 있는데 이것들을 처음에 시작할 때 무조건 하지 않겠다고 했다. 하지만 미술은 정말 재미있게 배우고 있고 수영은 다음 달부터 배우게 된다. 이제 앞으로는 새로운 일에 두려워 회피하지 않고 선뜻 나서는 내가 되었으면 좋겠다. ― 윤현민, 5학년

6학년, 내 삶의 주인은 '나'

요즘 진로는 교육 전반에 화두가 되었다. 대학을 졸업하고 자신의 진로를 찾지 못해 방황하는 사람들도 꽤 많다. 무엇보다 사람은 누구나 행복하기를 원한다. 그러기 위해서는 자신이 무엇을 원하고 좋아하는지 어떤 방향으로 인생을 살아갈지 생각할 필요가 있다.

그래서 6학년들에게 문학을 통해 자신의 정체성에 대해 생각해 보는 계기를 갖고자 이 책을 선정했다. 단순히 '나는 의사가 되고 싶어요. 축구선수, 디자이너가 되고 싶어요.' 같은 직업 찾기가 아니라 현재 나에 대해서, 앞으로 어떻게 살았으면 좋겠다는 자신의 정체성 찾기를 목적으로 수업 방향을 계획했다. 이제 6학년이라 직업 찾는 활동은 진로 시간에 많이 하고 무엇보다 앞으로 바뀔 기회가 많다. '네 꿈이 무엇이니?'란 잦은 질문은 상투적인 답변이 나오도록 한다. 따라서 이번 수업에서는 '꿈, 직업' 찾기보다는 '정체성'과 '인생 방향'으로 설정했다.

일수의 탄생

유은실 글, 서현 그림, 비룡소, 2014

한 교실에 많은 아이들, 그들 중에 몇 명이나 기억에 남을까? 주로 말썽꾸러기이거나 무엇이든 잘하는 아이일 것이다. 책 속 주인공은 무엇이든 중간인 아이다. 그런데 내용은 그 인물의 일생을 다루었다. 사람은 한번쯤은 '나는 누구인가, 무엇을 원하는가, 왜 이렇게 사는가'라는 질문을 던지게 된다. 이 책은 그런 자극을 주는데 도움이 된다.

대상 : 5~6학년

관련 교과 : 6학년 국어 1. 문학과 삶

활동 주제 : '나'를 알고 포토스탠딩으로 표현하기

수업 목표 :

1. 책 속 인물을 통해 자신의 정체성에 대해 생각해 본다.
2. 내가 원하는 삶에 대해 사진을 통해 구체적으로 말할 수 있다.

수업 방법 :

1차시 : 내 인생의 주인은 누구인가 고민해보기

- 40~50분 동안 책읽기 및 <생각하는 책갈피> 쓰기
- 인물에 대한 내 느낌을 감정카드로 말하기
- 아이들이 만든 질문으로 토론하기
- 사명서 작성하기

2차시 : 포토스탠딩 토론하기

-주제에 맞는 사진 고른 후 생각 쓰기

인생의 주인은 누구인가

"여러분은 태몽이 있나요?"란 질문에 아이들은 "구렁이가 나왔대요. 할머니가 꾸셨는데 복숭아가 나왔대요." 등 자신의 태몽을 신나게 얘기했다. "태몽을 모르는 사람은 부모님이나 주변 사람한테 물어보세요. 혹시 태몽을 알려주지 않는다면 여러분도 일수처럼 '똥꿈'인지 몰라요." 아이들은 "와~"하며 웃고, 몇몇은 진지하게 혹시나 하는 표정도 지었다. 우선 아이들이 작성한 생각하는 책갈피를 발표하는 시간을 가져보았다.

"일수는 어떻게 모든 면에서 중간일 수 있을까?"
"일수의 엄마는 왜 일수를 붓글씨로 키우려고 했을까?"
"아버지는 왜 돌아가셨을까?"
"마음에 드는 문장은 일수야, 인생 별거 아니다예요."
"일석씨가 여자 친구에게 차였을 때 기분이 어땠을까?"

아이들이 발표한 내용 중 질문이 나올 경우에는 다른 아이들이 답변하고 마음에 드는 문장을 발표할 때는 공감의 표시를 하며 진행했다. 인상적인 의견은 "두고 보세요. 나중에 일수가 나를 돈방석에 앉혀 줄 거예요"란 내용이었다. 이 말은 일수 엄마가 아빠에게 일수에 대한 큰 기대를 갖고 자주 하는 말이다.

"여러분도 이런 말을 들어본 적이 있나요?" 여러 명이 손을 들었다. 주로 아빠보다는 엄마한테 많이 들어봤다는 것이다. "이때 여러분의 마음은 어땠나요?" 아이들의 자유로운 답변을 듣고 잠깐 미니토론을 했다. '1. 일수 엄마처럼 큰 기대를 갖는 것이 좋다 2. 일수 아빠처럼 기대를 안 하는 것이 좋다'. 기대를 안 하는 것이 좋다는 의견이 3분의 2가량 됐다. 그 이유로는 너무 부담이 된다는 거였다. 반대 이유는 기대를 갖고 있어야 좀 더 열심히 하게 되고 기분이 좋다는 의견이었다.

이렇게 아이들이 만든 질문은 자연스레 토론으로 연결된다. 서로 답변하고 다시 질문함으로써 읽을 때 알지 못했던 의미들을 깨닫게 된다. 아이들도 웃으면서 적극적으로 수업에 참여하게 된다. 그러나 '생각하는 책갈피'를 쓰지 않거나 자세히 읽지 않은 아이들도 있다. 자유롭게 발표하다보면 늘 하는 아이들만 발표하는 경우가 있어 이를 보완하기 위해 '자신의 생각과 느낌'을 구체적으로 발표하도록 활동지를 활용한다. "여러분도 친구의 의견에 공감이 가나요? 일수가 '같아요'라는 말 이전에 했던 말이 있지요? '몰라요' 왜 이런 말을 할까요?" 등장인물이 왜 그런 말을 하는지 피드백을 통해 주고받고 6학년들은 어떤 말을 많이 사용하는지에 대해 좀 더 의견을 말하도록 한다.

교사 : 여러분은 일수와 일석이 중 누가 더 마음에 드나요?
학생 1 : 일석이요.

교사 : 왜 일석이가 마음에 드나요?

학생 1 : 자신이 원하는 것을 알아요.

학생 2 : 요리가 좋아서 특별활동에 들어가요

학생 3 : 요리사가 되고 싶어 매일 연습하고 엉뚱한 요리를 만들어요.

학생 4 : 일수는 답답해요

일반적으로 책을 읽으면 주인공이 마음에 들기 마련인데, 이 책만큼은 주인공을 마음에 들어 하지 않는다. 그렇다고 주인공이 싫다는 것은 아니다. 아이들이 보기에도 자신이 무엇을 좋아하는지, 무엇이 되고 싶은지, 나중에는 백수가 되는 그 모습이 답답하고 갑갑하다는 것이다. 이렇게 아이들이 인물의 문제점을 발견함으로써 자연스럽게 독후 활동으로 이어졌다. 아이들은 책이 열린 결말로 끝난 것에 대해 많은 이야기를 들려주었다.

학생 : 그런데, 책 마지막이 이상해요. 끝난 것 같지 않아요.

교사 : 왜 그럴까요?

학생 : 뒷이야기를 상상해 보라고요.

교사 : 일수와 일석이가 떠나는 걸로 이야기가 마무리되는데 무엇을 찾으러 떠날까요?

학생 : 자신을 찾으러요.

일수와 일석이는 자신의 정체성을 찾으러 떠났다. 아이들은 그 점을 토론을 통해 잘 캐치해냈다. 일수가 자신에 대해 어렸을 때 한 번이라도 생각해봤다면 과연 어른이 된 후에 정체성을 찾기 위해 길을 떠났을까? 아마 그렇지 않았을 것이다. 어린 시절부터 자신에 대해 생각하고 고민하는 것이 중요한 이유다. 아이들에게 더 늦기 전에 무엇을 원하는지, 어떻게 살고 싶은지를 고민해 보라고 권했다. '인생의 주인공은 누구인가' 활동지를 작성하며 구체적으로 자신을 돌아보는 시간을 가졌다.

포토스탠딩 토론

1차시에 이어 2차시에는 '나'를 주제로 한 글쓰기 활동이다. 그냥 쓰려면 막연하고 어렵지만 사진을 이용하면 훨씬 더 구체적으로 쉽게 아이디어를 떠올릴 수 있다. '포토스탠딩 토론'은 사진을 통해 내 생각을 개별적으로 심사숙고한 뒤 다른 사람에게 발표함으로써, 정돈된 생각을 함께 공유하는 활동이다.

"여러분이 아직 자신의 정체성을 못 찾았다고 하니 이 시간에 글쓰기를 통해 찾도록 하겠습니다." "아…" 아이들의 입에서 깊은 탄식이 흘러나온다. "그냥 글쓰기가 아닌 사진을 활용하니 어렵지 않을 거예요. 자리를 모둠으로 만든 후 리더를 뽑으세요. 리더가 뽑힌 모둠은 빨리 나오세요. 좋은 사진 고르는데 유리할 겁니다." 아이들이 좋은 사진이라는 말에 탄식을 묻고 급히 서두른다. 사실 좋은 사진이라는 것은 없다. 사진 100장 중에서 일곱 모둠에게 약 14장 정도씩 무작위로 배부하기 때문이다. 다만 글쓰기란 부담을 지우기 위해 살짝 꼼수를 부린다.

"모둠별로 사진을 책상 위에 넓게 펼쳐 놓으세요. 오늘 주제는 '나는 누구인가, 무엇을 원하는가?'입니다. 이 주제를 계속 생각하면서 주제와 어울리는 사진을 고르세요. 즉 내 마음을 끌어당기는 사진을 고르면 됩니다." 사진을 선택할 시간을 준다. 이때 사진 고르는 시간이 너무 길어지지 않게 한다. 아이들이 직관적으로 마음에 드는 사진을 고르는 것이 아이디어를 창출하기에는 가장 좋다.

"이제 선택했으면 사진에서 생각나는 단어가 있을 거예요. 그림에서 떠오르는 느낌도 좋고 사진에서 드러나는 단어도 좋습니다. 단어를 많이 고를수록 글쓰기가 쉽습니다. 그 단어를 넣어서 글을 써 봅시다. 다만 사진을 설명하려 들지 말고 사진 또는 찾은 단어에 대한 자신의 경험을 쓴다면 훨씬 쉬울 겁니다."

아이들이 원하는 사진을 다 고른 후 남는 사진은 다시 모은다. 아이들이 일단 주어진 사진에서 고르긴 했으나 마음에 안 드는 사진도 있을 수 있다. 막상 글로 쓰려면 어려운 사진도 있다. 이런 아이에게는 사진을 다시 고르도록 기회를 준다. 유의할 점은 아이의 심정을 헤아려야 한다. 사진을 바꾸는 학생은 계속 반복한다. 이는 사진이 문제가 아니라 어떻게 써야 할지 모르는 경우가 많다. 이 아

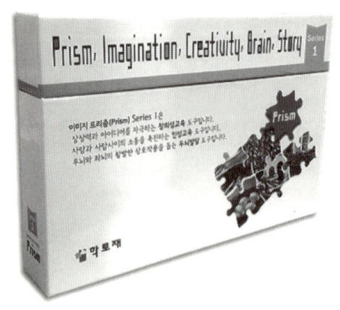 

포토스탠딩 토론에 활용한 프리즘 카드(사진-학토재)

이에게 그 사진을 왜 골랐는지 어떤 단어가 떠오르는지 이유를 물어본다. 그 사진과 연결되는 경험을 곁에서 들어 주다 보면 아이의 생각이 서서히 풀리게 된다. 글 쓰는 시간은 20분 정도 준다. 빨리 쓴 아이는 중간에 발표하도록 해서 다른 아이들의 생각을 돕는다. 글쓰기가 끝난 후, 발표를 원하는 아이나 잘 쓴 글을 뽑아 사진과 함께 읽도록 한다.

『일수의 탄생』을 선정한 이유는 주인공과 비슷한 아이가 많다는 생각이 들어서이다. 자신이 무엇을 원하는지 모르고, 일수처럼 평범하다고 생각하는 아이들이 교실에 많았기 때문이다. 물론 아이들을 잠깐이라도 개별적으로 만나면 모두가 예쁘고 개성 있고 재능이 보이고 멋진 아이들이다. 그러나 교실에 단체로 앉아 있으면 그러한 것들이 많이 묻혀 버린다.

1차시에는 왜 나를 아는 것이 필요한지와 앞으로 어떻게 살고 싶은지에 대한 조명을 했다면 2차시에는 그동안 튀는 아이들 속에

문힌 아이들이 수면 위로 드러나는 수업이었다. 정말 조용해서 이름조차 몰랐던 아이들의 이름을 알게 되었고 다른 아이들한테도 그 아이를 보여주는 수업이었다. 글쓰기 싫어하는 남자 아이들도 자신이 좋아하는 오토바이나 마우스, 기타 치는 사진을 고른 후에 생각을 표현했다. 사진과 생각을 연결해 쓴 글을 보면서 아이들의 기발한 아이디어에 감탄이 나왔다. 나라면 저렇게 쓸 수 있을까라는 생각이 들 정도였다. 책 이야기만으로 끝나지 않고 아이들의 생생한 이야기를 들을 수 있었다. 물론 아이들도 자신의 생각을 글로 표현하는 것에 부담이 있었을 것이다. 하지만 평소 생각하지 않았던 자신의 모습을 창의적으로 표현할 수 있어, 나름대로 성취감도 있었으리라 기대해 본다.

책읽기는 그 자체만으로도 의미 있는 일이다. 책을 읽는 것만으로 재미, 치유, 지적 탐구 등을 채울 수 있다. 그러나 독서토론 수업이니까 교육적 효과를 누리고 싶었다. 특히 소모임이 아닌 학교 교실에서 전체가 참여해 집단지성을 발휘되는 것을 목표로 했다. 개별적인 감성이나 생각이 묻히지 않으면서 모두가 모여질 때 그 시너지는 다분히 즐겁고 감동적이다.

앞에 제시된 수업들은 각 학년별로 '꿈'을 주제로 다룬 것 중 하나씩만 꺼냈다. 꿈을 주제로 할 때 적합한 다른 책들도 많다. 다만 앞에 소개한 수업은 아이들이 학년에 맞는 책을 직접 읽고 개별적인 생각을 먼저 정리한 후 전체가 공유하면서 자신이 보지 못한 것을 알도록 했다.

그래서 수업도구와 읽기 전략이 반복됨을 눈치 챘을 것이다. 바로 '생각하는 책갈피' 쓰기와 '질문하기' 전략이다. 책을 빨리 읽는 것으로 그치지 않고 천천히 읽으면서 글 사이에 자신의 생각을 넣는 것. 책의 주인공이 되는 활동이다. 단순히 뒷이야기 상상하기를 넘어선 자신의 수준에 맞는 질문하기를 익히는 것도 중요했다. 아이들 수준에 따라 질문은 어려운 어휘, 내용 이해 부족, 생각 확장 등 다양하게 나왔다. 학부모나 교사 입장에서 '생각하는 책갈피'를 보면 아이의 수준과 어떻게 독서를 지도하는 것이 좋을지 확인할 수 있다. 모든 책을 이렇게 읽을 수는 없지만 지속적인 수업을 통해 정독하고 토론하는 습관을 기를 수 있다.

나의 신호등

6학년 4반 이승훈

　나는 누구이고, 무엇을 원하는가? 내가 고른 그림은 횡단보도이다. 이 그림을 고른 이유는 사람은 빨간불일 때는 기다리고 파란불일 때는 길을 건넌다. 그리고 급하게 길을 건너려고 하다가는 교통사고가 일어날 수 있다. 이는 사람의 인생과 비슷한 것 같다. 파란불이 인생을 잘 풀리는 것을 뜻한다면 사람에게는 빨간불도 올 때가 있다. 인생의 빨간불일 때는 기다리는 시간을 가져야 한다. 그러나 이때를 기다리지 못하고, 횡단보도를 건너다가 교통사고가 나는 것과 같이 힘듦이라는 병원 속에서 쉽게 나오지 못할 것이다. 사람에 따라 초록불이 켜지는 시간과 빨간불이 켜지는 시간은 다르다. 빨간불이 켜지는 시간이 길수록 초록불이 켜지는 시간이 길어야 뒤처지지 않는다.

　나도 큰 사고는 아니지만 무단횡단을 하다가 교통사고가 난 적이 있을 것이다. 나는 지금 초록불인 것 같다. 그러나 내 신호등은 언제든지 빨간불로 바뀔 수 있다. 나는 누구인가? 나는 인생의 초록색 신호등이 켜져 있는 사람이다. 그리고 나는 무엇을 원하는가? 내가 원하는 것은 빨간불이 켜지지 않는 것이다. 마지막으로 현재 빨간불인 사람은 파란불이 켜질 때까지 무단횡단하지 않고, 초록불인 사람은 빨간불이 켜질 때까지 열심히 앞으로 전진하자.

한계

6학년 1반 양희우

거미는 줄로 자신을 가둔다. 자신을 감싸는 줄은 단 두 종류이다. 한 실은 끈적하고, 한 실은 안 끈적해 건널 수 있다. 거미는 그 중앙에서 산다. 거미는 처음에 그 몸 자체이다. 그러나 자신이 줄을 만들며 스스로 만든다.

거미는 집 밖으로 나가지 않는다. 시력이 안 좋아 어딘지 모르는 것이다. 우리는 처음에 그저 하나로 나타난다. 하지만 자신만의 독창적이고 심오하며 어찌 그 안에 있으면 편안하기까지 한 자신이 만든 것 속으로 간다. 물론 나가는 길은 있다.

거미는 끈적한 줄과 그냥 줄을 내뿜고 그냥 줄을 밟는다. 끈적한 줄은 무자비하다. 주인을 못 알아보니 말이다. 자신이 만든 것에 실수로 걸릴 수도 있다. 자신의 패턴에 그 자신은 알 수 없게 깨진 패턴에 걸리기도 한다. 거미들은 가끔 자신의 거미줄을 키우기도 한다. 그건 결국 자신의 한계를 키우는 게 아닐까?

가끔 가다 거미줄 중에는 크기가 마치 사람도 잡을 것처럼 큰 것도 있다. 그런 거미들은 우리 입장에서는 한계를 깬 게 아닐까? 이게 내가 생각하는 삶이고 바로 이 사진이 마음에 든 이유다.

> 활동지

생각하는 책갈피

__학년 __반 이름_____

책이름			지은이		수준	상,중,하	흥미	☆☆☆☆☆
쪽	생각	궁 : 궁금해요 경 : 경험쓰기 상 : 만약에, 나라면~ 추 : 인물의 마음 읽기 토 : 토의거리 꼭 : 기억할 내용 마 : 마음에 드는 좋은 문장							

__학년 __반 이름_____

책이름			지은이		수준	상,중,하	흥미	☆☆☆☆☆
쪽	생각	궁 : 궁금해요 경 : 경험쓰기 상 : 만약에, 나라면~ 추 : 인물의 마음 읽기 토 : 토의거리 꼭 : 기억할 내용 마 : 마음에 드는 좋은 문장							

내가 되고 싶은 것 글쓰기

___학년 ___반 이름_____

나는 천재가 아니야

로드리고 무뇨스 아비아 지음, 나오미앙 그림, 김민숙 옮김, 시공주니어, 2013

내가 하고 싶은 것이나 되고 싶은 것을 주장하는 글을 써 봅시다. 롤라처럼 내가 좋아하는 것, 내가 잘하는 것을 계속 할 수 있도록 내 꿈을 다른 사람한테 표현해보세요. 혹시 내가 하고 싶은 것을 반대하는 사람이 있다면 그 사람을 설득하는 주장글을 써봅시다.(만약 내가 되고 싶은 것이 없다면, 롤라의 입장에서 글을 써 보세요.)

제목 :

삶의 주인으로서 자신의 사명 찾기

___학년 ___반 이름_____

삶의 주인은 누구인가요? _____

인생을 주도적으로 설계하는 것이 주인의 역할이고 여기에는 책임이 따릅니다. 내가 목표를 정할 때 내 인생의 주인이 됩니다. 다음 질문에 따라 내 인생의 목표를 정해봅시다.

- 달리기 경주에서 골인선이 없다면?
  100m, 400m, 1500m 의 스타트 방법은?
  100m, 400m, 1500m 의 훈련 방법은?
  목표가 있고, 목표에 따라 계획도 달라진다.

1. 나는 어떻게 살고 싶은가요? - 인생의 목적 가치 찾기

   내 인생의 목적에 해당하는 단어에 ○ 하세요.

   자유, 자아실현, 평화, 복지, 행복, 풍요, 애국, 평등, 지혜,
   인간존엄성, 공익, 가정, 사랑, 잠재력 개발, 정의, 깨달음,

2. 위의 목적을 위해 무엇을 사용하고 싶은가요? - 도구 가치 찾기

   목적을 추구하는 데 이용할 도구가 되는 단어에 ○ 하세요.

   책임, 성실, 출세, 우정, 일관성, 예의바름, 근면, 교육,
   돈, 명예, 정직, 절약, 나눔, 창의성, 권력, 절제, 약속 지킴,

3. 나는 누구를 위해 살고 싶은가요?

   의미가 되고 싶은 대상에 ○ 하세요.

   어린이들, 학생들, 행복을 추구하는 사람들, 장애인들, 북한 사람들, 성공을 꿈꾸는 사람들,
   모든 사람들, 도움을 필요로 하는 사람들, 가난한 사람들, 부모님, 친구

4. 나는 ○○ 같은 사람이 되고 싶다.

   자신을 표현하고 싶은 사물이나 인물에 ○ 하세요. (~같은)

   바다, 산, 거인, 바위, 꽃, 무지개, 파수꾼, 나무, 숲, 우주, 태양, 지구, 별, 달, 등대, 빌게이츠,
   나폴레옹, 간디, 이순신, 아인슈타인, 피카소, 베토벤, 신사임당

독서를 완성하고
뒷받침하는 글쓰기

윤정미 _진말초등학교

5학년 홍준이는 평소에 책을 많이 읽기로 소문이 났다. 수업 시간에 선생님한테 질문을 받거나 자신의 생각을 말할 때에도 막힘이 없다. 도서관에서 책도 자주 빌리고, 읽은 책과 관련해 수업시간에 이야기할 기회가 있으면 다른 친구들이 생각하지 못했던 내용을 설명해주기도 한다.

그런 홍준이가 글쓰기 수업을 할 때는 단 한 자도 쓰지 못한다. 교사가 순회지도를 하면서 교실을 몇 바퀴 돌아도 홍준이의 활동지는 백지 그대로다. 왜 쓰지 않느냐고 물으면, 뭘 써야 할지도 모르겠고 귀찮다는 대답이 돌아온다. 그러고는 턱을 책상에 괴거나 엎드려 있으며 시간을 보낼 뿐이다.

글쓰기 교육, 무엇이 문제일까

읽기 영재가 글쓰기는 낙제

아이들은 '글쓰기, 정말 싫다!'라고 생각하고, 어른들은 책을 많이 읽으면 당연히 글도 잘 써야 한다고 생각한다. 홍준이의 국어 수행평가지를 본 적이 있는데, 어떤 상황을 예시로 주고 그에 대한 자신의 생각을 쓰는 시험이었다. 홍준이는 분명 똑똑한 학생이지만, 수행평가에서 요구하는 자신의 생각을 제대로 표현하지 못했다.

글은 직접 써보는 일이 중요하다. 읽기와 쓰기는 문자가 흐르는 방향이 정반대다. 읽기는 학습자의 외부에 있는 문자를 인지하는 과정이고, 쓰기는 학습자 내부에서 인지한 내용을 일정한 구조로 엮어 결과물을 내놓는 과정이다. 쓰기는 읽기보다 몇 배의 시간과 노력, 에너지가 드는 일이다. 자신의 지적능력보다 수준 높은 책을 읽는 것은 가능하지만 자신의 수준을 뛰어넘는 글쓰기는 불가능하다. 좀 심하게 말하자면 책읽기는 눈만 뜨고 있으면 할 수 있는 일이고, 독서토론도 대충 자기 생각을 짧게 표현하거나, 친구가 발표할 때 옆에서 고개만 끄덕이고 있어도 묻어갈 수 있다. 하지만 글쓰기에 이르러서는 문제가 좀 달라진다. 하다못해 친구의 글을 베껴 쓴다 하더라도 본인이 직접 손을 움직이고 생각을 해야 한다. 친구의 글을 기억해야 하고, 기억하려고 애를 쓰면서 내용도 좀 더 머릿속에 잡아둬야 한다. 또한 기억한 내용을 글로 쓰면서 자신이 쓴 글을 묵독하게 되며, 그것은 마음속의 소리로 내 귀에 한 번 더 들리게 된다. 유명한 작가들이 글쓰기 훈련 방법의 하나로 '필사'를 한다는 사실은 널리 알려져 있다. 좋은 글을 베껴 쓰면서 글에 대한 감각을 익히는 것이다.

글쓰기는 이렇게 가장 단순한 방법 안에도 복잡한 과정이 있고, 많은 에너지가 소비되는 활동이다. 아이들이 글쓰기를 힘들어하는 것은 당연하다는 전제를 하고 처음에는 어떻게든 쓸 수 있도록 격려해줘야 한다.

여기에 덧붙여 홍준이가 쓰지 못하는 이유를 한 가지 더 지적하자면, 홍준이의 독서 활동은 정보책에 편중되어 있다. 대체로 초등 저학년 때에는 학급의 거의 모든 아이들이 책을 읽는다. 그러나 고학년으로 갈수록 학급의 전체적인 독서량이 뚝 떨어지면서, 소수의 아이들만 책을 읽는다. 게다가 이 아이들에게는 문학책만 읽거나 정보책만을 읽는 편독 현상이 두드러진다. 홍준이는 정보책들, 그 중에서도 역사, 사회 관련 책들을 주로 읽었다.

이런 아이들의 글쓰기를 살펴보면 자신이 알고 있는 지식을 나열하는 것 이상을 쓰기 힘들어한다. 수업시간에 홍준이처럼 정보책만 읽는 아이들이 발표하는 내용을 들어보면 스스로 정리가 되지 않아 길고 장황한 경우가 많다. 그러다 보니 자신이 처음에 발표하고자 했던 핵심을 잊고 흐지부지 마무리곤 한다.

중요한 것은 내가 알고 있는 지식을 맥락에 맞게 잘 꺼내 활용하는 능력을 갖는 것이다. 그저 머릿속에 들어 있는 지식을 나열하는 일은 백과사전이나 인터넷에 흘러 다니는 정보에 미치지 못한다. 학년이 올라갈수록 객관적이고 논리적인 글쓰기를 할 기회가 많이 있는데, 이를 위해서는 지식을 어떻게 구조화시킬 것인가를 알아야 한다. 어떤 기준이나 관점을 세워 지식을 이렇게 저렇게 엮어보는 훈련을 해야 하는데, 이때 도움을 주는 것이 문학 읽기이다. 문학 읽기는 기존에 알고 있던 고정관념을 깨뜨리고 새로운 관점에서 생각해볼 기회를 제공한다. 즉 문학을 읽음으로써 상상력에 날개를 달고, 창의력이 발현되며, 인간과 사회에 대한 이해의 폭이 넓어지는 것이다. 다양한 분야의 독서가 필요한 이유다. 다양한 분야의 독서는 단지 쌓여 있기만 한 지식을 조직하고, 한 줄기의 논리적인 생각으로 표현하게 한다.

아이들의 글쓰기 환경

아이들이 가장 많이 경험한 글쓰기는 일기와 독서기록장일 것이다. 학교에서는 아이들에게 의무적으로 일기와 독서기록장을 쓰도록 강조하곤 한다. 저학년의 경우 학부모와 교사의 열성으로 아이들이 의무적으로 몇 편인가를 채우지만, 고학년이 되면 그나마도 아예 하지 않는 경우가 비일비재하다. 학교도서관에서 저학년과 고학년의 학급도서 대출 권수에도 많은 차이가 난다. "선생님, 독서기록장에 쓰기 좋은 짧고 쉬운 책 어떤 거예요?"라고 물으며 도서관 문을 여는 아이들도 쉽게 만날 수 있다.

이러한 상황인데도 '일주일에 몇 번 일기 쓰기', '몇 권 이상 책 읽기'와 같은 정량적 과제는 오랜 시간 학교의 글쓰기와 독서교육의 중요한 방법이 되어왔다. 학교 여건상 어쩔 수 없는 부분도 있지만, 그 사이에 아이들은 독서와 글쓰기에서 점점 멀어지고 있는 것이다.

이 외에도 학부모나 교사들이 쓰기를 체벌로 이용하는 경우도 많다. 밤에 졸음에 힘겨워하는 아이들에게 일기 다 쓰기 전엔 못 자게 한다든지, 지각이나 숙제를 해오지 않는 것에 대한 벌로 반성문이나 반복적이고 방대한 양의 쓰기 과제를 내주는 경우도 있다. 그렇게 해서라도 글쓰기를 해보게 하려는 교사와 학부모의 의도를 아이들은 모르는 것이 문제다. 인간의 경험이 강한 정서적 충격과 함께 이루어지면 그 경험은 쉽게 잊히지 않는다. 아이들에게 글쓰기에 대한 경험이 긍정적이지 않다면 글쓰기 교육의 문제는 더 풀기 어렵게 된다.

여기에 더해 디지털 기술의 발달은 사회와 문화에 큰 변화를 가져오고 있으며, 그 속도도 점점 빨라지고 있다. 이는 인간의 읽기와 쓰기, 그리고 사고방식 전반에 영향을 주고 있다. 최근의 연구에 따르면 21세기 청소년 학습자의 특징은 사고가 분석적이기보다는 삽화적이고, 언행이 성찰적이기보다는 반사적이라고 한다. 주의집

중 시간은 짧아지고, 문자언어보다는 시각자료로 소통하게 된다는 것이다. 따라서 학습 부진아가 증가하고, 충동 및 감정 통제 능력이 저하되는 등 학습자로서 청소년들은 현재의 교육 여건과 어울리지 못하고 현장의 테두리를 많이 벗어나고 있다. 이는 이미지가 주요한 소통의 방법이 되는 현대 사회의 특성을 반영하는 것이다.

이미지는 그것을 보는 사람으로 하여금 무엇인지 하나하나 따져보게 하기보다는 전체적인 인상을 순간적으로 파악하게 만들기 때문에 빠른 시간에 우리의 시각을 빼앗고 반응하게 만든다. 아이들이 좋아하는 게임도 이미지와 소리로써 사용자에게 즉각적인 반응을 요구한다. 후두엽으로 전해진 자극은 전두엽에 닿기도 전에 반응이 완료된다. 게임을 하는 동안에 인간의 고등한 사고력을 담당하는 전두엽이 활성화되는 경우는 드물다.

이러한 상황에서 어쩌면 선형적이고 연대기적인 쓰기는 아이들이 출생하고 성장해온 환경에 부합하지 않는 방식인지도 모른다. 아이들은 어려서부터 컴퓨터나 스마트폰과 같은 디지털 기기를 다룬다. 학교에서도 쉬는 시간이나 독서동아리 활동을 하러 와서 잠깐 기다리는 동안에도 아이들은 스마트폰을 놓지 못하고 있다.

궁금한 것이 있으면 간단한 인터넷 검색으로 찾고, 줄임말과 은어의 홍수 속에 살고 있다. 소통을 위한 대화, 즉 디지털 기기에서의 문자 메시지 역시 효율성을 추구하기 때문에 아이들에게 긴 호흡의 글을 읽거나 쓰게 하는 것은 무의미하고 불가능한 일처럼 인식시킬 수도 있다.

아이들의 삶의 환경은 글쓰기 교육에 결코 우호적이지 않다. 오히려 글쓰기를 방해하는 요인들이 주변을 둘러싸고 있다. 10년 넘게 영어를 배워도 영어 한 마디 못하는 것처럼 학교교육을 10년 넘게 받아도 논리적인 글 한 편 제대로 쓸 수 있는 사람은 많지 않다. 영어교육만 문제가 아니라 글쓰기 교육은 더 큰 문제를 가지고 있다.

왜 써야 하는가

초등 국어 교과서에서는 각 학년에 따른 글쓰기 방법을 다루고 있다. 저학년은 정서표현과 관련된 글을, 고학년에서는 보다 객관적인 글을 쓸 수 있도록 한다. 저학년에서는 일기 쓰기나 독서장 쓰기가 일상생활에서도 강조되는 반면 고학년은 글쓰기를 강요하지는 않는다. 글쓰기 교육은 저학년에 치중되어 있다. 글쓰기를 생활화해 삶을 기록하고 그에 따른 자신의 생각을 물 흐르듯 자연스럽게 표현하도록 지도하는 일은 중요하다. 글을 쓰는 일은 자신의 생각을 한 발 떨어져서 객관적으로 들여다보게 하는 일이고, 성찰을 가능하게 해준다. 그래서 글쓰기 교육은 고학년에서 더욱 강조되어야 한다.

학교교육은 지식을 전달하는 일 외에 스스로 탐구하고 깨달아가는 방법을 가르치는 것을 목표로 하기도 한다. 학습은 '입력'만으로 일어나지 않는다. 아직도 '책을 많이 읽는다'는 사실에만 위안을 얻는 학부모들이 적지 않다. 물론 읽지 않는 것보다는 낫겠지만 책을 읽는 '입력' 작용만으로는 충분할 수 없다. 앞서도 언급했지만 그것은 그저 많은 지식의 나열일 뿐이다. 좀 기계적으로 표현하자면 '입력-분류·분석-출력'이라는 과정을 거쳐야 비로소 진짜 앎이 완성되는 것이며, 자신의 탐구 방법을 찾을 수 있다.

글을 쓰는 과정은 판단의 연속으로 이루어져 있다. 무엇에 대해서 쓸 것인가, 무엇을 소재로 할 것인가, 대상을 누구로 할 것인가, 어떤 단어를 고를 것인가, 고른 단어들을 어디에 배치할 것인가 등 끊임없이 전체와 부분의 그림을 맞추면서 판단해야 한다. 그러한 과정에서 '입력'한 지식을 '분류', '분석'하여 '출력'하는 학습 과정에서 인간의 지적인 활동을 담당하는 뇌의 전두엽이 끊임없이 자극받게 된다.

몇 년 전 세계 최대 IT 회사들이 있는 미국의 실리콘 밸리 한복판에서 컴퓨터는 물론이고 일체의 스마트 기기를 사용하지 않는 발도르프 학교 이야기가 화제가 된 적이 있다. 마이크로소프트사나 구글, 페이스북과 같은 회사의 임직원들은 자녀의 스마트 기기 사용을 제한한다는 것이다. 스마트 기기를 사용하는 방법은 갈수록 쉬워지기 때문에 나중에 배워도 무방하며 먼저 읽기와 쓰기 등의 즐거움을 알도록 하는 것이 우선되어야 한다는 생각이었다.

이미 10여 년 전 미국의 '학교와 대학의 글쓰기교육 국가위원회'에서는 글쓰기는 소수의 사람들이 가진 어떤 기교가 아니라 다수를 위한 필수적인 기능이며 글쓰기 교육에 획기적인 변화를 가져와야 한다고 주장한 바 있다.

미국의 스티브 그레이엄 마이클 허버트 교수는 1~12학년 학생들을 대상으로 연구한 결과 글쓰기가 읽기 능력, 즉 독해력을 향상시키는 필수적인 기능임을 증명했다. 여기서 쓰기는 한 편의 완성된 글을 비롯해 책에 대한 간단한 메모, 개인적인 반응, 해석, 요약 등을 모두 포함한다. 지난 10여 년 동안 학자들은 이론과 실제에 있어서 읽기와 쓰기가 매우 강한 연관성을 가지고 있다는 것을 강조해왔다. 따라서 모든 학년의 교과 과정에서 글쓰기 수업이 이루어져야 한다고 주장한다. 저학년의 경우 글쓰기를 통해 맞춤법, 단어, 문장의 구조를 익히고 이것이 읽기 유창성을 향상시키는 바탕이 되며, 고학년은 글쓰기를 통해 글을 조직하는 고도의 사고 능력을 발달시키는 데 도움을 준다.

글쓰기는 독서를 완성하는 활동이기도 하지만, 독서 능력을 끌어올려 다음 독서로 이어지도록 뒷받침하는 활동이기도 하다. 21세기의 넘쳐나는 지식과 정보들 속에서 문식능력을 갖춘 아이들을 길러내기 위해서는 학교에서 아이들에게 사색하며 글을 쓸 수 있도록 충분한 시간을 주어야 한다.

글쓰기 수업의 바탕을 마련하자

"저 원래 글 못 써요." 이렇게 말하며 글을 쓸 생각을 아예 하지 않는 아이들. 그런 아이들에게 물어보곤 한다. "태권도를 못하거나 피아노를 못 치면 학원에 가서 배우고 연습하면서 잘할 수 있도록 노력하지요? 글쓰기는 왜 그렇게 하지 않으려고 해요?" 그리고 상급학교에 진학하면 글쓰기로 평가받을 일이 더 많은 것이며, 글쓰기도 노력하면 잘 쓸 수 있게 된다는 이야기를 하며 아이들을 설득하는 일이 많다.

쓰기 수업에 앞서서 아이들에게는 독서와 토의토론을 통해 스스로 생각할 기회를 주어야 한다. 글쓰기는 없는 글을 지어내는 것이 아니라 사색의 결과물을 조직하는 것이다. 읽는 것은 자신의 능력 범위를 벗어나는 것도 조금은 할 수 있으나 글쓰기는 딱 자신의 능력만큼이다. 자신이 알고 생각한 것 이상을 쓰는 것은 불가능하다. 그래서 그 사람이 쓴 글을 보면 그에 대해 알 수 있는 정보들이 많다.

일기나 생활문처럼 자신의 경험을 생생하게 적는 것도 필요하다. 그러나 책을 읽고 토의토론의 결과로 글을 쓸 때처럼 다양한 어휘력을 구사하거나 깊이 있는 사고력을 배양하기에는 다소 부족하다. 따라서 학년의 수준과 흥미에 맞는 수업 내용이 필요하다.

독서토론사들이 만든 다양한 활동지에는 아이들이 책을 읽으면서 간단하게 생각을 적도록 만든 활동이 많다. 역시 쓰기 수업의 바탕을 마련하는 데 중요한 자료들이다. 활동지에는 읽은 책에 대한 질문과 그에 대한 답을 기록하기도 하고, 추론의 결과나 자신의 생각과 느낌을 쓰기도 한다. 때로는 내용을 요약하여 쓰기도 하고 다른 친구들이 발표하는 내용을 받아 적기도 한다. 이러한 모든 활동들이 나중에 글쓰기에 도움이 된다.

나는 독서와 토의토론을 통해 아이들의 표현욕구를 자극해 글쓰기를 하고 싶게끔 수업을 계획했다. 그 중에서 독자들과 함께 공유하고 싶은 글쓰기 교육 사례와 방법을 공유하고자 한다.

잡지를 활용한 협력적 글쓰기

협력적 글쓰기라는 말은 내가 붙인 이름이다. 사실 여기에서 말하는 협력적 글쓰기는 직소토의의 방법과 같다. 직소토의는 학습의 주제가 정해지면 그 주제를 탐구하기 위해 주제와 관련된 여러 개의 과제를 나누어 학습하는 활동이다. 각 모둠에서는 각자 흥미 있는 과제를 나누어 맡고, 같은 과제를 가진 다른 모둠의 구성원들끼리 새로 모둠을 만들어 과제에 대한 학습을 한다. 그런 후, 학습한 내용을 가지고 자기 모둠으로 돌아와서 구성원들과 공유하면 된다.

협력적 글쓰기역시 마찬가지다. 이 수업의 중심은 같은 과제를 가진 사람들끼리 모여서 학습한 내용을 글로 정리하는 데 있다. 각자 맡은 주제에 대해 정리한 글은 학습 주제에 대한 단락이 된다. 마치 직소퍼즐처럼 모둠 구성원의 글을 모아서 한 주제에 대한 글을 완성하면 된다.

협력적 글쓰기를 통해 기대하는 것

'협력'은 시대적 경향이다. 과거에 분명했던 산업과 학문 분야 등의 경계가 허물어지고, 융합과 협력을 통해 새롭고 다양한 결과를 창조해내는 시대다. 협력은 화학적 결합을 통해 이전에 볼 수 없었던 것을 창조할 수 있는 유용한 방법이 되었다.

글쓰기도 협력을 통해 새로운 내용을 창조할 수 있지 않을까? 아이들과 협력적 글쓰기 수업을 한 것도 그러한 이유에서였다. 글쓰기에 대한 부담을 줄이고, 글의 구조를 인식하며, 협력에 대한 경험을 쌓게 하고 싶었다. 먼저 글쓰기 주제를 정한 다음 세부 과제로 쪼개어 아이들에게 각자 한 부분씩 맡게 하였다.

아이들에게는 찾은 정보를 정리하는 것도 어려운 일이다. 정보를 수집하는 목표가 뚜렷하지 않거나 사용된 단어들이 어렵고, 어떤 내용을 취하고 무엇을 버려야 할지 잘 모르기 때문에 무조건 베껴 오는 경우가 많다. 주어진 정보로 한 편의 글을 재구성하는 과정은 내가 가지고 있는 지식을 바탕으로 하여 내 말로 바꾸는 것이다. 이렇게 하려면 자료를 정리하면서 모르는 어휘를 그냥 넘어갈 수는 없다. 선생님에게 설명을 듣거나 직접 사전을 찾아서 뜻을 이해하고 보충하는 과정을 거치면서 의도하지 않아도 자기주도 학습을 하게 된다.

어린이잡지의 재발견

독서수업에서는 가능한 신간 위주로 독서에 흥미를 가질 만한 재미있는 책을 활용했다. 그러나 지식과 정보를 얻기 위한 책 중에서는 아이들에게 선뜻 권해줄 수 있는 책이 그리 많지가 않았다. 재미있으면 정보가 부족하고, 정보가 많으면 너무 어렵다는 것이 문제였다.

이때 학교도서관에서 구독하고 있는 어린이 잡지가 눈에 들어왔다. 잡지는 생생한 사진들과 흥미 있는 정보들의 보고이자, 단순한 인쇄물이 아니라 사진, 그림, 타이포그래피 등을 활용한 멀티미디어적 성격을 띠고 있다.

도서관에 보관되어 있는 약 2년간의 잡지들을 훑어보았다. 교과 연계가 가능한 내용이 있는지 검토해본 후 '도시 생태계'로 학습 주제를 정했다. 대개 학교에서 하는 환경 관련 수업은 지구의 환경오염, 동물의 멸종 등 단편적으로 보았을 때 아이들의 삶과 거리가 먼 주제들이 많았지만, 잡지에서 다루고 있는 문제들은 매우 다양하고 광범위해서 아이들의 삶과 가까운 정보들을 추려낼 수 있었다.

아이들에게 직소토의 방법을 안내하면서 지식과 정보를 공유하기 위한 협력적 글쓰기를 할 것이라고 말했다. 협력적 글쓰기는 글쓰기에 대한 부담을 덜 수 있다는 장점이 있지만, 각 구성원이 자신의 역할을 제대로 수행하지 않으면 완성적인 결과물을 낼 수가 없다. 아이들에게 이 점을 강조하면서 자신이 맡은 과제에 최선을 다

대상: 6학년

활동 주제: 도시 생태계

수업 목표: 책에서 읽는 목적에 맞는 정보를 찾아 글로 정리하고 설명할 수 있다.

수업 방법:

1. 주제 관련한 과제 나누기(도시의 먹이사슬, 민가에 나타나는 야생 동물, 자연을 닮은 건물, 도시의 나무, 바퀴 벌레, 고양이와 삶, 생물의 다양성, 음식 쓰레기)
2. 모둠원들끼리 협의하여 흥미로운 과제 맡기
3. 다른 모둠의 같은 과제를 가진 사람과 새로운 모둠 만들기
4. 함께 책 읽고 과제에 대해 정리하기
5. 원래 모둠으로 돌아가 자신의 과제에 대해 설명하기
6. 적당한 순서로 각자 쓴 글 모아서 붙이기(글의 구조 알아보기)

수업 자료: 〈과학소년〉, 〈위즈키즈〉, 〈과학쟁이〉, 〈생각쟁이〉, 〈어린이 과학동아〉 등의 어린이잡지와 활동지

하자는 다짐을 받았다.

큰 주제인 '도시 생태계'에 대해 세부 과제를 나누었다. 도시의 먹이사슬, 민가에 나타나는 야생 동물, 자연을 닮은 건물, 도시의 나무, 바퀴 벌레, 고양이와 삶, 생물의 다양성, 음식 쓰레기 등이 그

것이다. 아이들이 매일 가까이에서 경험할 수 있는 것들을 세부 주제로 구성했다.

학급의 인원수는 24~25명 정도다. 원래 모둠은 네 명씩 여섯 모둠 정도가 나오도록 했고, 전문가 그룹(세부 과제 토의 모둠)은 세 명씩 여덟 모둠이 되도록 계획했다. 잡지책은 전문가 그룹 당 한 권을 함께 보도록 했다.

원래 모둠의 구성원들에게 큰 주제와 세부 주제를 소개하고 각 모둠의 구성원들이 각자 흥미로운 과제를 나누어 갖도록 하였다. 그 다음에는 같은 과제를 가진 전문가 그룹을 새로 구성하여 여덟 모둠을 만들어 앉았다. 각 모둠은 여덟 권의 잡지책 중 자신의 과제에 해당하는 잡지책을 가지고 가도록 했다.

협력적 글쓰기 방법과 주의사항

과제를 진행하기 전, 아이들에게 자료를 정리하기 위한 방법과 주의사항을 안내했다. 이는 협력적 글쓰기를 지도할 때 교사들도 알아두어야 할 사항들이다.

먼저, 아이들이 자료를 읽으면서 그대로 베껴 쓰지 않도록 해야 한다. 무작정 자료를 베껴 쓰면 고민 없이 자료를 그대로 옮겨 오거나, 앞부분만 쓰다가 중요한 뒷부분을 놓치게 된다. 이를 방지하기 위해 일단 해당 부분을 통독하도록 했다. 해당 자료가 과제에 대해 무엇을 어떻게 설명하고 있는지 전체적으로 파악해야 글로 정리할 부분을 선택할 수 있기 때문이다.

두 번째, 정리할 내용은 항목을 나누어 정리하도록 했다. 가령 세부 주제와 관련해 의미, 특징, 결과, 대책, 이유 등의 항목 중에서 무엇에 대해 이야기하고 있는지를 생각해보면서 읽으라고 했다. 그리하여 활동지에 정리할 때는 항목화를 해서 내 방식대로 지식을 재구성해야 한다.

세 번째, 중요도를 판단해야 한다는 점을 언급했다. 아이들은 이미 잘 알고 있는 내용은 정리할 필요가 없다는 사실을 잊을 때가 많다. 자신이 세운 기준과 항목에 따라 자료를 정리하기보다는 책에 나왔기 때문에 적는 경우가 많다. 내가 쓰려는 내용이 다른 친구들에게 알려줄 만한 가치가 있는가에 대한 판단하도록 안내했다.

네 번째, 잘 모르는 단어나 내용이 나오면 보충 자료를 참고하도록 안내했다. 아이들은 잘 모르는 어휘나 정보가 나오면 선생님에게 도움을 요청하거나 인터넷 검색, 도서관 등에서 필요한 자료를 찾을 수 있도록 했다.

아이들은 교과서나 기존의 단행본보다 흥미롭게 잡지를 읽었으며, 새로 알게 된 사실에 대해 신기해했다. 과제해결을 위한 모둠에서는 자연스럽게 토의하는 모습을 보였다.

세부 과제에 대한 정리가 끝났으면 원래의 모둠으로 돌아와 구성원들에게 자신의 과제를 설명하고 서로의 정리 방식에 대해 비교해보도록 했다. 항목을 어떻게 나누었는지, 어떻게 설명하고 있는지, 이해하기 쉽게 되어 있는지, 그렇지 않다면 그 이유는 무엇인지, '도시 생태계'라는 큰 주제에 대해 세부 주제의 내용이 어떻게 연관되어 있는지 토의하게 했다.

6학년 아이가 친구의 발표를 들으면서 정리한 글

도시의 먹이 사슬

자연 생태계	도시 생태계
야생 고양이는 쥐나 비둘기를 먹고, 호랑이는 야생 고양이를 잡아먹는다. 비둘기는 야생과 도시에서 살 수 있는 유일한 동물이다. 야생의 동물 서식처가 줄어들고 먹이가 줄어들면서 다른 동물들도 도시로 가고 있다.	자연과 달리 도시에서는 쥐, 고양이, 비둘기 모두 음식물 쓰레기를 먹는다.

도시의 쓰레기(친구의 발표 내용)
쓰레기 때문에 전세계에 비상이 걸렸다.
푸드 쉐어링 운동이 진행되고 있다.
전염병이 돌고 있다.

이렇게 아이들은 읽고, 정리하고, 공유하는 과정을 통해 앞서 이야기했던 입력-분류. 분석-출력의 학습과정을 거치게 된다. 수업을 정리하면서 '자료를 조사해 글쓰기를 할 때 어떤 점을 유의해야 할까'라는 질문을 하자 아이들은 "무조건 베껴 쓰지 말아야 한다", "내용은 비슷한 것끼리 잘 묶어야 한다" 등의 대답이 나왔다. 마냥 글쓰기를 싫어하던 아이들이 사뭇 진지하고 주체적인 태도로 바뀐 것이 신기했다.

아쉬운 점은 시간에 쫓겼던 학급의 경우에는 아이들이 쓴 글을 기계적으로 이어붙이고 글쓰기에 대한 후속 토의가 이루어지지 못했다는 것이다. 모둠별로 아이들이 완성한 글을 읽고 주제를 선택해 토의토론을 한다면 또 다른 글쓰기 수업으로 이어질 수 있다. 가령 '민가에 나타난 야생동물들을 어떻게 해야 할까?', '친환경 건물들을 짓는 것이 환경 보호에 도움이 되는 것일까?' 등의 주제라면 아이들은 공부한 지식을 바탕으로 더 활발한 토의를 할 수 있다. 토의 결과를 의견을 드러내는 글로 써서, 앞서 쓴 글과 어떻게 다른지 비교해 보는 활동도 의미 있을 것이다.

독서감상문 쓰기

독서감상문은 학교에서 가장 빈번하게 쓰는 글의 종류 중 하나이다. 그만큼 아이들이 쓰기 싫어하는 글이기도 하다. 아이들은 책을 읽어도 아무 생각이 없다고 한다. 그냥 읽었고, 재미있었고, 또는 재미없었다고 이야기하면 더 이상 할 말이 없다.

책을 읽으면서 떠올랐던 생각들을 붙잡아 두고 사색하는 과정이 있어야 글쓰기도 가능하다. 독서수업에서는 읽는 중에 떠오른 생각을 기록해 독서토의나 토론을 한다. 또한 여러 수업 도구들을 활용해 아이들의 감정과 느낌을 최대한 이끌어 낸다. 독서감상문을 쓸 때는 책의 줄거리나 내용에 대해서 충분히 이야기하고, 또한 충분한 시간을 주어 글을 쓰게 한다. 책 내용에 대해 토의하는 데 두 시간, 글 쓰는 데 두 시간 정도를 할애했다.

예컨대 수업 시간 전에 미리 책을 읽어오도록 하고, 책을 읽으면서 떠오른 생각은 생각하는 책갈피에 기록해 수업시간에 가지고 오도록 했다. 생각하는 책갈피는 발표하는 아이들과 그것을 듣는 아이들이 서로 책에 대해 자유토론을 할 수 있는 계기를 만들어준다.

책에 대해 자유토론을 한 다음에는 독서감상문 쓰기 시간에 독서감상문은 무엇이며 왜 써야 하는가에 대해 이야기를 간단하게 나누었다. 그날 아이들이 흥미 있어 할만한 책을 한 권 골라 내가 직접 독서감상문 활동지 형식에 맞추어 감상문을 써갔다.『미라가 된 고양이』를 읽고 난 뒤 쓴 독서감상문이었다. 아이들에게 감상문을 읽어주니 한 아이가 손을 들고 질문을 했다. "그 책 우리 도서관에도 있어요?"

이것이 바로 독서감상문을 쓰는 목적 중 하나다. 내가 읽은 재미있는 책에 대해 생각을 정리하고 기억하고 싶어서 감상문을 쓰기도 하지만, 한편으로 다른 사람들이 이 책을 읽었으면 좋겠다는 생각도 한다. 이런 것을 염두에 두고 글을 쓰다 보면 생각이 꼬리에 꼬리를 물면서 깊어지게 되고 글도 풍부해진다. 그리고 나의 감상문을 보고 다른 사람이 '그 책 읽어보고 싶다'는 마음이 들게 하는 것이 바로 독서감상문의 목적 중 하나일 것이다.

독서감상문은 나를 위한 기록이지만, 남을 위한 글이기도 하다는 것을 아이들에게 설명하면서 읽은 내용을 바탕으로 글을 써보게 했다. 단, 줄거리는 될 수 있는 대로 간단하게 소개하라는 조언을 했다. 독서감상문은 어디까지나 '감상'이 중심이 되어야지, 줄거리가 중심이 되어서는 안 되기 때문이다. 또한 독자들이 궁금한 건 글쓴이의 생각이지 책 내용이 아니라는 점도 알아야 한다.

처음 글을 쓸 때는 역시 틀을 주는 게 좋다. 대체로 처음, 가운데, 끝으로 나눈 틀이 많지만, 구체적으로 무엇을 써야 할지를 나눈 틀이 아이들에게는 편하게 다가온다. 틀을 제공하기는 하지만 능력에 따라 쓰도록 하고 모든 칸을 반드시 채워야만 하는 것은 아니라고 미리 안내한다. 그러면 아이들은 자기가 채울 수 있는 칸은 모두 채우려고 노력하면서도 지나친 부담감은 덜어낸다.

1학기에 『나는 입으로 걷는다』를 읽고 독서감상문 쓰기를 한 적이 있다. 그리고 2학기에 다른 수업을 하다가 이 책을 언급했을 때 거의 모든 학생들이 이 책을 기억했다. 읽은 내용과 그때 떠올랐던 내 생각을 기록하는 것은 내면에 깊숙히 책을 남기게 한다. 여기에 새로운 지식이나 감상이 들어와서 연결고리를 만들고, 연결된 부분에서는 보다 복합적이고 다층적인 의미가 각인된다. 이렇게 연결고리를 만들어가다 보면 창의력과 사고력도 높아지게 된다. 이것이 바로 독서감상문의 학습 효과다.

4학년 학생이 『나는 입으로 걷는다』를 읽고 쓴 독서감상문 활동지

책제목 : 나는 입으로 걷는다	지은이 : 오카 슈조
	4학년 3반 김은지

① 책을 처음 봤을 때의 느낌 (그림이나 제목 등)	나는 이 책의 제목을 보고 '사람이 무슨 수로 입으로 걷지?'라고 생각했습니다. 이 책의 제목은 흥미를 더해주었고, 궁금함을 더해주었습니다.	② 줄거리	걷지 못하는 장애를 가진 다치바나가 사람들의 도움을 받아서 친구의 집에 다녀온 이야기입니다.
③ 주인공 소개와 내 생각			
주인공은 어떤 사람?	다치바나는 말을 잘하고 처음 보는 사람들에게도 밝은 모습으로 인사하는 사람입니다.	내 생각	내 생각에 다치바나는 꾀가 많고 인사성이 밝은 사람입니다.
④ 가장 기억에 남는 장면과 그 이유			
기억에 남는 장면	다치바나가 침대차 위에 누워 있는데 산들바람이 불어와 기분 좋게 흔들리는 장면입니다.	이유	다치바나가 침대차 위에 누워서 기분 좋게 흔들거리는 모습을 생각해보니 너무 편안하게 느껴지기 때문입니다.
⑤ 동의할 수 있는 점 혹은 동의할 수 없는 점			
어떤 점?	나는 아저씨가 다치바나를 박대하고 비난한 것에 대해 동의할 수 없습니다.	이유	아저씨가 한 말 중에는 맞는 말이 있긴 하지만 장애인을 박대하고 비난한 것은 정말 하면 안 되는 일입니다.
⑥ 주인공에게 하고 싶은 말과 그 이유			
주인공에게 하고 싶은 말	다치바나 당신은 항상 다른 사람의 도움을 받아왔지요. 하지만 이제는 자신이 할 수 있는 것을 스스로 해야 합니다.	이유	내가 이 말을 다치바나에게 전해주고 싶은 이유는 다치바나는 자신이 할 수 있는 일도 계속 도움을 받기 때문입니다.
⑦ 그 밖에 쓰고 싶은 내용	다치바나와 만난 할아버지는 너무 안 됐습니다. 하다하다 자식에게도 무시당했으니 많이 외로울 겁니다. 나도 많은 외로움 때문에 할아버지의 마음을 잘 압니다. 할아버지 힘내세요!		
⑧ 책에 대한 전체적인 생각이나 느낌	나는 침대차가 정말 신기하다. 침대차는 다치바나와 사람들의 우정끈이다. 사람과 다치바나를 이어주기 때문이다. 그런데 아무리 걷지 못하는 장애인이라도 왜 다치바나는 항상 남에게 의지할까? 나는 속으로는 다치바나가 비겁하다고 생각했지만 장애인의 배려도 필수이다. 나도 장애인을 배려하고 조금더 장애인을 위해 생각을 많이 해야겠다.		

의견이 드러나는 글쓰기

의견이 드러나는 글쓰기를 할 때에도 토의토론 과정이 반드시 선행되어야 한다. 공교육에서의 토의와 토론은 어떤 결론을 내는 것보다 서로의 생각이 다양함을 알게 하는 데 목표가 있다. 그 다양함은 저마다의 정당성을 가지고 있으며 그것을 존중하는 것이 건강한 시민사회의 일원으로서 가져야 할 태도임을 알게 하는 것이다.

글쓰기에 앞서 토의와 토론을 하면 자신의 의견을 더욱 공고히 할 수 있고, 자신의 부족한 점은 다른 사람들의 의견을 바탕으로 보충할 수 있다. 모든 토의토론의 주제는 양면성을 가지고 있다. 절대적인 정답은 없다는 것을 깨달을 때 보다 객관적인 사고를 할 수 있다.

의견이 드러나는 글쓰기는 주장하는 글, 혹은 논설문과 비슷한 의미로 쓰고 있다. 이러한 글쓰기에서 특히 주의해야 할 점은 이것이 독서감상문과는 성격이 다르다는 글임을 아이들에게 주지시키는 것이다. 독서감상문은 주관적인 글이라서 독특한 비유적인 표현이나 감상을 쓰는 것이 허용된다. 그러나 의견이 드러나는 글은 객관적인 글쓰기이기 때문에 이러한 표현들이 제한되어야 함을 미리 이야기해주어야 한다. "나는", "생각한다"와 같은 주관적 표현이나 "모든", "전체", "절대로" 등의 단정적인 어조, 혹은 "~한 것 같다"와 같은 애매한 표현은 피해야 한다는 것도 알려준다.

교과서에서는 의견이 드러나는 글쓰기의 형식을 다음과 같이 제시하고 있다. 처음 — 가운데 — 끝, 혹은 서론 — 본론 — 결론으로 구성된다. 기본적인 형식에 익숙해지도록 먼저 구조가 뚜렷한 예시글을 함께 읽어보고, 글을 분석한다. 예시글은 잘 된 글을 읽어봐도 좋지만 또래 아이들이 쓴 다소 부족한 글을 읽고 그 부분에 대해 토의를 해보는 것도 바람직한 방법이다.

아이들이 의견이 드러나는 글쓰기를 할 때 가장 어려워하는 부분이 '처음' 즉 '서론'이며, 두 번째로 '본론'의 근거에 대한 뒷받침 문장을 쓰는 것이다. 서론 부분에 써야 할 내용으로 교과서에서는 문제 상황과 글쓴이의 주장이 드러나야 한다고 말하고 있다. 문제 상황은 글에서 다루고자 하는 주제가 현실에서 어떻게 보여지고 있는지에 관한 것인데, 아이들에게는 이 '문제 상황'이라는 단어가 어렵게 느껴지는 것 같았다. 문제 상황이라고 하니 주제와 관련한 문제점을 바로 쓰기 시작하는 아이들이 많았다.

예를 들어 주제가 "환경을 보호하자"라면 서론 부분에는 최근 자주 발생하고 있는 중국발 미세 먼지라든지, 엘리뇨로 인한 기후 변화와 같은 환경 관련 현상을 서술하면서 자연스럽게 환경을 보호해야 한다는 주장으로 이어가야 한다. 그런데 아이들은 "환경을 보호하지 않으면 지구온난화가 심각해지기 때문이다"와 같이 환경 파괴로 인한 문제점을 바로 쓴다. 이로 인해 본론 부분에서 내용이 중복되거나 더 이상 쓸 말이 없게 되는 경우를 종종 본다. 따라서 아이들에게 '문제 상황'이라는 말보다 보다 쉽게 이해될 수 있는 단어로 풀어서 설명해줘야 할 필요가 있다.

실제로 4학년 아이들과 수업을 했을 때 서론 쓰기를 어려워해서 서론 내용을 미리 제시해주기도 했다. 의견이 드러나는 글쓰기를 처음 할 때에는 문제상황을 어떻게 써야 하는지 참고 사례를 몇 가지 보여주는 것만으로도 아이들에게 많은 도움이 된다.

아이들이 또 어려워하고 잘 못 쓰는 것이 바로 본론의 근거에 대한 '뒷받침 문장' 쓰기다. 아이들은 주장글을 쓸 때 "나는 환경오염에 대해서 우리가 노력해야 한다고 생각한다. 그 근거는 지구온난화가 심각해지기 때문이다. 그리고 멸종동물 문제 때문이기도 하다. 따라서 우리는 환경을 보호해야 한다"라는 식으로 글을 전개하는 경우가 많다. 아이들은 주장글을 썼다고 하지만, 근거에 대한 뒷받침 설명이 없기 때문에 마치 글의 개요를 늘어놓은 것처럼 보이기도 한다. 뒷받침 문장을 잘 쓰지 못하는 이유는 근거에 대한 객관적인 자료가 부족하기 때문이기도 하고, 구체적인 사례나 경험 등을 적절하게 드는 방법을 모르기 때문이기도 하다.

이 문제에 대해서는 토의토론을 통해 그 내용을 풍부하게 하고, 그것으로 부족하다 싶으면 인터넷 검색이나 도서관 자료를 찾아봐도 된다고 이야기해준다. 단 아이들은 자료를 찾으면서 시간을 다 보낼 수 있기 때문에 자료를 찾는 시간을 제한해야 한다.

본론을 쓸 때에는 각각의 근거가 한 문단을 이루고, 각각의 문단을 두괄식이 되는 틀을 아이들에게 제시해줬다. 꼭 두괄식 문단이 정답인 것은 아니나 아이들이 글의 구조를 이해하는 데는 이 형식이 훨씬 용이하다. 나중에는 비교적 자유롭게 그 형식을 바꿔 쓸 수도 있지만 일단 기본기를 익히는 게 먼저다. 충분히 연습을 한 후에 보다 다양한 형식의 글을 접하고 써도 늦지 않는다.

근거에 대한 뒷받침 문장은 2~3개 이상 쓰는 것이 좋다고 지도했다. 근거를 객관적으로 설명하는 뒷받침 문장을 잘 쓰는 것은 설득력을 높일 수 있는 방법 중 하나다. 또한 뒷받침 문장을 쓰다 보면 자신의 근거가 정말 적절한 것인지도 판단할 수 있게 된다. 근거를 뒷받침해야 하는데 그것이 논리적으로 잘 설명되지 않거나 설명할 수 없을 때는 근거가 올바른지도 다시 생각해봐야 한다.

수업에 들어가면 아이들은 제목 쓰기부터 난감해하곤 한다. 제목은 가능한 간결하면서도 글쓴이의 주장이 잘 드러나는 것, 제목만 읽어도 글쓰이의 생각을 알 수 있는 것이 좋다고 하면 대부분 "쓰레기를 버리지 말자", "생명을 소중히 여기자" 등의 주제를 제목으로 가져다 쓴다. 제목 역시 자꾸 쓰면서 점점 세련되게 다듬어 나갈 수 있다. 처음부터 제목을 다듬어 쓰게 하면 영 엉뚱한 방향으로 쓰기 십상이기 때문에 교사는 조급함을 버려야 한다.

결론 부분도 쓰기 어려워하는 아이들이 있지만, 역시 자신의 글로 예를 들어 설명해주면 쓰는 것을 크게 힘들어하지는 않는다.

6학년 수업에서는 더 나아가 본문에 대안 또는 해결방법을 제시하는 것까지 해보았다. 사실 의견이 드러나는 글쓰기에 있어서 주제에 대한 심도 깊은 이해가 없으면 대안을 생각해내기란 아이들에게 어려운 일이다. 주제의 수준을 잘 고려 대안 제시까지 가능한지 수업 대상을 파악해야 한다.

글쓰기 수업을 할 때 서론, 본론, 결론 부분을 하나하나 설명해 나가면서 각 부분을 함께 순차적으로 써나가는 방법도 있으나 학교와 같이 다양한 수준의 아이들이 섞여 있으면 글쓰기 속도를 맞추기가 상당히 힘들다. 글을 늦게 쓰는 아이, 먼저 쓰고 딴짓하는 아이, 아예 쓰지 못하고 포기하는 아이 등이 있기 때문에 전체적인 구조를 보여주고 각자가 자신의 수준에 맞춰 쓸 수 있도록 시간을 주는 것이 좋다. 학교 여건상 생각하고 글 쓴 시간이 넉넉지 않다는 점이 아쉽다. 글쓸 때 필요한 자료도 찾고, 조사할 수 있는 시간이 충분하면 좋겠지만, 두 시간 안에 쓴 글을 평가까지 하려면 빠듯하다.

이렇게 글쓰기 수업을 하면 해당 주제에 대해 아이들은 관련 자료를 읽으면서 한 번 생각하고, 수업시간에 자료에 대한 내용을 파악하고 토의토론을 거치면서 두 번 생각하고, 자신의 글을 쓰면서 세 번 생각하게 된다. 또한 쓴 글에 대한 평가 활동을 하면서 한 번 더 생각하게 되는 것이다. 이처럼 글쓰기는 아이들의 사고를 확장시켜 주고 깊이를 더해주는 활동이다.

6학년 학생의 의견이 드러나는 글쓰기

주제 : 로봇이 발달한 미래 사회에 대해 어떻게 생각하는가?

6학년 2반 박찬호

제목	로봇, 잘못 사용하면 문제가 된다
문제	최근 산업이 빠르게 발달하여 더 좋은 물품과 더 많은 성과를 거두고 있다. 그 원인은 산업 현장의 노동자들의 노력도 있었겠지만 로봇의 발달로 이루어진 부분도 있다. 그 밖의 생활에서도 로봇이 발달해서 편리함을 가져다주는 일이 많다. 로봇이 발달하면 미래 사회는 많은 것이 달라질 것이다.
의견	로봇이 미래 사회에서 발달하는 것을 반대한다.
근거1	지금도 부족한 일자리가 더 줄어든다. 지금도 일자리가 부족해서 청년 취업률은 계속 바닥을 치고 있고, 계속되는 고령화로 일자리는 더욱 줄어들 것이다. 그런데 로봇까지 일을 돕는다면 일자리가 줄어들어 거리에는 거지와 노숙자들이 늘어날 것이고, 실업률도 높아질 것이다. 게다가 인건비가 더 싸져서 사람의 가치가 떨어질 수 있다.
근거2	사람들 사이의 빈부격차가 늘어날 수 있다. 지금도 사람들 사이의 빈부격차는 늘어나 있는데 로봇을 소유하고 있는 사람들은 그것을 이용해 돈을 더 많이 벌 수 있고, 로봇이 없는 사람들은 일도 없고 할 수 있는 것도 없으니 더욱 가난해져 빈부격차가 늘어날 것이다.
근거3	사람들의 인간적인 정이 없어질 것이다. 로봇이 미래 사회에 늘어난다면 사람들 사이에 인간성이 사라질 것이다. 모 과자 상표에도 붙어 있는 '정'은 사라지고 사람들 사이의 관계는 딱딱하고 냉정하게 바뀔 것이다.
대안	로봇은 사람이 꼭 필요한 곳에만 쓴다. 앞에서 봤듯이 로봇으로 인해 안 좋은 일이 많아지니 사람이 가기 위험한 곳이나 없으면 안되는 곳에 로봇을 쓰도록 한다.
요약, 의견 강조	이렇게 로봇으로 인해 미래 사회에서 일자리 문제, 빈부격차 문제, 사람간의 정이 사라지는 문제가 생길 수 있으므로 로봇은 위험한 곳이나 꼭 필요한 곳에서만 사용하면 좋겠다. 로봇을 잘 사용해서 아름다운 미래를 만들었으면 좋겠다.

쓴 글 평가하기

무조건 많이 읽는다고 독서를 잘 하는 사람이 아니듯 그냥 많이 쓴다고 해서 저절로 잘 쓰는 사람이 되지는 않는다. 스스로 쓴 글을 다시 점검하지 않으면 발전할 수 없다. 아이들에게 "글을 쓰고 난 다음에 다시 한 번 읽어보는 사람?" 하고 물어보면 그렇다고 대답하는 숫자가 한 학급에 한 명 있을까말까 한다. 이러한 상황에서 아이들에게 글을 잘쓰기 바라는 것은 욕심일 뿐이다. 자기 글을 한 번 더 읽어보는 것은 글을 쓰는 것만큼이나 중요한 일이며, 이 과정에 글을 쓴 시간과 비슷한 시간을 할애해야 한다. 다시 읽어보면 처음에 쓸 때 보이지 않던 전체적인 흐름이 눈에 보이고, 각 부분에 있는 내용들이 전체 구조 속에서 파악이 되기 때문이다.

"여러분들 주변에 있는 많은 책들을 둘러보세요. 이렇게 많은 사람들이 책을 썼습니다. 책을 쓰는 사람들은 글을 잘 쓰겠죠? 그런데 글을 쓰는 작가들 중에 한 번에 써서 책을 내는 사람은 없습니다. 여기 나온 책들은 작가 본인이 수십 번, 혹은 수백 번을 읽고 또 읽어서 고칩니다. 여기서 끝이냐? 아니죠. 책을 만드는 출판사에서 사람들이 또 수십 번, 수백 번을 읽고 또 고칩니다. 그 결과물이 이렇게 책이 되어 서점에 나오고 여러분들을 만나는 것이랍니다. 그런데 여러분들은 어떤가요? 자신이 쓴 글을 다시 읽고 고치나요?"

이런 이야기를 하면서 쓴 글을 다시 읽고 평가하는 과정에 대한 필요성을 상기시킨다. 그 다음으로 전 시간에 학습했던 글의 특성을 다시 떠올려 본다. 독서감상문의 특성, 의견이 드러나는 글의 특성 등 그때의 수업시간에 맞는 글의 특성에 대해 다시 한 번 의견을 나누어야 한다. 이 특성들이 곧 평가기준이 되기 때문이다. 이 기준에 따라 자기가 쓴 글을 읽고, 모둠끼리 서로 돌려가면서 읽어본다. 그렇게 읽다 보면 비슷한 과정을 거쳐서 쓴 글이기 때문에 비슷한 듯 하지만 차이가 눈에 보인다. 아이들은 수업시간을 거쳐 오면서 함께 했던 내용을 글로 표현했을 때 사람마다 이렇게 다를 수도 있다는 것을 배운다.

평가하기 수업의 전체적인 흐름은 1. 내가 쓴 글 읽고 평가하기 → 2. 모둠끼리 바꾸어 읽고 평가하기 → 3. 다른 모둠의 잘 된 글 듣고 평가하기이다. 모둠끼리 바꾸어 읽고 평가하는 것까지는 아이들끼리 하도록 하고, 다른 모둠의 잘 된 글을 읽고 평가하는 것은 나와 함께 했다.

네 명이 한 모둠을 구성했고, 시계방향으로 글을 돌려가며 읽도록 했다. 친구들의 글을 모두 읽어보면 좋았겠지만 시간 관계상 모둠별로 돌아가며 서로의 글을 읽어야 했고, 각 특성에 맞게 체크리스트에 평가하도록 했다. 서로 글을 다 돌려 읽었으면 가장 잘 쓴 글이라 생각되는 것을 토의를 통해 한편만 뽑아 발표하도록 했다. 그 외에 희망하는 아이들도 발표를 하도록 했다.

아이들은 다른 친구의 글을 읽으면서 잘 쓴 글에 대해서는 '이

모둠끼리 글을 읽고 평가해봅시다 (◎, ○, △)

순서	평가 기준	나	친구1	친구1	친구1
1	글씨와 맞춤법이 올바르다.	◎	◎	◎	◎
2	문제 상황(왜 이 글을 쓰게 되었는지)이 잘 드러났다.	○	◎	○	◎
3	의견이 분명하다.	◎	◎	○	◎
4	근거가 적절하다.	○	◎	△	○
5	근거에 대한 설명이 자세히 되어 있다.	△	◎	△	△
6	문제점에 대한 해결방법이 구체적이다.	○	○	○	◎
7	요약 및 관점에 대한 강조로 잘 마무리되어 있다.	◎	◎	◎	△

렇게 써야겠구나' 하고 배울 점을 찾고, 조금 부족한 글에 대해서는 '이 점에 대해서는 다르게 써야겠구나' 하고 보충할 점을 찾는다. 배울 점, 보충할 점, 각 글의 장점과 단점 등을 글의 특성에 맞는 기준으로 따져보는 동안 의견이 드러나는 글은 어떻게 써야 하는지 체득하게 된다. 글을 미처 완성하지 못한 아이들은 자신의 글이 제대로 평가받지 못하고 있다고 생각하면서 다음번엔 주어진 시간 안에 완성하기 위해 노력한다. 아이들은 이러한 활동을 하면서 조금씩 글을 어떤 기준으로 평가해야 하는지를 생각해본다.

모둠에서 가장 잘 된 글을 발표할 때 나는 아이들의 발표 내용을 칠판에 적었다. 제목부터 서론, 본론, 결론의 내용을 중요한 단어 위주로 적는 것을 학급 전체 아이들에게 보여주었다. 아이들은 글의 내용을 귀로 들으면서 동시에 눈으로 보게 되니 훨씬 집중하는 모습이다. 그리고 토의토론 시간에 상대의 발표내용을 메모할 때 다 못 적고 중간에 놓친다든지, 뭘 적어야 할지 모르는 아이들이 많았는데 교사가 칠판에 말하는 것을 받아 적는 시범을 보이는 효과도 있다.

발표가 끝나면 칠판에 적은 것을 보고 아이들과 다시 잘 된 점이 무엇인지에 대해 이야기를 나눈다. 아이들은 모둠 활동으로 글을 평가하는 기준에 대해서 어느 정도 알고 있기 때문에 많은 이야기를 할 수 있다. 다른 모둠의 아이들이 하는 이야기를 듣고, 해당 모둠의 아이들은 또 새로운 장점에 대해 생각할 기회를 가진다. 또 조금 수정해야 하거나 보충할 내용에 대해서도 이야기를 나누는데, 아이들에게서 나오지 않은 내용에 대해 내가 얘기하거나 조금 힌트를 주어 아이들이 이야기하게 한다.

이렇게 하면 한 아이가 글을 쓰고 난 다음에 비슷한 주제의 글을 10편 이상 읽게 된다. 그냥 읽는 것이 아니라 읽을 때마다 평가 기준을 생각하게 되며, 잘 되었다고 생각하는 모둠 대표의 글을 다시 분석하면서 읽기 때문에 수업을 마치고 나면 아이들은 글쓰기에 약간의 자신감을 가지게 된다.

교사가 아이들의 글을 1대 1로 첨삭해 주면 아이들은 자신의 글과 친구의 글을 함께 읽어볼 기회가 없다. 평가하기 과정을 교사 혼자서 수행하면 정작 그것을 배워야 할 아이들은 소중한 배움의 순간을 놓치게 되는 것이다. 평가할 때 아이들은 감정적인 상태에 빠지기도 하고, 어설퍼 보이고, 시간이 많이 필요하기도 한다. 그렇더라도 스스로 할 수 있도록 돗자리를 펴주는 것이 가르치는 사람이 할 일이다.

이후의 글쓰기 수업은 훨씬 수월하고, 아이들은 비록 잘 쓰지는 못해도 어디에 무슨 내용을 어떤 단어로 쓸 것인가 등에 대해 훨씬 구체적인 고민을 하게 된다. 구체적으로 고민한다는 것은 자기주도적 글쓰기에 성큼 다가간 것이라 할 수 있겠다.

즐거운 글쓰기 수업을 위해

아이들이 스스로 글을 쓰게 하려면 어떻게 할 것인가. 이에 대해 아이들과 함께 하는 사람들이 최초로 배우는 것은 아이들로 하여금 생활의 맥락 속에서 쓰기가 재미있고, 유의미한 활동이 되게 하라는 것이다. 그래서 가정에서의 유용한 방법으로는 냉장고 문에 메모지로 자녀와의 소통을 시도해 보라는 이야기들을 많이 한다.

디지털 네이티브Digital Native라는 말이 있다. 미국의 교육학자 마크 프렌스키가 고민한 개념으로, 1980년에서 2000년대 사이에 태어났으며 마치 원주민들이 그들의 문화와 언어를 자연스럽게 익히듯이 디지털 기기와 환경에 자연스럽게 적응하고 활용하는 세대를 말한다. 프렌스키는 디지털 네이티브의 특성으로는 '즉각성'을 꼽는다. 이들은 자유롭고 빠른 검색이 가능한 하이퍼텍스트, 음악 파일의 다운로드, 컴퓨터 라이브러리, 실시간 채팅이 이루어지는 메신저 등에 매우 익숙하다. 그렇기에 디지털 네이티브의 정보 습득과 처리과정은 이전 세대와 매우 다르다고 한다. 전통적인 교육 과정 속에 포함되었던 내용이 이들에게 모두 필요한 것은 아니라는 것이다. 그럼에도 불구하고 과거나 지금이나 여전히 중요한 것은 '논리적 사고'를 하는 능력이라고 프렌스키는 강조한다. 그리고 이 능력을 향상시키는 좋은 방법 중 하나가 바로 글쓰기다.

 확실히 디지털 네이티브들에게 독서와 글쓰기가 중요하다는 것을 설득시키기는 쉽지 않다. 많은 아이들이 인터넷 검색으로 뚝딱 얻어낸 결과를 의심하지 않고 믿어버린다. 그것을 의심하고 검증하며 자신의 정보로 정리해내는 능력을 갖도록 하는 것이 가르치는 사람들이 해야 할 몫이다. 디지털 기기를 사용하는 환경이 확대될수록 디지털 네이티브는 자신이 살아가는 세상의 속도와 글 쓰는 속도의 불일치를 더욱 강하게 느낄 것이다. 그로 인해 글쓰기는 어렵고 지루한 일이 될 뿐이다. 가벼운 게임이나 하면서 즉각적인 손가락의 반응 속도만을 높이는데 열중하는 아이들에게 글쓰기의 즐거움을 알게 하려면 디지털 기기와 디지털 환경을 글쓰기에 편입시키기 위한 연구도 필요하다.

 무엇보다도 아이들에게 글쓰기가 즐거운 경험이 되도록 해야 한다. 겨울방학 독서교실 프로그램으로, '책으로 떠나는 세계일주'를 진행한 적이 있다. 아이들은 책을 읽을 때 특정 국가에 편향된

작품만을 읽는 경향이 있는데, 세계 각국의 작품을 골고루 읽게 하기 위해 만든 프로그램이었다. 아이들에게 겨울방학 동안에 읽은 책의 나라를 세계지도에 표시하고, 그 책을 읽는 동안에는 그곳을 여행한다는 생각이 들도록 했다. 그리고 도서관에 빨간 우편함을 만들어, 독서교실에 참가한 다른 친구에게 내가 여행하는 곳에 대한 엽서를 써서 보내도록 했다. 또 엽서를 받은 아이는 친구에게 반드시 답장을 하도록 했다.

독서교실이 진행되는 2주 동안 매일 우편함을 열어서 엽서들을 정리해 두었다가 다음 날 엽서를 받을 사람에게 나누어 주었다. 디지털 네이티브들에게는 이것이 색다른 경험이 되었다. 아이들은 생각보다 더 즐거워하면서 마치 자신이 정말 그 나라를 여행하는 것처럼 엽서를 써서 보내고 독서교실 일지에 붙이면서 내게 자랑을 해왔다.

또한 방과 후에 3~5학년 아이들을 대상으로 1년 동안 원고지 쓰기를 가르친 적이 있다. 요즘에는 글쓰기 대회에서 공모를 할 때도 글씨 크기와 줄 간격이 다 정해진 한글 프로그램으로 분량을 계산한다. 또한 한글 프로그램은 완벽하지는 않지만 맞춤법, 띄어쓰기 검사까지 다 해주기 때문에 상대적으로 원고지에 글을 쓰는 일은 의미가 크지 않아 보였다.

하지만 의외로 아이들이 원고지 쓰기를 재미있어 했다. 3학년 중에서는 원고지가 뭔지 아예 모르는 아이도 있었고, 무엇인지는 알지만 한 번도 써보지 않은 아이들도 있었다. 아이들에게 원고지에 글을 작성하는 이유와 어떻게 써야 하는지를 가르쳐 주고, 자신이 얼마나 맞게 썼는지를 맞춰보도록 했더니 마치 게임을 하는 것처럼 즐겁게 공부했다.

물론 이 원고지 쓰기는 책의 한 부분을 베껴 쓰는 것이라 글을 조직하고 요약, 분류, 분석하는 것과는 관계가 없었지만 일단 아이들이 연필을 잡고 쓰는 것에 공을 들이는 모습을 보니 글쓰기 수업에 대한 막연한 희망이 피어오르는 것 같았다.

혼자 쓰기, 협력적으로 쓰기, 스마트 기기를 활용한 쓰기, 그리고 글을 쓰고 난 뒤의 평가 등 글을 쓸 수 있는 다양한 방법과 시간을 더 확보해야 한다. 그리고 아이들이 많이 보는 학습만화를 글쓰기에 활용할 수 있는 방법은 없는지도 연구할 필요가 있다. 그저 스마트폰이나 학습만화를 유해한 매체라 하여 아이들에게서 격리시키는 것이 능사는 아니다. 아이들의 삶 속에 깊숙이 파고들어간 학습만화와 스마트폰을 보다 폭넓은 읽기와 쓰기를 위한 계기가 되도록 유도해 문식능력을 기르게 하는 일이 새로운 시대에 어울리는 교육의 모습일 것이다.

따라서 학교에서는 과학의 날, 독서주간 등의 특별한 날에만 글을 쓰게 할 것이 아니라 많은 시간을 할애해 쓰기 경험과 한 편의 글이 완성되는 경험을 갖게 하는 것이 중요하다. 글쓰기를 국어교과에만 한정할 것이 아니라 모든 과목에 적용하도록 하며, 다양한 평가 방법을 통해 글에 대한 피드백을 서로 공유할 수 있는 기회를 가진다면 의미 있는 글쓰기 시간이 될 것이다.

활동지

독서감상문 활동지

___학년 ___반 이름_____

	책 제목:		지은이:
① 책을 처음 봤을 때의 느낌 (그림이나 제목 등)		② 줄거리	
	③ 주인공 소개와 내 생각		
주인공은 어떤 사람?		내 생각	
	④ 가장 기억에 남는 장면과 그 이유		
기억에 남는 장면		이유	
	⑤ 동의할 수 있는 점 혹은 동의할 수 없는 점		
어떤 점?		이유	
	⑥ 주인공에게 하고 싶은 말과 그 이유		
주인공에게 하고 싶은 말		이유	
⑦ 그 밖에 쓰고 싶은 내용			
⑧ 책에 대한 전체적인 생각이나 느낌			

의견이 드러나는 글쓰기

___학년 ___반 이름_____

주제:	
제목	
문제	
의견	
근거1	뒷받침문장:
근거2	뒷받침문장:
근거3	뒷받침문장:
대안	뒷받침문장:
요약, 의견 강조	

글쓰기 판정표

___학년 ___반 ___모둠

모둠끼리 글을 읽고 평가해봅시다 (◎, ○, △)

순서	평가 기준	나	친구1	친구1	친구1
1	글씨와 맞춤법이 올바르다.				
2	문제 상황(왜 이 글을 쓰게 되었는지)이 잘 드러났다.				
3	의견이 분명하다.				
4	근거가 적절하다.				
5	근거에 대한 설명이 자세히 되어 있다.				
6	문제점에 대한 해결방법이 구체적이다.				
7	요약 및 관점에 대한 강조로 잘 마무리되어 있다.				

본문에서 언급한 책들

1장 독서토론, 놀이처럼 즐겁게!

토론의 맛에 빠진 아이들
『신나는 디베이트』황연성 지음, 이비락, 2011
『늑대가 들려주는 아기돼지 삼형제 이야기』존 셰스카 지음, 레인 스미스 그림, 황의방 옮김, 보림, 1996
『마지막 잎새』오 헨리 원작, 현소 엮음, 정영아 그림, 방민호 감수, 아이세움, 2010
『레 미제라블』빅토르 위고 지음, 귀스타브 브리옹 그림, 염명순 옮김, 비룡소, 2015

책, 사랑과 관심 그리고 놀이
『점』피터 레이놀즈 지음, 김지효 옮김, 문학동네어린이, 2011
『구합니다! 완벽한 애완동물』피오나 로버튼 글·그림, 천미나 옮김, 책과콩나무, 2010
『아빠 어렸을 적엔 공룡이 살았단다』뱅상 말론느 지음, 앙드레 부샤르 그림, 이정주 옮김, 어린이작가정신, 2015
'국시꼬랭이 동네' 시리즈(전20권) 이춘희 글, 박지훈·김품창·김정환·한병호 등 그림, 임재해 감수, 사파리, 2003~3013

그림책, 너와 나의 연결고리
『오월의 달리기』김해원 지음, 푸른숲주니어, 2013
『조커, 학교 가기 싫을 때 쓰는 카드』수지 모건스턴 지음, 미레이유 달랑세 그림, 김예령 옮김, 문학과지성사, 2000
『소설처럼』다니엘 페낙 지음, 이정임 옮김, 문학과지성사, 2004
『하루 15분 책 읽어주기의 힘』짐 트렐리즈 지음, 눈사람 옮김, 북라인, 2012
『괴물들이 사는 나라』모리스 샌닥 지음, 강무홍 옮김, 시공주니어, 2002
『오늘의 일기』로드 클레멘트 지음, 김경연 옮김, 풀빛, 2006
『난 말이야…』필립 베히터 지음, 김경연 옮김, 책그릇, 2007
『낱말 공장 나라』아녜스 드 레스트라드 지음, 발레리아 도캄포 그림, 신윤경 옮김, 세용출판, 2009
『마녀 위니』밸러리 토머스 지음, 코키 폴 그림, 김중철 옮김, 비룡소, 1996

협동으로 함께 크는 토의 토론
『정의롭다는 것』 길도형 지음, 장수하늘소, 2011
『레 미제라블』 빅토르 위고 지음, 이원민 옮김, 파랑새어린이, 2006
『정의란 무엇인가』 마이클 샌델 지음, 김명철 옮김, 김선욱 감수, 와이즈베리, 2014
『열세 번째 아이』 이은용 지음, 문학동네어린이, 2012
『엄마 사용법』 김성진 지음, 창비, 2012

2장 교과와 독서토론의 만남

내 생각을 찾아서
『삶을 가꾸는 글쓰기 교육』 이오덕 지음, 보리, 2004
『귀뚜라미와 나와』 겨레아동문학회 편저, 보리, 1999
『새들은 시험 안 봐서 좋겠구나』 한국글쓰기교육연구회 엮음, 보리, 2007
『글쓰기 어떻게 가르칠까』 이오덕 지음, 보리, 1993
『아낌없이 주는 나무』 쉘 실버스타인 글·그림, 이재명 옮김, 시공주니어, 2000
『세상에서 가장 맛있는 무화과』 크리스 반 알스버그 지음, 이지유 옮김, 미래아이, 2003
『WHAT? 지구와 달』 유영진 지음, 백명식 그림, 왓스쿨, 2010
『나는 입으로 걷는다』 오카 슈조 글, 다치바나 나오노스케 그림, 고향옥 옮김, 웅진닷컴, 2004

시집, 미술책과 친구하자!
『아모스와 보리스』 윌리엄 스타이그 지음, 우미경 옮김, 시공주니어, 1996
『세상에서 가장 유명한 변기』 박수현 지음, 국민서관, 2011
『보스니아의 성냥팔이 소녀』 한스 크리스티안 안데르센 원작, 조르주 르무안 그림, 최내경 옮김, 마루벌, 2006
『5대 가족』 고은 지음, 이억배 그림, 바우솔, 2014

꿈을 찾아가는 책읽기
『나는 천재가 아니야』 로드리스 무뇨스 아비아 지음, 나오미양 그림, 김민숙 옮김, 시공주니어, 2013
『꽃들에게 희망을』 트리나 폴러스 글·그림, 김석희 옮김, 시공주니어, 1999
『일수의 탄생』 유은실 글, 서현 그림, 비룡소, 2014

독서를 완성하고 뒷받침하는 글쓰기
〈과학소년〉 과학소년 편집부, 교원, 1991~
〈위즈키즈〉 위즈키즈 편집부, 교원, 2000~

〈과학쟁이〉 과학쟁이 편집부, 웅진닷컴, 2004~2015
〈생각쟁이〉 생각쟁이 편집부, 웅진닷컴, 2004~2015
〈어린이 과학동아〉 과학동아 편집부, 동아사이언스, 2004~
『나는 입으로 걷는다』 오카 슈조 글, 다치바나 나오노스케 그림, 고향옥 옮김, 웅진닷컴, 2004

교실 속으로 들어간 독서토론
- 창의력을 키우고 교과를 풍성하게 하는 독서교육 이야기

1판 1쇄 발행 2017년 2월 24일
1판 3쇄 발행 2021년 4월 30일

지은이 김은주, 김혜정, 박미정, 서미숙, 윤정미, 이승연, 이은숭, 홍경아
펴낸이 한기호
책임편집 이은진
편집 여문주, 오선이, 박혜리
본부장 연용호
마케팅 윤수연
경영지원 김윤아
디자인 김경년

펴낸곳 (주)학교도서관저널
출판등록 제2009-000231호(2009년 10월 15일)
주소 04029 서울시 마포구 동교로 12안길 14(서교동) 삼성빌딩 A동 3층
전화 02-322-9677 팩스 02-6918-0818
전자우편 slj9677@gmail.com
홈페이지 www.slj.co.kr

ISBN 978-89-6915-029-5 (03370)

·책값은 뒤표지에 있습니다.